中国轻工业"十四五"规划教材
学前教育专业（新课程标准）系列精品教材

学前儿童社会教育

主　编◎黄红霞
副主编◎许妮娜　李秋侠　刘　蕾
主　审◎程广文

中国轻工业出版社

图书在版编目（CIP）数据

学前儿童社会教育 / 黄红霞主编. — 北京：中国轻工业出版社，2023.9

学前教育专业（新课程标准）系列精品教材

ISBN 978-7-5184-4176-1

Ⅰ.①学… Ⅱ.①黄… Ⅲ.①学前儿童—科学教育学—幼儿师范学校—教材 Ⅳ.①G613

中国版本图书馆CIP数据核字（2022）第202322号

责任编辑：崔丽娜　　　责任终审：李建华
整体设计：锋尚设计　　　责任校对：朱燕春　　　责任监印：张　可

出版发行：中国轻工业出版社（北京东长安街6号，邮编：100740）

印　　刷：三河市国英印务有限公司

经　　销：各地新华书店

版　　次：2023年9月第1版第1次印刷

开　　本：787×1092　1/16　印张：12.5

字　　数：300千字

书　　号：ISBN 978-7-5184-4176-1　定价：45.00元

邮购电话：010-65241695

发行电话：010-85119835　传真：85113293

网　　址：http://www.chlip.com.cn

Email：club@chlip.com.cn

如发现图书残缺请与我社邮购联系调换

200763J1X101ZBW

前 言

自张宗麟先生在20世纪30年代出版的《幼稚园的社会》一书中提出社会化幼稚园课程主张至今，学前儿童社会教育几经沉浮，最终在现代社会愈发受到关注。不止是学前儿童教育的专业研究者，所有关注学前儿童成长的人都认同社会教育对儿童身心和谐发展的重要价值。但在学前教育实践中，社会领域教育相对其他领域教育而言，总是处于尴尬境地。正如某位幼儿园一线教师所说：社会教育似乎无处不在，但又似乎无处可寻，找不到"抓手"。我们在师范院校学前教育专业教学的过程中也发现，相比其他领域的教学法课程，师范院校学前儿童社会教育课程的教材选择和教学内容体系的确立往往让任课教师颇耗心神也未必达到理想效果。因此，我们编写本书，力图对学前儿童社会性发展和教育的理论问题进行梳理，并对不同内容的学前儿童社会教育进行详细阐述，期望能对学前教育专业的学生和专业工作者有所帮助。

本教材与时俱进，自然融合党的二十大精神，突出课程思政引领，在学前儿童社会教育目标确立和内容选择中尤其注意以社会主义核心价值观为引领，传承中华优秀传统文化，推进文化自信自强的同时，着力培养学前儿童的公民意识，提升其文明素养，为公民道德建设添砖加瓦。另外，本书全面系统地反映了《幼儿园教育指导纲要（试行）》（以下简称《纲要》）的精神，与《3~6岁儿童学习与发展指南》（以下简称《指南》）的目标与内容相一致，体现时代性、科学性和实践性的特点。在本书的编写过程中，我们仔细研究和学习《纲要》和《指南》的先进理念与精神，力求与《指南》社会领域的目标和内容保持高度统一。根据《指南》中社会领域的两大子领域——人际交往、社会适应中的一些具体目标和内容，我们梳理出一些核心经验，如自我意识、社会认知、人际交往、社会适应行为和归属感,并围绕这五个核心经验阐述儿童社会性发展的特点,进而对这五个方面内容的学前儿童社会教育进行详细阐述,每一章节都提供了丰富翔实的拓展阅读和典型的幼儿园社会教育活动的具体示例与导引,这也使本书具有内容全面、结构合理、贴近幼儿园社会教育实践的特点。

本书主要适用对象为本科及高职院校学前教育专业学生和包括幼儿园教师以及家长在内的所有有兴趣探究学前儿童社会教育的关注者。本书编写的主旨在于提高学生学习"学前儿童社会教育"课程的兴趣,帮助教师加强学生对《纲要》和《指南》的学习与把握,增强学生理论联系实际的能力,便于学生掌握学前儿童社会性发展与教育的规律以及设计、实施幼儿园社会教育活动的基本能力。

本书总共十章内容,可分为两大部分:第一部分为第一章至第四章,阐述了学前儿童社会教育的内涵、价值、目标、内容、原则、途径、方法等基本问题;第二部分为第五章至第十章,分别阐述了学前儿童在自我意识、社会认知、社会交往、亲社会行为、归属感等方面的社会性发展与教育;第十章特别论述了特殊需要儿童的社会性教育。

本书由黄红霞担任主编,许妮娜、李秋侠、刘蕾担任副主编,程广文教授担任主审。具体分工为:黄红霞(泰州学院)负责编写了第一章、第二章、第五章、第十章;许妮娜(泰州学院)负责编写了第三章、第四章、第六章;李秋侠(泰州学院)负责编写了第七章、第八章、第九章;刘蕾(泰州学院附属幼儿园)除了负责本书中阅读资料和活动案例的收集与筛选,还参与了全书的书稿整理工作。

教材中引用了国内外同行的一些研究成果,在此一并表示衷心的感谢。由于编者学识水平和能力有限,本书难免有疏漏或不足之处,敬请读者批评、指正。

编者

目 录

001 第一章
学前儿童社会教育概述

- 002　第一节　学前儿童社会教育的内涵
- 012　第二节　学前儿童社会教育的价值
- 016　第三节　学前儿童社会教育的发展

020 第二章
学前儿童社会性发展的影响因素

- 021　第一节　学前儿童自身特征对社会性发展的影响
- 026　第二节　家庭与社区对学前儿童社会性发展的影响
- 033　第三节　教育机构对学前儿童社会性发展的影响
- 036　第四节　电视与新媒体对学前儿童社会性发展的影响

039 | 第三章
学前儿童社会教育的目标、内容与原则

- 040　第一节　学前儿童社会教育的目标
- 045　第二节　学前儿童社会教育的内容
- 050　第三节　学前儿童社会教育的原则

055 | 第四章
学前儿童社会教育的途径与方法

- 056　第一节　学前儿童社会教育的途径
- 064　第二节　学前儿童社会教育的方法

072 | 第五章
学前儿童自我意识的发展与教育

- 073　第一节　学前儿童自我意识的发展概述
- 084　第二节　学前儿童自我意识的教育
- 088　第三节　学前儿童自我意识的教育活动示例与导引

101 第六章
学前儿童社会认知的发展与教育

- 102 第一节 学前儿童社会认知的发展概述
- 105 第二节 学前儿童社会认知的教育
- 110 第三节 学前儿童社会认知的教育活动示例与导引

117 第七章
学前儿童社会交往能力的发展与教育

- 118 第一节 学前儿童社会交往的发展概述
- 127 第二节 学前儿童社会交往的教育
- 130 第三节 学前儿童社会交往的教育活动示例与导引

137 第八章
学前儿童亲社会行为的发展与教育

- 138 第一节 学前儿童亲社会行为的发展概述
- 145 第二节 学前儿童社会行为的问题与教育
- 151 第三节 学前儿童亲社会行为的教育活动示例与导引

160 第九章
学前儿童归属感的发展与教育

- 161 第一节 学前儿童归属感的发展概述
- 168 第二节 学前儿童归属感的教育
- 173 第三节 学前儿童归属感的教育活动示例与导引

177 第十章
特殊需要儿童的社会性发展与教育

- 178 第一节 特殊需要儿童概述
- 181 第二节 特殊需要儿童的社会性发展
- 185 第三节 特殊需要儿童的社会性教育

- 191 参考文献

第一章 学前儿童社会教育概述

学习目标

① 掌握学前儿童社会教育的内涵和范畴,理解实施学前儿童社会教育的意义;

② 理解幼儿园社会教育的特点,熟悉幼儿社会学习的方式;

③ 了解学前儿童社会教育发展的历程。

问题导入

> 萌萌是一个中班的小女孩,在集体教学活动中,她要么东张西望,要么自己玩手帕,总之不会认真听老师说话。在游戏或自由活动时间,她似乎也不与旁边的小朋友讲话,依然喜欢低头玩手帕,或是啃自己的手指甲,很难融进小朋友们的活动中。虽然萌萌平时在幼儿园几乎不惹什么麻烦,但幼儿园的老师们看到萌萌的这种表现还是甚为担忧。
>
> 问题:幼儿园的老师们担忧的是什么?从萌萌身上可以看到哪些问题?如果要解决萌萌的问题,主要着眼点应该在哪里?

在《幼儿园教育指导纲要(试行)》中,社会教育作为一个独立的领域被提出,教师对学前儿童社会教育这一概念的理解直接影响学前儿童社会教育实践的科学性。

第一节 学前儿童社会教育的内涵

澄清学前儿童社会教育的内涵是正确实施社会教育的基础。在具体使用"学前儿童社会教育"这一概念的过程中,我们可以看到其用法与概念描述不尽一致,澄清这些不同的用法及其概念描述的实质,将有助于我们正确把握"学前儿童社会教育"这一概念的内涵。

一、"学前儿童社会教育"一词的用法解析

从对"学前儿童社会教育"一词的使用来看,人们对这一概念的理解主要有以下三种角度:一是相对于学前儿童家庭教育的学前儿童社会教育;二是相对于师范院校学前教育专业课程中其他领域教法学科的学前儿童社会教育;三是相对于幼儿园其他课程领域的学前儿童社会教育。第一种用法是从教育形态的角度去理解的。在教育形态中,社会教育泛指除家庭以外,由专门的社会机构施行的教育,这一泛指使得学前儿童社会教育成为所有正规的制度化与非制度化学前教育的代名词。第二种用法是从学科的角度去理解的,指的是研究学前儿童社会性发展的现象、规律及其教育原理、方法与途径的学科。第三种用法是从课程实施的角度去理解的,指的是促进幼儿社会性发展的教育。本书针对的是学前儿童社会教育的实践指导问题。对于幼儿教师来说,重要的不是去建构学前儿童社会教育这门学科,而是把握作为课程领域的学前儿童社会教育的实质及其实施原理,所以本章将重点从课程实施角度阐释学前儿童社会教育的内涵。

二、学前儿童社会教育的定义表述及内涵分析

(一)学前儿童社会教育的定义表述

由于人们对一个教育概念的对象范围与内容要求有着不尽一致的看法,同一教育概念的定义表述也存在差异。比如,对于学前儿童社会教育的定义,有的学者将之表述为:学前儿童社会教育主要是指对幼儿进行社会认知、社会情感、社会行为等方面的教育,具体说来是指帮助幼儿正

确地认识自己、他人和社会（包括社会环境、社会活动、社会规范、社会文化），形成积极的自然情感和社会情感，掌握与同伴、成人相互交往以及与周围环境相互作用的方式，从而使幼儿能有效地在社会中生存与发展的教育。也有学者将其表述为：幼儿社会教育是教育者按照社会的价值取向，通过多种途径不断向幼儿施加多方面的教育影响，使其逐渐适应社会环境的过程。第一种表述对学前儿童社会教育的内容与目标要求做了较具体的规定，第二种表述则只对该教育的实施方式与途径做了较概括的描述。这两种表述对于我们理解学前儿童社会教育的内涵都有一定启发，但它们的实践指导价值还不够大。从实践的角度看，有关学前儿童社会教育的定义应当讲清楚学前儿童社会教育应达到的教育目标，以及应当由谁，以什么为根据，用什么方式与内容来进行教育等基本问题。

根据对学前儿童社会教育的基本事实与价值的把握，我们认为无论是学科意义的学前儿童社会教育，还是课程领域意义的学前儿童社会教育，其最终目的都是服务于儿童的完整发展。从课程实践角度出发，我们将学前儿童社会教育定义为：以儿童的社会生活事务及其相关的人文社会知识为基本内容，以社会及人类文明的积极价值为引导，在尊重儿童生活，遵循儿童社会性发展规律与特点的基础上，由教育者通过创设有教育意义的环境和活动等多种途径，陶冶儿童性灵，最终实现培育具有良好的社会理解力、社会情感、品德与行动能力的完整、健康儿童的目的的教育过程。

（二）学前儿童社会教育的内涵分析

在上述定义中，教育者主要是指幼儿园的教师及工作者，他们是进行幼儿社会教育的主导力量。虽然家长也十分重要，但在学校教育中家长是教育的合作对象，而不是主要行动者。教育的依据是社会及人类文明的积极价值与儿童社会性发展规律，前者是外在根据，后者是内在根据，学前儿童发展是内外因素相互作用的结果。在这里，我们强调社会及人类文明的积极价值，是从文化与社会发展这一角度来理解教育的作用的，即教育应当是引导社会发展的活动，应当倡导积极的文化价值，自觉引导孩子批判与反思消极的社会文化价值。基于这一认识，我们应从促进社会积极发展的角度来考虑社会教育的目标与内容选择。遵循儿童社会性发展规律也是社会教育的基本出发点，由此仔细研究与掌握学前儿童社会性发展的规律也是有效实施学前儿童社会教育的基本前提。

学前儿童社会教育的基本内容是儿童的社会生活事物及相关的人文社会知识。它既包括儿童日常生活中的广泛生活事件，也包括粗浅的与生活事件相关的人文社会知识，如与生活环境有关的地理学知识，与生活时间有关的历史学知识，与生活消费有关的经济学知识等。当然，学前儿童社会教育并不以掌握系统的人文社会生活知识为目的，而以丰富儿童心灵，发展儿童社会性，培育儿童良好品德与社会行动能力为目的，其中心灵的丰富是在对生活的丰富体验中获得的，良好的社会理解力、品德与行动能力是在与社会环境积极互动的基础上形成的。由此可见，学前儿童社会教育的内容应是基于儿童生活事物的人文社会知识，具有启蒙性、基础性与具体性等特点。

在学前儿童社会教育的目标上，强调陶冶儿童性灵，培育具有良好的社会理解力、社会情感、品德与行动能力的完整、健康的儿童。所谓性灵指儿童的性情与心灵，它是人生而拥有的丰富、微妙、敏感的精神潜能。社会理解力指在人际交往中理解他人并采取明智行为的能力，包括洞察他人心思，理解他人需要的能力；与人相处，建立友善关系的能力；适应环境的能力；自我认识及自我反省的能力。社会情感主要指同情与理解他人的情感。品德是内化于个体的社会道德，良好的品德主要包括爱、尊敬、同情、责任、自制、勇敢等。社会行动能力是一种将社会认知与理解化为具体行动的能力，主要包括调查、了解与分析社会生活的能力；根据信息进行决策的能力；参与社会生活的能力等。

在上述发展目标中，儿童性灵的陶冶是基础。性灵作为儿童发展的精神潜质，是一切天赋与才能发展的前提，儿童的社会理解力、社会情感、品德与社会行动能力的发展都是以此为前提的。儿童性灵作为一种精神潜质，从根本上来说是纯洁的，也是充满活力的。《说文》曰："性，人之阳气，性善者也。"这种本初的充满活力的善性是一切道德才能的基础。幼儿教育就是要保护和滋养这种本初的善性，使儿童的成长始终有着丰富的精神资源。品德与社会理解力和行动能力相关，但又超出于它们，是社会理解力与行动能力的方向和灵魂。学前儿童社会教育应帮助孩子养成有品德的性灵、有品德的理解力以及有品德的行动，一切都要以道德和善为原则，最终培养的是完整、健康的儿童。

三、学前儿童社会教育的课程性质

（一）学前儿童社会教育的常识性

学前儿童社会教育的常识性表现在它对儿童适应日常生活所必需的常识性知识与内容的重视上。在《辞海》中，常识是针对专门知识而言的，指"一般人所应有而且能了解的知识"，从字面看指宽泛而又浅近的、日常生活所必须了解的知识。1932年颁布的《幼稚园课程标准》（1936年修正）就曾将"常识"列为一科，由此前的"自然和社会"科修改而来。1981年颁布的《幼儿园教育纲要（试行草案）》也列有"常识"一科，内容主要包括生活常识、环境常识、自然常识、文化常识与政治常识等。单纯的常识教育的着力点是丰富和扩展儿童对环境的认识，所以有时该科目在幼儿园课程中又被称为环境教育。学前儿童社会教育的提法显然大大扩展了常识教育的内容，它不仅涉及对儿童社会认知的培养，还涉及儿童社会情感、社会行为技能及道德品质的培养，强调情意与认知的平衡，以实现对儿童更为全面的培育。

（二）学前儿童社会教育的道德性

学前儿童社会教育的道德性表现在它对思想品德教育内容的融合上。思想品德教育即思想教育和道德教育的总称，是新中国幼儿教育的重要内容之一。1951颁发的《幼儿园暂行教学纲要（草案）》指出，通过爱国主义和国民公德等教育培养幼儿的道德品质是幼儿园的一项重要任务。1956年发布的《幼儿园教育工作指南》进一步指出，幼儿教育的目的是进行全面发展的共产主义教育，包括德育、智育、体育三个部分，明确提出德育的任务是培养年轻一代具有符合社会主义要求的道德品质。1996年正式实行的《幼儿园工作规程》仍沿用了幼儿德育的提法。2001年《幼儿园教育指导纲要（试行）》（以下简称《纲要》）从儿童学习与发展的角度，将原来的思想品德与社会常识及与儿童情意发展相关的内容整合为社会领域课程，学前儿童社会教育的名称也由此而来。可见，学前儿童社会教育必然包含了思想品德教育，即儿童社会性发展影响其思想品德发展，因此要在儿童社会性发展的基础上来进行思想品德教育。虽然将思想品德教育置于社会性发展的基础上来加以考虑，能更好地关注到儿童思想品德发展的身心基础，但不能以儿童社会性教育代替品德教育，因为品德涉及的是是非善恶的价值问题，社会性涉及的是生存与生活的问题，前者是精神与道德问题，后者是社会适应问题，各有不同的指向。

（三）学前儿童社会教育的生活性

学前儿童社会教育的生活性表现在它对幼儿生活的关注。关注幼儿的生活，以生活的逻辑来考虑幼儿园的教育可以说是《纲要》的基本指导思想。《纲要》指出：幼儿园应为幼儿提供健康、丰富的生活和活动环境，满足他们多方面发展的需要，使他们在快乐的童年生活中获得有益于身心发展的经验。关于社会领域的内容和要求，《纲要》更是明确指出：要在共同的生活和活动中，以多种方式引导幼儿认识、体验并理解基本的社会行为规则，学习自律和尊重他人……引导幼儿参加各种集体活动，体验与教师、同伴等共同生活的乐趣，帮助他们正确认识自己和他人，养成对他人、社会亲近、合作的态度，学习初步的人际交往技能。可见，学前儿童社会教育是源于儿童生活的教育，也是为了儿童生活的教育。当然，学前儿童社会教育与单纯的生活教育还是有所不同，因为社会教育必然会强调社会发展需求对幼儿生活的引领，而不是简单地顺应幼儿生活。

（四）学前儿童社会教育的人文性

学前儿童社会教育的人文性表现在它对儿童人文性情的陶冶上，在这一点上它与人文教育是相通的。人文教育是指通过人文氛围的浸染，为学生将来自身意义的实现与精神境界的提升打好基础的一种人性化、文明化的教育。学前儿童社会教育的重要目标之一是让儿童成长为一个有文化、有教养、有德行的人。人文是学前儿童社会教育的重要基础内涵，人文知识是社会教育内容的重要方面，因而人文性是学前儿童社会教育的重要特性之一。人文教育首先寻求的是人性。丧失了人性，就丧失了人文，也就丧失了"人"之所以为人的价值。学前儿童社会教育的核心与本质就是"成人"的教育，即让儿童成为真正善良与智慧的人的教育，它应当通过人文知识的传授、人文精神的陶冶来实现对人性的拓展，让儿童成为真善美皆备的、完整的、健康的人。但相对人文教育，社会教育有更多的内涵与内容，人文教育侧重精神层面的陶冶，社会教育还需要注重行为习惯的培养与社会技能的训练。

四、学前儿童社会教育课程的地位

准确把握学前儿童社会教育在幼儿园课程体系中的地位，理解它与相关课程领域的联系，以及处理好它们之间的相互关系，也是我们领会学前儿童社会教育的实质，进行有效教育实践的重要基础。

（一）学前儿童社会教育与相关课程领域的关系

相对于学科强调知识的系统性与完整性，领域强调学习者的学习行动，课程领域就是以学习者的学习内容与行动来规划课程的一种思路。作为课程领域的学前儿童社会教育是在综合与变革以前的幼儿园社会常识教育与幼儿德育基础上出现的一个新的课程领域。它涉及的不是一个具体的学科，而是一个学习领域，在这一领域中儿童主要学习的是如何协调自我、人与人、人与环境之间的互动关系，并习得与人和环境互动应有的知识、能力、态度与行为技能等。这一课程领域主要关注的是儿童的社会性发展，包括社会认知、社会情感、社会行为技能以及道德品质的发展，最终帮助儿童形成参与社会生活的基本能力与善待世界的基本态度。

人无时不在与他人和环境的互动中，这决定了学前儿童社会教育无法绝对独立于其他领域，相反，它和其他领域必然有着非常密切的联系。《纲要》也指出，幼儿园的教育内容是全面的、启蒙性的，健康、语言、社会、科学、艺术五个领域的划分是相对的。各领域的内容相互渗透，从不同的角度促进幼儿情感、态度、能力、知识、技能等方面的发展。同样，各领域应从不同的角度共同促进儿童社会性的发展。

1. 学前儿童社会教育与健康教育的关系

健康是所有幼儿园课程体系都需要关注的领域，它包括身体的健康、情绪与心理的健康以及道德的健康，其中幼儿情绪与心理及道德健康也是社会领域关注的问题。当幼儿有良好的师生与同伴关系时，他就能获得安定与愉快的情绪，并形成安全感与信赖感，这是良好社会情感形成的基础。同时，体育活动有助于培养幼儿坚强、勇敢、不怕困难的意志品质和主动、乐观、合作的态度。可见，社会教育与健康教育是相互渗透、相互促进的。但社会教育在关注儿童情绪与心理健康时，更注重它的社会发展性。比如，对环境的良好适应是心理健康的重要标准，从社会教育的角度来看，社会适应并不仅仅表现为对社会环境的无批判的顺应，如果社会环境是不好的，就要用积极的、好的价值观引导孩子去变革社会环境。再如，社会上有一些说谎、投机取巧的现象，从个体角度看，适应这种规则，个体有时能获得更多的发展机会，但从群体角度看，这种风气是不利于社会进步的，作为个体则有矫正与变革这种风气的责任，所以家长和老师还是要教导孩子诚实。社会教育的责任是倡导先进的文化价值观与态度行为，这是一种社会意义上的健康。

2. 学前儿童社会教育与语言教育的关系

语言是儿童进行社会化的重要工具，通过语言，儿童才能与人沟通。由此，语言教育是社会教育的重要基础。但从社会教育的目的看，幼儿园教育不能止步于教会孩子说话，还要教会孩子善于倾听，并说礼貌的话、温暖的话、善良的话、优美的话。当孩子接触优秀的儿童文学作品时，他们感受到的不只是语言的丰富和优美，还有作品中人物的丰富心灵，让孩子从作品中体会到善与恶的争战、美与丑的较量。社会教育无法离开语言、故事与文学，故事与文学是进行社会教育非常重要的资源与途径。孩子对故事的钟爱，使故事成为一种非常好的心灵滋养方式。另一方面，如果语言教育没有了美与善的灵魂，就会成为抽象的没有生命的符号教育。在这种教育下，孩子可能会很流利地说有益人、温暖人的话，但也可以很流利地说伤害人的话，这全看教育者如何引导他们在利人利己的立场上来运用语言。可见，语言的内容以及运用语言的方式都在塑造着儿童的社会性品格。

3. 学前儿童社会教育与科学教育的关系

引导孩子探索与认识世界是科学教育的重要任务，但我们探索与认识世界的目的并不仅仅是为了更好地利用世界，还要学会更好地保护世界。要让孩子们意识到如果没有周围一切有生命与无生命的事物，人类可能连一天也生存不下去。科学的技术如果没有仁慈之心的支持，也有可能变成伤害人类自身的利剑。比如人们发明了更先进的捕猎方法，带来的是越来越多的物种濒临灭绝；人们有了更多征服自然的方法，带来的是环境的日益恶化。为改变这种现状，教师就必须认识到引导孩子学会认识与探索世界的最终目的是让孩子养成对待世界的仁慈之心，让他们在亲近大自然的同时，学会爱护动植物，关心周围环境，珍惜自然资源，形成初步的环保意识。再如对水的学习，不应只是将它作为一种物质来认识，更要认识和感受到水的社会意义、文化意义和水对生命的意义；不仅要从自然科学的角度让幼儿获得对水的物理性质和化学性质的抽象认识与概念，还要将水作为人赖以生存的条件之一，让儿童认识到现实生活中的水如何与自己的生活密不可分，了解水如何被开发和利用，有什么样的水利设施和水处理设备等。而水的缺乏或污染或泛滥对生活的影响以及引起的灾难、人们对水的各种赞美和恐惧等，也都无不与社会和道德有关。

4. 学前儿童社会教育与艺术教育的关系

孔子认为人的学习与完善必须"兴于诗，立于礼，成于乐"，意思是说："读诗使我振奋，学礼使我立足于社会，音乐使我得以完成自身修养"。其中"礼"是社会教育的内容，"乐"是艺术教育的内容，可见在人的发展中社会教育与艺术教育是相辅相成的。艺术对性灵的陶冶具有特别的作用，艺术教育的价值也正在于它能够展示生命的美，畅想生命的自由，弘扬生命的价值，维护生命的尊严和张扬生命的个性。它的目的是要培养能够运用艺术语言表达丰富美好的情感和进行心灵交流的健康个体。当孩子学会用画笔或是音乐表达出他内心美好的体会和感动时，艺术就产生了。同样，当感受到美与善时，他就已经接受了社会教育。由此，教育要尽可能用艺术化的方式让孩子体会到各种美与善。这些美与善会随着孩子年龄的增长，不断成为丰富孩子内心世界的养料，一个能够感受到美与善的人为恶的可能性很小，这正是艺术教育对儿童社会性发展的重要意义之所在。学前儿童社会教育需要艺术的支持，更需要艺术化的教育。

（二）社会教育在学前儿童整体发展中的课程地位

1. 学前儿童整体发展的课程架构

中国著名儿童教育家、儿童心理学家陈鹤琴先生将幼儿园课程的五大领域比喻为人的五指，息息相关，并指出五指活动的"五指"是活的，可以伸缩。依据儿童身心发展的特征，五指活动在儿童生活中结成一张教育的网，它们有组织、有系统、合理地编织在儿童的生活中。

相对于陈鹤琴先生提出的五指课程的比喻，我们更主张用身处无意识环境影响的完整的人来表达这五大领域的关系（图1-1），因为幼儿教育的最终目标是培养完整的儿童，为儿童一生的完整发展奠基。儿童的完整发展既受到有意识的教育的影响，也受到无意识的环境的影响。

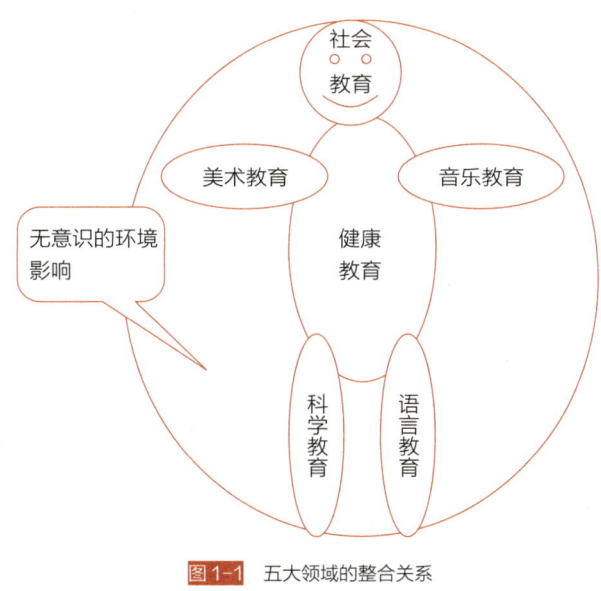

图1-1 五大领域的整合关系

在图1-1中，人体与圆圈中的空白标示着影响儿童发展的无意识环境，它渗透在儿童所处的所有环境中。整个人体部分代表有意识的五大教育领域，其中头部标示的是社会教育，它为学前教育提供价值的指引。没有价值指引的学前教育是盲目的，无助于人类进步的教育价值指引则是无益的，因而学前教育的第一步是根据儿童的身心发展规律和社会健康发展的需要，思考我们要培养什么样的儿童。身体躯干是健康教育，它是幼儿教育的主体，学前阶段所有的教育都需要考量它是否有益于幼儿的整体健康，违背幼儿整体健康发展的价值、知识与能力都是不具有教育性的，也是不值得提倡的。右手是美术教育，左手是音乐教育，它们是帮助幼儿体验世界之美的两种途径。左脚是语言教育，右脚是科学教育，它们是帮助幼儿认识与表达对世界的理解与体验的两种有力途径。从它们各自的功能来看，这五大教育领域对于幼儿的完整发展来说都是不可或缺的。

2. 学前儿童社会教育在幼儿园课程体系中的导向性地位

虽然这五大领域的教育共同作用于儿童的整体发展，但其中学前儿童社会教育起着导向性作用，为其他领域提供方向与价值的指引。如前文所述，一切教育的最终目的都在帮助孩子建立与世界的一种恰当关系，学会做一个人格健全并有益于人类的人。在幼儿科学教育中，我们不仅要让儿童学会科学地认识与探究客观世界，还要认识到人类与客观世界的关系，以及人类对客观世界所承载的责任；幼儿语言教育也不仅仅是教会孩子正确与流利地表达，还要教孩子学会表达真诚与善意；幼儿艺术教育也不仅仅是让孩子学会欣赏与创造美，还要让孩子体验与领会人性之美。这些都是社会教育的内容，可见社会教育规定着所有课程领域的价值方向，即培养有益于促进人类社会健康发展的人。

总之，将学前儿童社会教育作为一个独立的课程领域提出，既具有研究上的意义，也具有实践上的意义。从理论上看，有助于研究者厘清社会领域教育的特点与规律，帮助教育者形成更科学与恰当的教育意识；从实践上看，课程领域的相对区分有助于教育者根据不同发展领域的特点对幼儿进行针对性教育，帮助教育者更好地关照发展的细节，但这种领域区分不是孤立的，而是与其他领域有整体联系的区分，因而在课程实施中，教育者需要建立一种整体教育的观念。

五、幼儿园社会教育的内涵与特点

（一）幼儿园社会教育的内涵

《纲要》中对幼儿园教育的叙述："幼儿园的教育内容是全面的、启蒙性的，可以相对划分为健康、语言、社会、科学、艺术五个领域，也可做其他不同的划分。各领域的内容相互渗透，从不同的角度促进幼儿情感、态度、能力、知识、技能等方面的发展。"

社会领域的教育内容十分丰富，涵盖幼儿自我意识、人际交往和社会学习等各个方面的发展。

（二）幼儿园社会教育的特点

1. 潜移默化

幼儿的思想和性格在幼儿园社会教育中不知不觉受到感染、影响而发生变化。比如某幼儿园的张老师开展了中班绘本阅读活动，和幼儿一起阅读绘本《你别想让河马走开》。在有趣的故事中，幼儿感受到礼貌用语带来的奇妙效果，知道礼貌用语更容易让别人接受，并逐渐学会用"请"以及商量的口吻与人沟通、表达自己的要求。绘本生动有趣的画面和情节潜移默化地启发幼儿思考如何有礼貌地和别人协商，并将其运用于实际交往中。

2. 实践性

幼儿的社会学习和社会性发展必须在社会交往和实践过程中逐步实现。举例来说，如果要让幼儿认识、了解在社区中常见的基础设施环境——超市，教师可以组织幼儿参观超市，了解超市的环境和用途，亲自体验购物，与超市工作人员交流互动，感受其工作方式。还可以在幼儿园的活动区开展与超市有关的角色游戏，让幼儿在虚拟的社会环境中扮演不同的角色，丰富、充实幼儿的生活经验，使其进行人际交往互动。

3. 渗透性

幼儿园社会教育渗透在一日生活中，渗透在各领域的教育中，渗透在游戏中，渗透在家庭教育中，渗透在社区教育中。

4. 长期性

幼儿园社会教育是一项长期的教育工作。首先，就其实施过程而言，幼儿的社会学习和社会性发展不是一朝一夕、一蹴而就的事情，需要长期坚持，持续施加持久影响。其次，就其实施结果而言，幼儿获得社会经验、学会与人交往、养成良好的社会行为与品质等，是一个长期的、渐进的过程，其结果不会立竿见影，教育效果具有一定的潜在性和滞后性。

5. 反复性

幼儿的社会学习是可变的、易反复的，特别是当环境发生变化时，幼儿已经形成的良好社会行为有可能会反弹，需要在长期的活动和交往中反复体验和练习，持之以恒地加以培养。

（三）幼儿社会学习的方式

1. 观察学习

观察学习是指通过观察他人行为的结果而习得社会行为的过程，是幼儿习得社会行为的重要途径。

2. 同化

同化效应是个体的态度和行为在潜移默化中对外部环境的一种不自觉的调适。

3. 强化

儿童社会行为的学习主要是通过直接或间接体验行为的后果而进行学习的。在社会学习的过程中，儿童的行为往往会产生不同的结果，并伴随着不同的情感体验，这些结果和体验会对其行为产生一定的影响，这就是强化作用。

4. 体验

幼儿主要通过体验和行动来学习。一方面，幼儿作为主体亲身参与实践过程，能够对其中蕴含的道理和意义形成独特的感受和领悟。另一方面，幼儿亲身经历某件事并在此过程中对事物产生真切的感受，从而形成对某种事物的态度和认识。

拓展阅读

有关学前儿童社会教育的基本概念辨析

一、个性与社会性

当研究儿童社会性发展时，面临的首要问题就是要回答什么是社会性。同样，在这里，我们也将首先讨论这一问题，明确社会性的内涵。为了更好地回答这一问题，我们必须了解与社会性相关的一个概念——个性。

（一）个性

英文"personality"一词可以译为"个性"，也可以译为"人格"。在心理学领域，这是一个难以界定的术语。英国心理学家艾森克曾经提到美国心理学家查尔斯1968年对个性概念的界定：使个体的行为保持时间上的一致性，并且区别于相似情境下其他个体行为的比较稳定的内部因素。艾森克认为，这个定义有些笼统，因为它把智力也作为人格的一个成分，而大多数心理学家认为，人格是指情感和动机水平上的个体差异。这是艾森克当年的一种评价，也反映了当时心理学界对个性问题比较普遍的看法，即把智力排除于个性之外。但实际上，目前人们已普遍认可个性中包含了智力的内容。可见，人们对个性概念的理解在很早就存在着明显的差异，也可以感受到，从那时到现在，人们对个性概念的理解也是逐步深入的。

美国人格心理学家杰瑞·伯格（Jerry M.Burger）在其《人格心理学》中，将人格定义为稳定的行为方式和发生在个体身上的人际过程，并进一步强调：人格是稳定的，我们可以通过不同的时间和不同的情境来查明这些稳定的行为方式。而人际过程和个体内部过程不同，它是发生在人与人之间的过程，指的是那些发生在人们外部，影响着人们怎样行动、怎样感觉的所有情绪过程、动机过程和认知过程。发展心理学家居伊·勒弗朗索瓦（Guy R.Lefrancois）对这个术语的解释是：个性是常在我们与其他人的相互作用中表现出来的一套特征，它包括所有的能力、性格、习惯以及使我们每一个人有所不同的其他特征。

我国心理学界也普遍认可"个性"就是"人格"。台湾师范大学的张春兴教授在其《张氏心理学辞典》中是这样界定的："personality"即人格，性格，品格，指个体在其生活历程中对人、对事、对己以至对整体环境适应时，所显示的独特个性。此独特个性，是由个体在其遗传、环境、成熟、学习等因素交互作用下，表现于需求、动机、兴趣、能力、性向、态度、气质、价值观念、生活习惯以至行动等身心多方面的特质所组成。由多种特质而形成的人格组织，具有相当的统整性、持久性、复杂性与独特性。

目前国内心理学界比较公认的是我国心理学家朱智贤先生提出的概念。在朱智贤先生20世纪80年代初出版的《儿童心理学》中，他对个性的概念是这样界定的：所谓个性，即个人的心理特性，即一个人比较稳定的、比较经常的心理特性。性格（其中也包括气质）和能力是个性的主要表现。而到了20世纪80年代末，在其《心理学大词典》中，朱智贤先生又对个性概念进行了修正：个性，也可称人格，指一个人的整个精神面貌，即具有一定倾向性的心理特征的总和。这个概念逐渐被后来的许多学者认可并被广泛引用。

学前心理学家陈帼眉教授对个性概念又给予了一定的具体化：个性是一个人全部心理活动的总和，或者说是具有一定倾向性的各种心理特点或品质的独特结合。

从上述对个性概念的界定中可以发现，由于每个心理学家的研究领域不同，他们对这个词汇的解释也会有所不同。但总体来说，有三个特征是不可忽视的：①个性是一个整体，是个体所有心理特征的总和，具有整体性；②个性是个人区别于他人的典型特征，具有独特性；③个性具有相对的稳定性。

陈帼眉教授则从儿童个性开始形成的标志这一角度，进一步明确了个性具有五个特征，即整体性、倾向性、稳定性、独特性和积极能动性。这可以说，是对个性本质的比较全面而深刻的理解。整体性指的是心理活动的"总和"，是有机地组织起来的系统；倾向性指的是活动倾向，即一个人经常的追求，对事物的看法，以及行为方式都有一定的倾向性；稳定性指的是一个人身上经常出现的比较固定的心理活动的特点，即在不同时间、地点、场合所表现出来的行为具有较强的一致性；独特性指的是一个人有别于他人的特性；积极能动性指的是一个人对外界刺激的反应的选择性以及改变外部和内心世界的能动性。

（二）社会性

与个性概念相似的一点是，社会性也是一个比较难以界定的概念。因此，在阅读国外一些学者的发展心理学书籍的时候，人们很容易产生困惑——为什么读完了整本书都找不到作者关于主题词（如发展、社会性、人格等大概念）的界定。或许有习惯的因素，但更多的是对概念界定这种费力不讨好的事情避而远之。从能够查到的资料中可以发现，国内外对社会性的理解主要有两种：一是"社交性"，比如，阿瑟·雷伯的《心理学词典》中的"sociality 社会性"的后面直接写着"见sociability 社交性"，而对"社交性"的界定为"具有并建立人际关系的意向：友爱"。这是对社会性概念的一种狭义理解。二是把社会性作为与认知相对的一个比较广义的概念。林崇德教授曾经明确指出，社会性是指由人的社会存在所获得的一切特征，符合社会规范的典型行为方式。这些典型的社会性的行为方式，正是一个人的个性特征的集中体现。

北京师范大学邹晓燕教授将社会性的概念解释为：社会性是人在社会生活环境及人际交往过程中所表现出来的比较稳定的态度和行为方式的总和。这是因为"社会"一词主要的内涵有两个方面，即人与社会环境之间的关系、人与人之间的关系。从这个意义上，我们可以将社会性的本质特点，即一个人的"社会存在"具体解释为上述两个方面。

（三）个性与社会性的关系

对于个性与社会性的关系问题，存在着三种理解：第一种理解是将个性和社会性相提并论，认为这是两个同一层次的概念，社会性体现的是普遍性，个性体现的是特殊性，二者是个性和共性的关系。第二种理解是将个性纳入社会性概念中，这种理解是从共性与个性的关系中推断而来的，认为作为社会成员，如果没有共性就无法在社会中生存和发展，没有个性就没有存在的价值。因此，如果做广义的理解，可以笼统地把人格也放在社会性的范畴里。第三种理解可以说是目前被学术界更多人认同的，即把社会性放在个性的范畴里，认为社会性是个性的核心成分。如前文所述，这些典型的社会性的行为方式，正是一个人的个性特征的集中体现。

笔者认为，将社会性纳入到个性的范畴中是对二者关系的一种比较准确的理解。原因在于：①从西方心理学的发展中可以发现，个性始终是心理学中一个非常核心的、广义的概念。这可以从西方心理学中四个关系非常密切的术语中看出，分别是心理、意识、人格、自我，每一个下位概念都是上位概念的核心，即意识是心理的核心（相对于行为），人格是意识的核心，自我是人格的核心。从这四个心理学较大的概念中，我们找不到社会性的概念。②从我国心理学界对心理结构的阐述中也可以发现，社会性涵盖在个性的概念中。我国的心理学受苏联心理学的影响，自20世纪80年代初期，就普遍将心理现象分为两大方面：一方面是心理过程，另一方面是个性心理。但实际上这两者体现在一个人身上并不是截然分开的，之所以分开是为了便于学习。在一个个体身上，心理过程各个方面的特点都集中体现于一个人的个性心理中。或者更确切地说，体现在一个人的性格中。而在个性心理中，性格是核心。所谓性格指的是对现实稳固的态度以及与之相适应的习惯了的行为方式，性格是个性的重要方面。陈帼眉教授则进一步将性格概括为，性格是个性中最重要的心理特征，它表现在对客观现实的稳固态度和惯常的行为方式中。

我国心理学家曹日昌先生将性格的结构具体分为四个方面。①性格的态度特征：人对现实的态度的性格特征，即对社会、集体、他人的态度；②性格的意志特征：人在对自己行为的自觉调节方式和水平方面的个人特点；③性格的情绪特征：当情绪对人的活动的影响，或人对情绪的控制具有某种稳定的、经常表现的特点时，这些特点就构成了性格的情绪特征；④性格的理智特征：人们表现在感知、记忆、想象和思维等认知方面的个体差异。从上述内容可以看出，性格的内容即当今所说的社会性的内容。

从上述内容不难推断，个性概念要大于社会性概念，社会性概念涵盖于个性概念之中。

二、社会化与社会性发展

社会化是社会学、人类学与心理学共同的研究问题。美国著名社会学家戴维·波普诺在其《社会学》一书中专有一章的标题为"社会化"，强调的就是社会文化对人类个体的重要影响，认为社会生物学不能完全解释人类社会行为的原因。人类学家惠廷则认为，社会化是使文化代代相传的过程。社会化也是心理学的一个重要概念，特别是在儿童发展领域，社会化更是受到人们普遍的关注。

总的来说，人们对社会化的理解基本上是比较一致的。首先，社会化是一个动态的过程。个人从完全无知无助的初生婴儿起，经由与他人交往而受到别人行为的影响（无形的交往与有形的教育），使个人逐渐学到符合社会要求的行为，此种个人行为在社会因素下改变的历程，称为社会化。而社会化可以有广义和狭义之分。这种区分是从时间和内容两个方面进行的：从时间上来讲，一个人从生到死属于广义的社会化时间段；从出生到青少年期结束属于狭义的社会化时间段。从社会化的内容来讲，广义的社会化既包括认知的发展，也包括社会性的发展；而狭义的社会化专指社会性的发展。目前在儿童发展领域的社会化概念指的是狭义的概念，即从出生到青少年期儿童社会性的发展过程。

因此可以这样总结，社会性发展（social development）就是狭义的社会化，指个体自出生后到青年期的一段时间内，个体社会行为随年龄与学得经验的增加而产生改变的历程。个体的社会行为，指其与人的关系，对社会规范的认识与遵循，对人对己的态度，对人对事的价值判断，以及作为一个社会成员所具备的社会能力等。

资料来源：邹晓燕. 学前儿童社会性发展与教育［M］. 北京：北京师范大学出版社，2015.

第二节　学前儿童社会教育的价值

从前文对社会教育在学前儿童整体发展中的课程地位的分析中可知，虽然五大领域的教育共同作用于儿童的整体发展，但其中学前儿童社会教育起着导向性作用，为其他领域提供方向与价值的指引。这正是学前儿童社会教育的突出价值体现。学前儿童社会教育，并非在学前教育机构产生后才有的。在古代还没有形成专门的学前教育机构之前，人们就在对学前儿童实施社会教育。在学前教育机构成立之后，社会教育更为教育者所关注，究其原因，在于学前儿童的社会教育具有以下几个方面的价值。

一、促进学前儿童个人社会性的发展

个体的社会性发展离不开外界的引导与帮助，社会教育的价值体现在支持与引导幼儿在自我、与他人互动和习得社会文化等方面的发展。

首先，社会教育有助于幼儿发展良好的自我意识，发展正确的自我概念，掌握适宜的社会性行为。开展有关自我的社会教育活动，能让幼儿清楚地认识自己的特征、长处和短处、情绪情感，以及自己的行为是否适宜等，还有助于幼儿发展自我管理的能力，如照顾好自己的身体、物品，管理好自己的起居生活。

其次，高质量的社会教育有助于发展幼儿与他人交往的能力。与成人的交往与和同伴的交往对幼儿发展的价值不一样。在和成人的关系方面，社会教育有助于幼儿认识自己在家庭中的地位和角色，认识自己在教师眼中和班级中的地位和角色。在和同伴的关系方面，社会教育有助于幼儿获得同伴的概念，了解与自己年龄相似的同伴的优点与不足，发展与同伴交往的社会能力，促进幼儿在同伴群体中的社会化等。

总之，社会教育能帮助幼儿发展适宜的自我意识，掌握基本的人际交往规范，发展与他人交往的社会技能，让幼儿愿意并有能力与他人交往，还能帮助幼儿习得必要的社会品质，掌握相应的社会规范。

拓展阅读

社会性发展在学前儿童心理发展中的价值

社会性作为个体心理的重要方面，在人的心理发展中占有重要位置。随着社会的发展，社会对人才素质的要求发生了巨大的变化，特别明显的体现就是对人的社会性的要求越来越高，如自主性、合作能力等，都属于社会性的品质。而对于学前儿童来说，社会性在儿童心理健康发展中占有更加重要的地位，其原因在于学前期是儿童个性开始形成的时期，此时期儿童社会性的发展对其后续发展具有十分重要和深远的影响。

自古以来，中国有这样一句话："3岁看大，7岁看老"，虽然有些绝对，但却是千百年来人们对儿童成长的普遍规律的经验总结。这句话实际上蕴含了关键期的含义。著名生物学家劳伦兹通过对小鸡小鸭的研究，提出了"印刻现象"的概念，认为小鸡小鸭在出生后的十几个小时之内，对它们见到的第一个对象（人或物）会表现出追随现象，这是因为这个人或物就像盖戳一样印在了小鸡小鸭的脑子里，它们把这个人或物当成了自己最亲的对象而时刻追随。劳伦兹发现，小鸡小鸭发生这种印刻现象的时间只能在出生后的十几个小时之内，过了这段时间就不能发生了。而这段时间就被其称为"关键期"。关键期的概念后来用在儿童心理学中是指，某种心理现象的发展有较为重要的时间。由于关键期的概念会让人感觉错过了就不能弥补，因此，很多学者把关键期改称为"敏感期"或"最佳期"。"3岁看大，7岁看老"这句话就是指一个人的发展主要是在7岁之前，而3岁之前是基础阶段。

邹晓燕教授在对4~6岁幼儿坚持性的研究中，曾经对一个坚持性发展较差的幼儿进行个案研究，发现这个孩子坚持性的形成是在3岁之前。原因是当她2岁的时候就进入了幼儿园正常班（3岁班）。由于她年龄小，老师对其没有任何要求，当别的孩子集体活动时，她可以随意出入，想做什么就做什么，在班级属于一个"自由主义者"。当然，在家里也有类似的环境，她从小由小姨照看，小姨对她也没有任何约束，主要是看护。所以，这个孩子到了4岁时，坚持性非常差，做事不能精力集中，经常分心。比如，在交给她需要完成的任务时，经常溜号去想一些无关的事情，还会经常找话题和主试聊天，完成任务的错误率很高，完成的任务量也很少。从这个案例中可以发现，3岁前儿童所处的生活环境对其个性的发展具有重要的奠基作用。

从幼儿3岁时的入园表现也可以发现，最初进入幼儿园时，孩子之间的差异已经是比较明显了，这些差异可以表现在独立性、合群性等方面。适应性方面更是十分明显，有的孩子经过一周，最多是半个月左右的时间就可以高高兴兴地上幼儿园；而有的孩子可能需要一个月的适应时间,有的则更长。这说明到3岁的时候,孩子已经表现出明显的个别差异性。

入小学前,孩子已经表现出较为稳定的个性特征了,即个性开始形成。而学前儿童个性形成的主要方面是其社会性发展,即对己(独立性、主动性等)、对人(自我中心性、合群性等)及对事(规则意识、任务意识等)方面。

一、学前期是儿童社会性的开始形成时期

学前心理学家陈帼眉教授认为个性开始形成(发生)的主要标志有五个方面:心理活动整体性的形成、心理活动倾向性的形成、心理活动稳定性的增长、心理活动独特性的发展及心理活动积极能动性的发展。其中,幼儿个性形成的最外显的标志是其心理活动稳定性的增长,即幼儿在不同的时间、地点、场合表现出行为的跨时间和跨情境的稳定性。

邹晓燕教授对儿童坚持性和独立性的研究证明了幼儿期是儿童个性的开始形成期。她对4~6岁幼儿坚持性的追踪研究发现,4~6岁幼儿坚持性的个人特征已趋于稳定。4岁幼儿在不同动机、不同任务、不同情境下的活动中,坚持性水平在群体中所处地位不变。同一批被试在4岁时参加初测,到6岁时参加复测,两次测验的结果表明,幼儿的坚持性水平在群体中的地位也基本不变。也就是说,一些幼儿,在各种不同条件下,坚持性总是比较强,而坚持性较差的幼儿,也总是比别人差。值得注意的是,在该研究追踪的两年内,被试儿童的生活环境有较大变化,其中有的幼儿曾从一个幼儿园转到另一个幼儿园,有的进入过学前班,全部被试儿童在复测时都已分别进入不同的小学,但在同一测验条件下,其坚持性的特点变化不大。

邹晓燕教授关于幼儿独立性的跨情境的稳定性研究也证明,3~5岁是个人特征的独立性的初步形成期。在幼儿独立性的三个维度的发展中,自我依靠和自我控制在5岁时达到稳定程度,幼儿在任务难度和在场对象不同的情境中,其独立性特点基本稳定,表现出非常高的一致性。而自我主张,这个对幼儿思维和经验要求较高的维度还不太稳定,但已经表现出明显一致性的趋势。

上述研究结论为学前期是儿童个性的开始形成期提供了实证依据。从这个结论可以推断,学前期也是儿童社会性的开始形成期。

二、学前期儿童社会性发展对其未来发展有长远影响

精神分析心理学是非常重视早期教育的一个心理学流派。这是因为在这些心理学家确切来说是精神分析学家的心理治疗过程中,他们发现许多精神疾病的成因是儿童的早期经验。

一些发展心理学家的重要研究也证实了儿童早期的社会性发展对其后续发展的重要影响。在这个领域有非常广泛影响的是由哈佛大学的凯根教授始于20世纪60年代的一项跟踪研究。凯根教授从个性发展理论出发指出,儿童早期对成人的依赖性在形成其未来的个性方面是极其重要的,并通过实验研究,证明儿童早期的被动性和依赖性对成人期的行为具有长期影响。研究者对研究对象(6~10岁儿童)收集到的观察资料做出关于被动性和依赖性的评分,成年期的依赖性的评分则以访问为依据。访问时间是在被试20~30岁时进行的。儿童期依赖性的评价依据:研究者半年一次的家访、半年或一年一次观察孩子在幼儿园或日托机构的活动、与儿童的谈话记录、在教室中对儿童的观察记

录。由一个不知道被试成年后心理状态的研究者以以下四个方面为指标评价儿童期的依赖水平：①面对障碍或压力环境时，行为举止的被动倾向，如面对挫折和失败时的退缩行为，包括发牢骚、哭、请求帮助；②在有压力的情况下，有从女性成人那里寻求支持、建议、辅助的倾向，若没有帮助或支持不愿开始工作；③从女性成人那里寻求感情的支持，包括亲吻、握手、缠着成人、寻求鼓励或亲近；④从女性成人那里寻求直接帮助，包括请成人帮助完成任务，当身体受到威胁时寻求帮助。研究者主要从六个方面评价被试成年期的依赖性：①在就业的选择方面，寻求依赖的程度（安全感的满足）；②对爱人的依赖程度（寻求忠告和情感支持）；③对父母的依赖程度（寻求忠告、支持、情感鼓励等）；④对父母之外的人的依赖程度（寻求忠告、情感支持等）；⑤面对预料的失败表现出来的退缩行为倾向；⑥依赖行为的冲突程度（被试避免将自己放在依赖的位置，他对自己和他人的依赖行为的贬损及强调独立性行为的价值）。研究结果支持了发展理论关于成人某些反应方式起源于儿童早期的基本假设。研究发现，女性不论是依赖还是独立性方面从儿童期到成人期都比较稳定，没有明显变化，而在6～10岁依赖他人的男性被试到成人期有20%很独立。这项研究在国际上产生了十分广泛的影响，使人们更加关注儿童早期的发展对成人期发展的影响。

凯根教授对该项研究的依赖性和被动性的反面正是美国心理学家埃里克森（Erikson）关于学前期儿童自我发展的核心内容——自主性和主动性。这项研究证明了学前期儿童社会性发展对其后来发展的长期影响。

总之，学前期是儿童社会性的开始形成时期。不论是从日常生活经验还是实验研究方面都可以找到此时期社会性发展价值的证据。因此，加强学前儿童社会性发展与教育的研究非常必要。

资料来源：邹晓燕. 学前儿童社会性发展与教育［M］. 北京：北京师范大学出版社，2015.

二、促进成人的社会性发展

儿童的社会性发展离不开教师、家长等成人的引导与支持，反过来说，成人的社会性发展也离不开儿童的指引。离开学校教育的成人，他们的社会性仍在成长，他们的社会性发展仍需要外界的引导和帮助。美国学者玛格丽特·米德（Magret Mead）认为人类的文化存在三种形态：后喻文化、并喻文化和前喻文化。后喻文化是年长者向年幼者传授、年轻者向年长者学习的文化；同喻文化是指同代人相互学习的文化；前喻文化是年轻者向年长者传授、年长者向年轻者学习的文化。成人除了通过长辈和同辈的支持来发展自身外，还可以通过儿童来促进自己的成长。

成人要帮助儿童的社会性发展，就必须了解儿童的社会发展"坐标"，跟随儿童的步伐，为他们提供发展所必需的一切帮助。这不仅是帮助儿童发展的过程，也是帮助成人自身发展的过程。在了解儿童、跟随儿童、为儿童的社会性发展进行引导和提供支持的过程中，成人看到了幼年阶段的人的成长过程，并不断地去除自我的中心性。

此外，对儿童进行社会教育，还要求成人能够做儿童效仿的榜样。事实上，无论处于哪种文化环境和社会阶层中，无论选择何种职业，无论自身所取得的成就大小，父母或教师都希望自身能成为儿童心中的榜样,希望儿童能学习他们身上的优秀品质。总之,学前儿童的社会教育也对成人在社会性发展方面提出了要求,促使成人自我完善、继续发展。

三、促进社会的文明与进步

就人类来说,社会所保留和传承的风俗、礼仪、文明,所创造的优秀文化都要通过社会群体的更新延续下去。任何社会的新生成员都要掌握、保存并延续前人创造的社会文化。社会教育能帮助儿童掌握基本的社会规范,习得作为人所必需的社会品质,如爱、诚实、礼貌等为社会所赞许的品质。因此,社会教育有助于社会文化、社会传统、社会风俗等的保存。

儿童是社会的未来,社会教育要为未来社会培养文明的、理想的公民,能促进儿童的群性意识,培养儿童的社会责任感,让儿童知道自己不仅是单独的个体存在,还是社会的一分子。良好的社会教育还能让儿童有意识地、主动地参与群体生活,为社会的共同利益贡献自己的力量。因此,社会教育能直接或间接地促进社会的发展,使社会朝着更民主、更文明、更和谐的方向前进。

第三节 学前儿童社会教育的发展

经过大约一个世纪的时间,学前儿童社会教育从零星的、片段的思想逐渐发展成为系统化的、具体的理论体系,并在学前教育中取得了合法地位。从学前儿童社会教育的历史发展来看,它还是一门较为年轻的、介于儿童发展心理学与学前教育学之间具有边缘性质的学科,以研究儿童的社会性发展为主要目标,以增进儿童的社会认知、激发社会情感、引导社会行为技能为主要内容。

一、我国近现代学前儿童社会教育的发展

纵观我国学前教育近现代发展历史可以发现,学前儿童社会教育从最初只有片段的、缺乏系统的思想,逐步形成完整的、较为系统的观念,并出现在幼儿园课程之中,经历了漫长而又曲折的过程。其主要经历了以下三个阶段。

(一)第一阶段:20世纪初至20世纪中叶

1904年1月,清朝政府出台了我国第一部幼儿教育法规——《奏定蒙养院章程及家庭教育法章程》(以下简称《章程》),规定"以蒙养院辅助家庭教育""收三至七岁儿童",这是中国有史以来第一次将幼儿教育列入学制系统。其中第一章第一节"保育教导要旨"中有四条要求,第一、第三条提出了培养幼儿身心健康、个性良好、行为端正的目标和要求;第二、第四条则提出了量力适宜、正面教育、运用榜样和环境的原则和方法。这一保育教导要旨凸显了蒙养院应实施做人教育的目标和任务。第一章第二节则规定应设置幼儿易懂的、有趣的、与小学迥然有别的条目,如游戏、歌谣、谈话、手技等,这些活动均应围绕学前儿童爱众乐群、涵养德性的宗旨进行,尤应以游戏和谈话为主。由此可见《章程》对学前儿童社会教育的重视程度。之后创办的蒙养院和幼稚园基本上遵循《章程》的要求,在幼儿园设置的有关科目中,直接呈现或间接地蕴含《章程》的目标、内容与方法等。

"五四运动"时期的思想解放运动带动了教育战线的改革，也涌现出一批学前教育革新家，其主要代表人物是陈鹤琴、张宗麟等人。他们开辟了学前教育中国化、科学化的道路，并开始创建我国学前儿童社会教育。陈鹤琴先生非常关注学前儿童的社会教育，他把"社会"和"生活"作为组织幼儿园课程的两大中心。他提出著名的"五指活动"课程，即儿童健康、儿童社会、儿童科学、儿童艺术、儿童语言五个方面，其中儿童社会包括朝夕会、周会、纪念日集会、每天的谈话、记忆政治常识等。在他的"活教育"理论体系中，更是把"做人"作为三大纲领之一，即"做人，做中国人，做现代中国人"。他认为：做一个真正的人，必须热爱人类，热爱真理，以"世界一家"的思想为人类最终目标；做一个中国人必须热爱自己的国家，热爱自己的同胞，为自己国家的兴旺发达而努力；做一个现代中国人，必须考虑中国现代社会对人的要求，勤奋学习，掌握知识，为祖国的繁荣富强而努力。张宗麟先生在20世纪30年代初出版了《幼稚园的社会》一书，这是我国幼教史上最早全面深入地论述学前儿童社会教育课程及其实施的著作。该书详细论述了幼儿社会生活的思想，十分强调幼儿生活的社会倾向。总之，这一阶段，社会教育、社会课程作为幼儿园教育、幼儿园课程的有机组成部分逐渐得到确立，社会课程的结构、体系以及实践都得到较大的发展。

（二）第二阶段：20世纪中叶至20世纪90年代中期

1996年，国家教育委员会正式颁布《幼儿园工作规程》（以下简称《规程》），这是学前儿童社会教育发展第二阶段的主要标志。在新中国成立以后的很长时间内，幼儿园课程结构中取消了社会领域课程，而以"常识"或"思想品德"课程来代替。实际上，"常识"包括"社会常识"和"自然常识"两个部分。其中"社会常识"更多地体现了社会内容中的知识层面，局限在社会环境中的社会机构、社会成员等方面的认知，不可能做到全面促进学前儿童的社会认知及其社会性发展。因此，以"常识"课程来替代"社会"教育课程是不科学的。

同样，学前儿童社会教育也不等同于"品德教育"。品德作为个体依据一定的社会道德行为规范行动时所表现出来的某些稳定的特征，只是社会教育发展目标中的一部分，是社会道德在人身上的具体化。因此，作为个人社会品质的灵魂，品德不可能泛指或涉及所有个人生活的社会属性，它只能包含在社会性之中。这样，思想品德教育也只能包含在社会性教育之中了。社会教育是以情感—社会性为发展目标。社会性是指人在形成自我意识、进行社会交往、内化社会规范、进行自我控制以及进行其他社会活动时所表现出来的心理特征。由此可见，品德不是社会性发展的全部，而是社会性中与社会道德有关的部分，社会性比品德的内涵更为宽泛。在学前儿童社会教育中，有很多不涉及品德但与学前儿童社会性发展密切相关的内容。如果将二者割裂开来，在实践中就会使两者都得不到应有的发展。

《规程》中提出幼儿园保育和教育的四大目标，其中之一是学前儿童社会领域教育，如"萌发幼儿爱家乡、爱祖国、爱集体、爱劳动、爱科学的情感，培养诚实、自信、好问、友爱、勇敢、爱护公物、克服困难、讲礼貌、守纪律等良好的品德行为与习惯以及活泼开朗的性格"。《规程》还对幼儿园的品德教育进行了正确的定位，指出"幼儿园的品德教育应以情感教育和培养良好行为习惯为主，注重潜移默化的影响，并贯穿于幼儿生活以及各项活动之中"。《规程》的颁布，对建立与完善幼儿园社会领域课程提供了法规、政策及理论上的支持。

（三）第三阶段：20世纪90年代中期至今

2001年7月，教育部颁发《幼儿园教育指导纲要（试行）》（简称《纲要》），这是学前儿童教育发展第三阶段的主要标志。《纲要》是对幼儿园课程具有直接指导意义的纲领性文件。《纲要》将幼儿园课程相对划分为健康、语言、社会、科学、艺术五大领域，其中的社会领域部分将社会教育的目标、内容和要求、方法和途径等进一步具体化，使幼儿园学前儿童社会教育课程的设计和实施有了明确的原则和方向。从此，学前教育学界开展了大量的理论和实践研究，许多学前教育工作者创造性地设计和实施了一系列社会教育活动，有效地促进了我国学前儿童社会教育活动教学和科研的开展。

为了深入贯彻教育规划纲要，落实《国务院关于当前发展学前教育的若干意见》（国发〔2010〕41号），帮助广大幼儿园教师和家长了解3~6岁儿童学习与发展的基本规律和特点，全面提高科学保教水平，2012年10月9日教育部印发了《3~6岁儿童学习与发展指南》（以下简称《指南》）。《指南》从其研制过程到最后文本的形成，充分体现了科学性、民主性、先进性、时效性、操作性等特点。在学前教育跨越式发展的历史新阶段，研究制定《指南》，是贯彻落实教育规划纲要和学前教育"国十条"的重要举措。教育规划纲要明确提出：遵循幼儿身心发展规律，坚持科学保教方法，保障幼儿快乐健康成长。"国十条"明确要求"国家颁布幼儿学习与发展指南"。《指南》的印发对于有效转变公众的教育观念，提高广大幼儿园教师的专业素质和家长的科学育儿能力，防止和克服"小学化"倾向，全面提高学前教育质量具有重要意义。

二、国外学前儿童社会教育的发展

学前儿童社会教育的理论和实践研究是近40年来国际学前教育界关注的热点问题之一。从20世纪80年代开始，许多国家对20世纪60—70年代以"智力开发"代替早期教育的倾向进行了深刻的反思。1985年，在日本召开的幼教峰会上，专家们审视和反思了早期教育中将学前儿童的发展等同于智力发展的错误倾向，呼吁教育从"智育中心"转向促进学前儿童富有个性的全面发展，特别是社会性和情感的发展。从此，许多国家都非常重视学前儿童的社会教育，把社会领域课程作为幼儿园课程的重要组成部分之一。在许多国家新颁布的学前教育纲要和其他相关文件中，学前儿童社会性发展和培养都被放在突出的位置上。

日本非常重视学前儿童的社会教育。1989年，日本颁布了新的《幼稚园教育要领》，提出了幼稚园教育的五大目标：一是培养幼儿健康、安全、幸福的生活所必需的生活习惯、态度，为培养健全的身心打下基础；二是培养幼儿对他人的爱心与信任感，启迪自主意识与他人合作的态度，萌发良好的道德品行；三是培养幼儿对自然界与周围事物的兴趣与关心，启迪丰富的情操和思考问题的能力；四是在日常生活中培养幼儿对语言的兴趣与关心，乐于说听的积极态度及对语言的感受力；五是通过多种多样的体验，培养丰富的感受与创造性。以上的目标几乎都与学前儿童社会教育有密切的关系。1998年6月，在日本《教育新闻》公布的教育课程审议会的报告中，进一步明确了从幼儿期开始的"心灵的教育"，即从幼儿园到高中的"宽松"教育，提出"培养儿童的生存能力"，以及"适应社会的变化、自己发现课题、自主学习、主动思考，自主判断、行动，更好地解决问题的素质和能力；丰富的人性，自律、合作、关心他人，有一颗感动的心"；等等。从中不难看出日本对儿童个性和社会性培养的重视程度。

美国则将学前儿童的全面和谐发展与学校教育的成败联系在一起。美国早期教育协会于1996年颁布的《0~8岁教育方案》（被美国人誉为早期教育的圣经）中明确指出："一个高质量的早期教育机构应该能够提供一种促进儿童身体、社会、情感以及认知发展的、安全的保育环境。""适宜的教育应当顾及儿童所有领域的发展。""忽视非智力因素的发展，违背了儿童身心发展的规律。不能使每个儿童全面发展，常是学校教育失败的基本原因。"特别是美国的幼儿园课程有一个"社会研究"的领域。美国的社会研究委员会认为，"社会研究"可以被定义为一个课程领域，它的目标源自现代民主社会中公民的本质。它从社会科学和其他学科中提取教育内容，反映幼儿个人的、社会的及文化的经验。幼儿的社会学习必须是具体的，使幼儿投入做事及感受、体验的过程之中。社会学习是本质的人类活动，是生活中自然发生的部分，它包含内容和过程两个方面的学习，强调信息处理过程，强调决策和问题解决，关注自身价值的实现。

英国在1998—1999年的教育改革议案中提出，要加强道德教育、培养基本的公民意识，使所有儿童懂得诚实、自强、责任心和尊重别人的价值观，形成适合现代社会的行为规范和伦理道德。在学校课程和评定当局公布的5岁儿童应达到的目标中，放在首位的是品德和情感教育。

法国幼儿教育的第一目标是发展和谐人格，促进儿童情绪的成熟与社会化。1995年法国颁布的《幼儿学校课程大纲》中，强调把幼儿作为一个"人"来培养，发展他们的主动性、参与性。法国幼儿教育主要是把幼儿引向社会化，使他们从参与同伴与成人的活动中认识自己，认识环境，了解人际关系，学会克制自己的情绪，禁止过分情绪化，排除攻击性；知道与人合作，建立良好的人际关系，养成团结生活的习惯，塑造健全的人格；引导幼儿学习自己的文化，分辨并欣赏别人的文化；等等。这些目标要通过一系列的课程活动来实现，如参观、访问、沟通、实验、操作以及其他形式多样的协作活动。

法国的这种"全人教育"思想在韩国政府1995年通过的《新教育体制改革方案》中也有充分的体现。韩国把培养健康、爱美、有道德和自主的人作为"全人教育"的目标。

新西兰教育部提出了早期教育的五大目标即健康、归属感、价值感、人际交往和探索。从中可以看出新西兰的幼儿教育非常重视培养儿童、家庭、社会的和谐关系，培养儿童安定的情感。

由此可见，学前儿童社会教育是国际学前教育界共同关注的重要课题。我们在继承和发扬我国学前儿童社会教育优秀传统的同时，应借鉴和吸收国外有关学前儿童社会性发展与教育的先进理论与实践，不断完善和发展我国学前儿童社会教育课程体系，以提高学前儿童社会教育的成效。

💡 讨论与思考

1. 如何理解学前儿童社会教育的内涵？
2. 联系实际谈谈学前儿童社会教育的价值。
3. 学前儿童社会教育的发展呈现出什么趋势？

☆ 实践探索

1. 结合自身专业，谈谈在开展幼儿园社会教育时该做哪些专业准备，并设计具体的学习计划与目标。
2. 围绕"问题导入"中的案例展开小组讨论，说说你是如何看待这一问题的？

第二章 学前儿童社会性发展的影响因素

学习目标

1. 了解学前儿童社会性发展的影响因素及其影响机制;
2. 能够分析学前儿童社会性发展影响因素的作用;
3. 尊重儿童社会性发展规律,愿意成为儿童社会学习的正面榜样。

问题导入

小乖乖成长记

2016年6月16日：下午两点，伴随一阵哭声，小乖乖从孕育她的宫殿里来到了这个世界……

2016年6月18日：今天小乖乖睡觉的时候，很明显地笑过……

2018年4月12日：妈妈下班回家，小乖乖看见妈妈非常开心，呵呵笑着奔向妈妈……

2019年9月10日：今天是妈妈送小乖乖上幼儿园的第一天，小乖乖不愿意离开妈妈，她哭得很伤心的样子真让人难受……

2021年6月1日：幼儿园举办庆"六一"演出，小乖乖和小朋友们手拉手唱歌跳舞，非常开心……

问题：案例中小乖乖的前后两次的哭和前后两次的笑有何不同？这说明了什么？

学前儿童社会性发展受多种因素影响，这些因素不仅包括内部因素，也包括外部因素。内部因素主要指幼儿自身的个性特点，如年龄、性别、外貌和气质类型等，外部因素则包括家庭、社区和教育机构等。

第一节 学前儿童自身特征对社会性发展的影响

学前儿童自身的特征作为内部因素，是其社会性发展与教育的一个基础。任何外部因素要对学前儿童社会性发展与教育起作用，必须受到其自身特征的影响。一般来说，2岁前儿童的自身特征还未完全发展起来，个性还没形成，2岁以后儿童的个性逐渐发展，3~6岁是儿童个性形成的开始时期。

一、气质对学前儿童社会性发展的影响

（一）气质的内涵

气质是一个人所特有的心理活动的动力特征，是个性和社会性发展的生物基础，使人的整个心理活动带上个人独特的色彩，制约着心理活动发展的特点。气质和人的生理解剖特点直接相关，儿童生来就具有个人的气质特点。跟其他个性心理特征相比，气质具有更大的稳定性。儿童个体差异的最初表现是由气质所决定的。对婴幼儿的气质类型划分，主要有以下几种标准。

1. **传统的气质类型**

传统的划分方法，以高级神经活动为标准，是由古希腊医生希波克利特提出的。他把气质分为四种类型：抑郁质、胆汁质、黏液质、多血质。黏液质儿童表现为安静、迟缓、有耐性。抑郁质儿童表现为太过敏感、善于观察、想象力丰富、情感深刻持久但多愁善感、情感脆弱、畏缩而

孤僻。胆汁质儿童有较高的反应性和主动性，脾气暴躁、不稳重，但直率、精力旺盛。多血质儿童反应性强，行动敏捷，可塑性强；主动性强，精力充沛；注意力容易转移，热情易消退。苏联生理学家、心理学家巴甫洛夫发现的四种高级神经活动类型，与传统的类型相吻合。

2. 根据基本生活活动模式划分的气质类型

儿童心理学家切斯（Chess）等人通过对大量儿童的考察和追踪，发现有一些行为模式是从出生开始贯穿到整个儿童时期的。他们根据一系列的标准，把儿童（主要是婴儿）划分为3种类型。①易带的孩子。大多数儿童属于这一类，约占75%，他们对成人的抚养活动提供大量的积极强化，因而在整个儿童时期都受到成人的极大关怀和注意。②难带的孩子。这一类的儿童很少，约占10%。他们的心情总是不好，在游戏中也不愉快。成人需要花费很大的精力才能使他们接受抚爱，由于成人的抚爱经常得不到正面的反馈，成人和孩子之间关系往往不密切，孩子缺乏教养。③迟缓的孩子。这一类儿童约占15%。他们常常是安静地退缩，对新事物适应缓慢。在没有压力的情况下，对新刺激缓慢地发生兴趣，慢慢地活跃起来。随着年龄的增长，这一类儿童的发展情况因成人抚爱和教育情况不同而分化。

美国心理学家托马斯（Thomas）对儿童的气质进行了长达20多年的研究，提出气质有9个维度：①活动水平；②生理活动的规律性；③对新异刺激反应的害怕或抑制；④对变化的适应性；⑤对刺激的反应阈限；⑥对刺激的反应强度；⑦心境特点；⑧分心程度；⑨持久性。根据以上维度，托马斯把婴儿的气质划分为3种类型：①容易照看型；②难以照看型；③缓慢发动型，与切斯的划分类型基本吻合。

（二）气质与个性、社会性发展的相互关系

气质是个性和社会性发展的生物基础，但是通过环境的影响，气质维度也会发生变化。在人的个性心理特征中，气质是最早出现的，其变化也是最为缓慢的。儿童出生时已经具备一定的气质特点，即黏液质、胆汁质、多血质和抑郁质，这些特点在整个儿童时期是相对稳定的。气质无所谓好坏，但由于其能影响儿童全部的心理活动和社会行为，如果不正确对待，将会成为形成不良个性的因素。可以说，没有可以离开个性的气质，也没有缺乏气质的个性。

儿童的气质特点往往会影响成人对儿童的态度。各种类型的气质都有其积极和消极的方面，正确的教育能够引导其发展成为良好的个性特征。因此，成人对儿童的抚养和教育措施必须充分考虑到每个儿童的气质特点。比如，对高级神经活动为弱型的儿童应格外加以细心照料，多加鼓励；对于难以适应环境的儿童，在送入托幼机构的过程中应该多给予帮助。这些对儿童的个性形成和社会性发展都是十分重要的。

（三）气质对学前儿童社会性发展的影响

气质对学前儿童社会性发展的影响主要有以下几个方面。

1. 气质影响儿童的身体发育

研究表明，难抚养型气质儿童的父母更容易发现他们的疾病，易抚养型气质儿童患病时容易受到父母的忽视和医生的误诊。前者遭受意外损伤和虐待的居多；后者则较容易挨饿，甚至死亡。由此可以看出，气质对儿童的身体发育是有很大影响的。例如：有的孩子具有严重的食物过敏，因此食欲总是不太好，而且因为没有足够的营养也总是病恹恹的样子，性子比较别扭，对什么东西都提不起兴趣，这也会削弱其和成人的互动质量。因此，对于这一类的儿童，必须给予充分理解和耐心，多一些鼓励，发掘其兴趣点，一点点地引导其活跃起来。

2. 气质影响儿童的社会认知

气质类型可以影响人的认知活动。气质除了对儿童的身体发育有重要的影响外，还对儿童的

社会认知有非常重要的影响。首先体现在对儿童的认知活动方面。我国著名心理学家、北京师范大学林崇德教授经过多年的研究发现：多血质和胆汁质的儿童在解题速度以及灵活性方面明显高于抑郁质和黏液质的儿童，多血质和胆汁质的儿童的情绪、情感的感受性较强，抑制力和控制力就比较弱，所以他们难以从事一些需要细致性和持久性的智力活动；反之，黏液质和抑郁质儿童的情绪、情感的感受性比较弱，对自我的体验相当深刻，非常善于自我反省，所以他们的控制力和抑制力较多血质和胆汁质的儿童会更强，因此他们也比较适合从事一些需要细致和持久耐力的智力活动。

气质特征可以影响人的记忆效果。研究表明，对于数量多、难度大的识记材料，高级神经活动类型为强型的儿童记忆效果比弱型的儿童记忆效果要好；此外，高级神经活动为强型的儿童记忆无意义音节的效果也比较好。反之，在记忆大量有意义音节或文章方面，高级神经活动类型为弱型的儿童要比强型的儿童记忆的效果要好。此外，在运动觉记忆方面，对于不太复杂的任务，高级神经活动为弱型的儿童要善于记忆此类任务；而对于复杂的任务，高级神经活动为强型的儿童记忆则相对比较容易。

3. 气质影响儿童的利他行为

利他行为一般是指预先并没有明确奖赏、不是为了某种利益而执行的行动，利他行为是最终产生合理的积极行动的社会行为之一。林崇德等人的研究表明：在实验室中幼儿气质与利他行为密切相关。喜欢社交的儿童表现出更多的利他行为；不爱社交的儿童没有表现出更多的利他行为，其原因可能是由于有更重要的事情使他们感兴趣，也可能是由于他们平时与人接触较少，缺乏经验，或者是没有注意到陌生人的需要。

4. 气质影响儿童的道德品质

早期精神分析理论和认知学派分别强调早期经历和认知经验对儿童良心的影响，但是近年来的研究发现，气质是良心发展的生物基础，特别是唤醒水平对良心具有重要作用。不同气质类型的儿童唤醒水平和敏感性不同。心理学家霍夫曼（Hoffman）的研究发现，唤醒水平低的人对惩罚信号不敏感，良心减少，唤醒水平太高又会产生恐惧和低耐挫折力的问题。对攻击性行为的研究发现，困难型的婴儿更容易发展出攻击性行为模式，6个月、13个月、24个月时被评定为"难带婴儿"的儿童，到3岁时被评定为具有更高的焦虑、敌意和活动过度。

5. 气质影响儿童的性别角色

所谓性别角色，是指特定社会对男性和女性社会成员所期待的适当行为的总和。性别社会化是指在特定的文化中，儿童获得适合于某一性别的价值观、动机和行为的过程。儿童在2岁左右就初步形成了一些性别角色知识。男孩的性别角色知识发展的速度高于女孩，且其性别角色知识也远比女孩丰富和详细。在社会行为方面，女孩对年幼儿童的抚养性行为显著多于男孩，而男孩的支配和攻击性行为多于女孩。

无论在哪个阶段，男孩与其父母间的交往总是不同于女孩与其父母间的交往。男孩对父母的管教较多表现出抗议、不依从的行为。早在10个月大时，男孩在要获得母亲的注意时表现得更为执拗。1~2岁的男孩更喜欢进行那些被父母禁止的活动，如接触危险的物品、爬高等。4~5岁的男孩违抗父母的意愿较多，表现出更强的自我意识和独立性，比较喜欢坚持自己的做法，而表现得更为叛逆，女孩则更容易妥协和表现出乖巧的一方面，与父母形成积极的互动关系。

追踪研究发现：①女孩参加社交活动多于男孩，男孩对物体和事物更感兴趣，而女孩则对人更感兴趣；②男孩比女孩具有更强的攻击倾向；③女孩之间的合作性活动较男孩更多；④女孩喜欢找比自己年龄小的玩伴，对比自己年幼的儿童会表示关心和帮助；⑤男女儿童对玩具也有不同的偏好：男孩通常喜欢玩枪、汽车、建筑积木等玩具，而女孩则偏好洋娃娃和其他软体动物玩具。儿童选择玩具的性别差异很早就会表现出来。英国心理学家史密斯与其合作者对家庭情景中的儿童游戏的观察研究表明，14个月的孩子即表现出上述不同的性别偏好；⑥儿童在游戏活动中也很早就表现出性别差异。在社会性游戏中，儿童在绝大多数情况下选择同性别的儿童作为游戏的玩伴，同时在游戏中儿童对同性别伙伴做出的社会性行为也显著于异性伙伴。美国心理学家麦考比和杰克琳发现，3岁的儿童已经明显表现出上述特征。不同性别的游戏伙伴在游戏方式上也存在差异：与女孩和女孩的游戏相比，由男孩和男孩组成的游戏伙伴更容易因争夺玩具而发生冲突。当男孩和女孩之间发生这类冲突时，女孩通常是放弃对玩具的争夺而退到一边观看男孩独自一人玩玩具，但当女孩和女孩之间发生玩具争夺冲突时，这种情况则很少发生。

6. 气质影响亲子关系

气质与亲子关系有着密切的联系。亲子关系是指父母与子女之间的相互关系。气质对亲子关系的影响具体表现在以下几个方面。

（1）影响父母的反应性和敏感性

易抚养型儿童的气质特点会对亲子关系产生积极的影响。这类儿童生理活动有规律，容易适应新的环境，容易接近陌生人，容易接受新的事物。他们活泼、愉快、爱玩。这类儿童通常会得到成人极大的关注，因此与父母的亲子关系比较融洽和亲密。他们会表现出更强的社会合作性特点，当他们想要一种新玩具，而成人表示拒绝时，他们会在适当的时候和成人妥协或者选择另一种可以接受的方式，比如玩其他的玩具等，因此会和成人有一个更好的互动。

难抚养型儿童的气质特点会对亲子关系产生消极的影响。这类儿童生理活动没有规律，进食时烦躁不安，经常哭闹，睡眠不规则，对新的环境表现出强烈的退缩、不安，对新环境适应迟缓。他们的主导心境是不愉快的，与成人的关系不亲密。这类儿童具有发生心理问题的潜在危险，在面临复杂问题时容易暴露出气质的消极倾向，会导致以下情况的出现：首先，父母会感觉到自己的失职、惭愧和内疚；其次，父母会因此而责怪孩子，导致亲子关系逐渐恶化；再次，父母对孩子的吵闹反应会感到束手无策。当他们想要一种新玩具，而成人表示拒绝时，他们往往会采取无休止的哭闹或是破坏性的行为。例如，用乱扔东西来表达自己的不满和愤怒，表现得十分固执，不达目的誓不罢休，进而使父母产生厌烦和倦怠的心理。

男孩相对于女孩来说，亲子冲突发生较多，男孩更可能违背父母的意愿，但尚未有研究探讨过这种冲突在父子之间发生较多，还是在母子之间发生较多。大量的研究发现，当家庭处于压力之中时，男孩的亲子关系恶化得更快，而且压力对男孩的影响不同于女孩，不良的家庭关系对男孩的消极影响大于女孩。

（2）影响学前儿童的依恋模式

依恋一般是指个体对某一特定个体长久持续的情感联系。在发展心理学中，依恋是指学前儿童与成人（父母或其他看护者）所形成的情感联结。从外在的行为特征来看，安全型儿童情绪健康、稳定、自信、友善、乐于探索，反映了亲子关系的和谐性、情感的包容性；回避型儿童似乎缺

> **拓展阅读**
>
> **经典依恋实验——"陌生情景"实验**
>
> 英国精神病学家安思沃斯设计的"陌生情景"实验是研究学前儿童分离焦虑、陌生焦虑的经典实验。他把儿童的依恋分为三种不同性质的模式：焦虑-回避型依恋；安全型依恋；焦虑-抗拒型依恋。其研究得出：依恋类型与儿童的自身特点有着密切的关系。儿童自身的特点（如气质）对其依恋性质有着重要影响，使性质相同的依恋表现出不同的动力特征。

乏对爱的反应，倾向排斥、独立，情绪活动水平低，反映了亲子间情感联系的缺乏；拒绝型儿童情绪不稳定，排斥与接纳并存，依附性较强，缺乏自信，反映了亲子关系的矛盾性以及情感需要的冲突，儿童难以实现自我统一；无组织或无定向型儿童，其行为充满矛盾且缺乏目的性，依恋的指向性差，这不仅反映了亲子关系的不稳定、不一致性，而且反映了儿童自身需要结构的不和谐。

　　心理学研究发现，早期儿童的行为特征、活动水平、挫折耐受力与生活的节律性有明显的个性差异。一些儿童很难照料，异常活跃，拒绝父母的亲近，不易抚慰，形成稳定依恋的时间较晚，而且在依恋关系中与成人联系的方式也与一般儿童有所不同，如多采取注视与交谈而较少有身体接触与联系。这些"异常"的行为并不能归因于父母的早期抚养方式，而应归因于儿童先天特征，尤其是气质。气质在依恋形成与发展中的意义在于：它是影响儿童行为的动力特征的关键因素，在很大程度上赋予儿童依恋行为以特定的速度和强度，制约着儿童的反应方式和活动水平。

　　毋庸置疑，学前儿童的行为特征和个性水平以及对父母养育行为的反应都对亲子关系起着重要的作用，从而影响社会化过程的发展。心理学家贝尔（Bell）曾对儿童社会化的一系列研究进行了重新解释。他认为，儿童的气质特点决定了其以后的攻击性或顺从性，父母是根据儿童的气质特点来调整纪律训练方式的。换句话说，贝尔认为，父母倾向于使用对他们自己的孩子最有效的任何抚养方式，有些儿童自身的气质特点对特定的纪律训练方式能做出较好的反应；另一些儿童的气质特点则对另一种训练方式反应比较好。

　　气质对儿童所产生的影响在一定程度上与父母或身边的他人和儿童互动时的"拟合度"有关。当父母与孩子互动时，如果能够针对孩子的特点进行调整并达到比较好的拟合度，孩子的发展就会比较顺利。由此可见，父母与孩子的交往不能仅仅考虑数量，更应该关注互动的质量。父母的气质和孩子的气质以及孩子的生活环境之间的协调，对孩子个性的影响可能比单独的气质影响重要得多。

> **拓展阅读**
>
> **婴儿和父母的互动质量对于幼儿社会性发展的影响**
>
> 　　很多研究表明，喜欢让人抱的婴儿往往会强化父母与其交往的积极情绪，而不喜欢让人抱的婴儿则会形成与父母消极的态度和情绪。如果婴儿微笑多于哭泣，父母会感到轻松愉快；如果婴儿是平静而有规律的，父母不会感到筋疲力尽。如果婴儿的反应是温和的，父母就会经常安慰婴儿，反之则产生厌烦和烦躁的情绪。如果儿童在父母提供的行为中具有明显的攻击和不依从趋向时，父母对儿童的命令、惩罚等消极反应明显增多，而儿童的行为具有亲社会趋向时，父母则更多地做出积极的反应。

二、年龄与性别对学前儿童社会性发展的影响

（一）年龄

　　不同年龄的儿童其成熟程度不一样，会表现出不同的生理和心理特征，这些特征可能会影响儿童与周围成人的互动，进而对儿童的个性发展产生影响。1岁前，儿童的自理能力比较差，对成人的依赖和顺从比较多，自我评价往往取决于成人对自己的反应。1~3岁的儿童独立性和对周围环境的控制感明显提高，表现出更多的同伴交往需求，自我认识和评价能力也逐渐提高。3~6岁儿童自我意识和与同伴交往的需求进一步发展，并开始追求在与他人交往中的社会地位。成人

在和幼儿的互动以及幼儿之间的互动过程中，能够根据幼儿的心理需求给予恰当的反应和积极的支持，有助于幼儿形成正确的自我认知，提高人际交往能力。

（二）性别

性别是特定社会对男性和女性社会成员所期待的适当行为的总和。性别化则是指在特定的文化中，儿童获得适合某一性别的价值观、动机和行为的过程。儿童在2岁左右开始形成一些初步的性别角色知识。男孩和女孩在社会性发展中会表现出一定程度的差异。

和男孩相比，女孩在与人交往中更喜欢与他人的眼神接触，因此在玩具上倾向于洋娃娃和其他毛绒玩具。女孩语言的创造性比较好，参与的社会性交谈也比男孩多，在和同伴的交往中更愿意表达自我情感。女孩在和父母及他人的交往中，通常表现出更多的顺从性，更可能寻求他人的帮助，并乐意帮助他人和与他人合作。女孩也喜欢与母亲进行情感交流并擅长控制自身的情绪情感。

和女孩相比，男孩更喜欢看物体，因此在玩具上倾向于可操控的玩具，如汽车等。他们相对喜欢以大群体的形式在比较宽阔的空间中玩耍，更活跃，更喜欢剧烈的体力游戏。在和同伴游戏中，男孩的攻击性行为要比女孩多，并且更喜欢竞争性活动。

三、外貌对学前儿童社会性发展的影响

外貌是一个人的面部特征、身高、体重及身体的比例等因素，人从出生起就带着各自独特的外貌特点。幼儿自身的外貌特点带有独特的个人色彩，幼儿的外貌对他人所产生的吸引力和好感会对幼儿的个性产生间接影响，同时也影响着幼儿的社会性发展。

人的外貌会影响他人对自己的注视时间，3岁的幼儿同样也表现出这一倾向。许多研究发现，人们通常会将许多与外表无关的正向性特质和漂亮的人联系在一起，形成"美即是好"的刻板印象。漂亮的个体被认为更喜欢社交、更外向、更有人缘。这种刻板印象也体现在他人对幼儿外貌的评价中。比如一个乖巧、漂亮的幼儿往往会吸引他人更多的关注和好感，因此可能会变得更加自信。幼儿同样具有这种倾向。幼儿预期好看的同伴会拥有友爱、乐于助人等积极特征，外貌没有吸引力的幼儿则被预期为攻击性强、孤僻和小气等。从这个意义上来说，外貌具有社会价值和意义，是影响幼儿个性发展的因素之一，幼儿生活中的权威者（如老师、父母等）对幼儿外貌特征的评价对幼儿个性发展的影响会更大。实际上，外貌特征对个体的个性所产生的影响是微弱的，即使产生一定的影响也要通过其他社会因素。因此，社会因素才是决定个性发展的主要因素。

第二节　家庭与社区对学前儿童社会性发展的影响

家庭和社区是学前儿童生活的重要场所，在学前儿童的社会性发展过程中具有重要的意义。

一、家庭对幼儿社会性发展的影响

家庭是儿童最初的生活场所，父母是孩子的第一任老师，儿童的社会化始于家庭。有效的家庭教育能够促进儿童习得社会生活的基本行为规范，培养儿童良好的思想道德品质和独立自主的能力，促进儿童个性的形成和发展。有效的家庭教育给幼儿提供了最持久的人际关系纽带，正是

因为家庭对幼儿影响的持续性，使得家庭关系成为判断其他关系质量的标准。家庭对幼儿的影响取决于家庭中的各种因素，其中家庭的结构、家庭生活环境、家庭关系、家长教养观念以及父母的教养方式等对幼儿的社会性发展具有重要影响。

家庭结构对学前儿童社会性发展具有重要影响。家庭结构是指一个家庭中成员的构成和人数。家庭结构类型主要有以下几种：一是核心家庭，即父母与子女一起居住；二是主干家庭，即由祖辈、父辈、孙辈三代人构成的家庭类型；三是单亲家庭、离异家庭、留守儿童家庭等组成的其他家庭类型。不同的家庭结构类型对儿童的社会性发展起着不同的影响作用。

1. 核心家庭

核心家庭是指父母与子女一起居住的家庭。在核心家庭中，由于只有两代家庭成员，家庭结构较为简单，所以家庭成员之间交往增多，容易形成亲密感情，这种亲密感情是父母对儿女实施教育的基础。在这种家庭中，父母对孩子的教育思想、教育认识容易达成一致。父母对孩子的社会化过程影响较大。但由于家庭成员少，孩子的交往对象单一，不利于形成较强的交往能力。

2. 主干家庭

主干家庭是由祖辈、父辈和孙辈三代人一起构成的家庭类型。这种家庭是农业社会最典型的家庭模式。在主干家庭中，由于祖辈、父辈、孙辈三代人生活在一起，人口较多，规模较大，家庭结构和家庭关系相对核心家庭来说更为复杂。儿童可以同时和几代人交往，学习长辈们的相处方式，锻炼各种适应社会生活的交往能力，促进个体社会化。在这样的家庭中，祖孙关系也是重要的家庭关系，隔代教养也成为现代社会的普遍现象。由于祖父母与年轻父母两代人在思想观念上的差异，容易出现家庭成员教育观念和教育方式的不一致，易引发儿童教育的冲突，从而影响儿童的社会性发展。

3. 其他类型家庭

当前，单亲家庭或离异家庭、留守儿童家庭也成为社会中越来越常见的家庭类型。

单亲家庭或离异家庭又被称为缺损家庭，是指父母一方或双方死亡或者父母离异等种种原因导致的家庭缺损。这类家庭的完整性和稳定性遭到破坏，家庭的固有功能遭到削减甚至消失。父母离异对儿童的伤害要比自然死亡带来的伤害更大，但影响程度和儿童的性别、年龄、失去父亲或母亲的原因以及父母的态度等多种因素有关。孩子虽然不是父母离异中的当事人，但是父母的离异会对孩子的心理、生活适应等方面带来巨大的冲击，进而影响孩子与同伴的关系、孩子的自控能力、亲子关系等方面。如果父母离异后仍旧能够就孩子的教育问题和成长中遇到的问题进行积极的沟通和交流，那么离婚对孩子的影响会大大降低。

留守家庭是指家庭中夫妻双方或一方为了改善生活外出打工而出现的家庭模式。这类家庭中儿童的抚养任务主要由祖辈父母承担，祖辈几乎完全代替年轻父母直接承担了教育者的角色。祖辈在照看孙辈时出于一种补偿心理或者其他原因，容易出现对孩子的溺爱和放任不管等现象。

近些年来，世界各国均出现了家庭结构核心化和子女数目减少的趋势。在我国，由于人口政策的变化，家庭结构也发生了巨大的变化，独生子女家庭和二孩、三孩家庭的子女教育一直是家长及其他教育者着力思考的课题。

二、家庭生活环境对学前儿童社会性发展的影响

儿童的社会性发展与他所处的生活环境有很大的关系。生活在农村还是城市，家庭的经济条件如何，社区的人文环境等，都影响着学前儿童的社会化进程。农村孩子的物质资源相对匮乏，但居住场所较为广阔，玩耍的空间较大，同村的很多儿童会经常在一起玩耍，这样可以促进同伴间的交往。相比较而言，城市的孩子接触事物多，视野广阔，丰富多彩的物质生活和各种各样的

传媒文化促进着孩子的社会性发展；但现在城市居住条件拥挤，独门独户自成一统的格局，限制了儿童的户外活动和邻里之间的交往，影响了儿童与同龄伙伴的交往。而儿童正是在与同龄伙伴平等、密切的交往中，学会遵守规则、合作、团结、理解、体谅他人等，这些都是将来进入社会必不可少的品质和能力。所以，家长必须因地制宜，根据具体情况开展儿童的社会性教育。

在家庭生活中，父母尤其要努力为儿童创建一个讲文明、爱学习、求上进的家庭文化氛围。父母热爱学习、经常读书的家庭，孩子效仿父母，很容易养成喜欢看书的习惯。吴欢（我国著名作家吴祖光的孙子）写得一手好字，别人问他："从来没见你练过字，怎么还写得如此好？"吴欢说："我从小就在爷爷的书桌上爬，至少我也是从那儿爬过来的。"耳濡目染，潜移默化，这就是家庭文化氛围对儿童的影响。然而，有些父母忽视自身言行在家庭文化氛围营造中的关键作用，仅仅把对孩子的期望落实在物质方面。他们为子女准备了充足的物质条件，如丰富的玩具和书籍、高档的电脑以及营养丰富的食品等，却忽视自身的日常行为对子女的教育作用。有些父母闲暇时间和朋友打麻将、上网，而对孩子不闻不问。等孩子犯了错误，他们又严厉地责骂或任其犯错。在这种家庭环境中长大的孩子，将来很可能会迷恋麻将和网络，很难形成良好的习惯和优秀的个性品质。

由此可见，家长的文化修养、言谈举止、价值观、人生观、生活方式，无时无刻不在影响着孩子。身教重于言传，家长一定要以身作则，为儿童的社会性发展树立榜样。

三、家庭关系对学前儿童社会性发展的影响

（一）夫妻关系

伯尔斯克（Belsky）指出，在家庭这一社会子系统中，婚姻关系、养育活动和儿童的发展都进入一个共同的关系体中，任何一方都会影响另一方。由此可见，夫妻关系不仅影响到家庭中的情感气氛，还会影响父母与儿童的关系。一般而言，夫妻关系和谐，子女的安全感就强；反之，子女容易缺乏安全感，产生焦虑、紧张和自卑感，这种消极情感会给儿童的社会化造成很大的负面影响。例如，小宇的父母因感情不和而离婚，他跟父亲一起生活，但父亲自离婚后一蹶不振，整日赌博、喝酒、抽烟，对孩子的事不管不问，致使原本性格内向的小宇更加郁郁寡欢，最后也走上了赌博、喝酒的道路。

近20年来，心理学家们十分关注单亲家庭中儿童的抚养问题。一些研究认为，离婚将导致子女和父母双方感到压抑和不安。同时也发现，儿童对家庭环境的变化需要长期适应。我国心理学工作者在近10年的大量研究中发现，离异家庭的儿童在情绪情感上表现出不爱交际、孤僻、冷漠、敌视、自卑、自信心差、撒谎，甚至退化到早期行为等消极现象，并由此影响他们的学习、生活和社会性发展。因此，为了孩子的身心健康发展，父母有责任建立良好的夫妻关系，在促进孩子社会性发展这一问题上达成共识、形成合力。

（二）亲子关系

美国心理学家赛门斯（Symonds）提出亲子关系中的两个维度，即"接收—拒绝"和"支配—服从"，以此说明亲子关系对儿童的影响。近年来我国心理学家围绕亲子关系与儿童社会化和心理发展也进行了一系列研究，这些研究证实了亲子关系和早期家庭教育是儿童社会化及人格发展的核心和主要动因，对儿童的成长有着决定性的影响。

1. 亲子依恋

亲子依恋是父母与孩子之间一种亲密的情感关系。这种依恋是相互的，既有孩子对父母的依恋，也有父母对孩子的依恋。孩子对父母的依恋并非一出生就存在，通常在婴儿出生5~6个月以

后出现。在特定的依恋建立的同时，婴儿对陌生人产生恐惧感。一旦离开依恋对象，婴儿就会表现出强烈的不安、哭闹，目光左顾右盼。由此可见，依恋具有安定情绪的功能。早期良好依恋的形成，对儿童一生的情绪情感有着至关重要的作用。

国内外的心理学家们将亲子依恋分为积极的依恋（安全型依恋）和消极的依恋（包括回避型依恋和反抗型依恋）。婴儿会形成哪种依恋，不仅仅取决于父母的教养活动，还与婴儿本身的气质特点有关。那些见人便笑、喜欢与人接触的婴儿，会获得父母更多的关爱；那些不容易被抚慰而安静下来的婴儿，容易遭到父母的冷落，与人交往的机会减少。母亲对婴儿的反应，是由儿童自身的气质特点以及母亲的性格倾向造成的；同时，母亲的反应又影响儿童依恋的程度和性质。要使儿童形成安全的依恋，母亲或抚养者在照顾婴儿时应充满热情，与婴儿积极交流，对婴儿发出的信息及时回应。

儿童早期形成的不同类型的依恋影响着其将来社会性的发展。积极的依恋可以使儿童自信、好奇，富有同情心和坚持性，在自我控制、社会交往与合作等方面有良好的表现。消极的依恋则导致儿童焦虑、孤独、敌对，日后在人际关系中缺乏信任感。不同依恋类型的儿童入园时就有不同的表现。积极依恋的儿童容易适应幼儿园生活，接受新鲜事物的能力强，容易被安抚；相反，消极依恋的儿童对父母离开幼儿园时的反应强烈，很难被老师安抚，对幼儿园的生活适应较慢。

我国学者刘金花将早期亲子依恋对儿童社会性发展的影响归结如下：①亲子依恋为婴儿提供了情绪安全的基地，也为日后父母教育儿童打下基础。②依恋的强烈程度不能决定儿童发展的方向。如果父母能按照社会化的目标鼓励和教育儿童，依恋强烈的儿童就能健康地沿着社会化的目标顺利地成长。但是，如果父母对儿童的期待与教育不符合社会化要求，依恋强烈的儿童就会产生不适应社会的行为。③儿童与父母的依恋关系不是一成不变的，它会随着家庭内部关系的变化而变化。④儿童个性是儿童经验的历史与现实活动统一的产物，它既是发展过程中的一个连续体，又具有相对的可塑性。年龄越小，可塑性越大。因而必须重视早期依恋对儿童的影响作用。

2. 亲子关系

亲子关系影响着儿童人际关系的发展。儿童的人际交往能力最初是在家庭中和父母交往的过程中形成的。父母如果与孩子形成一种友好、平等、民主、和睦的交往关系，孩子就会讲道理，与人和睦相处。在专制型家庭中，父母不考虑孩子的需要，一味地把自己的意志施加给孩子，这样的家庭关系容易培养出缺乏独立性和判断性或者蛮横不讲道理的孩子，很难具有良好的人际关系。父母的养育态度对儿童人际关系能力的发展具有决定性影响。被父母溺爱的孩子缺乏自主性，独立能力差，占有欲强，任性，难以被同龄儿童接受。父母对孩子施加过重的教育要求和学习任务，会限制孩子与同龄伙伴交往的时间和机会，孩子的人际交往能力往往较差。例如，某学生松松，性格内向，学习努力，但成绩一般。他总是喜欢一个人埋头读书，不爱运动，不愿参加集体活动。老师家访时，发现他的这些情况与其和父母的关系有关。松松从小生活在爷爷奶奶家，与爷爷和奶奶有很深的感情，但和父母缺乏亲子依恋。松松上小学后被父母接回家中，母亲工作忙，很少过问他的学习情况；父亲则只要求他好好学习，很少与他交流。李松的心里话不想和父母讲，又缺乏朋友，最终导致他性格内向，少言寡语，自我封闭。

正常的亲子关系是儿童社会性发展的前提，所以父母应了解亲子关系的特点和作用，努力建立正常、理想的亲子关系，避免和矫正不良的亲子关系，使儿童的身心得到健康的发展。建立良好的亲子关系，要注意以下几点。①要建立正常的亲子依恋。抚养婴幼儿的责任通常由母亲承担，母亲必须和孩子建立亲密的关系，避免对孩子冷漠、不关心，努力和孩子形成积极的依恋关系，这是将来形成良好亲子关系的前提。②要把握住对孩子的爱。现在多为核心家庭，这种家庭结构往往导致父母对孩子关怀过度，对孩子的学业期望过高等，这些都不利于儿童的社会性发展。因此，父母有必要对子女理智地施爱，合理地提出教育要求。③经常与孩子进行沟通。理想的亲子关系是以两代人之间正常的心理沟通为基础。父母必须认识到亲子沟通的重要性，多花时间倾听孩子的心声，以坦诚、民主的态度对待孩子，成为孩子的良师益友。

（三）家庭其他成员之间的关系对儿童社会性发展的影响

首先，家庭中的祖孙关系是影响儿童社会化的重要因素。如果祖辈的文化层次较高，会理智地管教孙辈，宽严适度，这样自然对儿童社会性发展起促进作用。如果祖父母对孙辈娇惯、溺爱，教育无方，甚至与孩子父母的教育态度不一致，形成分力，就无法使儿童形成正确的是非判断能力，缺乏独立性、自控性和良好的行为习惯等。其次，家庭中的同胞关系也是影响儿童社会化的重要因素。同胞之间存在着示范与模仿、爱护与尊重、攻击与顺从、交流与沟通、教育与游戏等关系。通常情况下，年长子女在与年幼子女的互动过程中，会自觉不自觉地传递已有的价值观念和初步的生活能力，对弟妹起示范和教化的作用。此外，同胞之间经常会发生争抢物品、身体攻击、言语侮辱等，儿童在此过程中可以习得自我保护能力，更好地适应将来的社会竞争。

四、家长的教养观念和教养方式对学前儿童社会性发展的影响

（一）家长的教养观念

家长的教养观念是指家长在养育子女的过程中，对孩子的发展和教育等方面所持有的观念和看法。家长的教养观念受其文化素质、社会观、人生观、价值观、经济地位的影响，通常包括家长的人才观、亲子观、儿童观、教子观等。家长的教养观念通常体现在教养态度、对子女的期望、教养方式和教养行为中，是影响儿童社会性发展的重要因素。

（二）家长的教养方式

家长的教养方式是父母在抚养子女的日常活动中表现出来的行为倾向，它是对家长各种教育行为的概括。家长通过教养方式和教养态度，向孩子传递一定的价值观、社会规则及道德规范等。父母不同的教养方式会与孩子产生不同的互动风格，进而会对其在幼儿园和社区中的行为产生影响。

家长的教养方式可以分为权威型、溺爱型、专制型和忽视型四类。与专制型和溺爱型家庭相比，权威型的父母对孩子提出的要求是"严格而合理的"，他们会在对孩子说"不"之前给予孩子表达自己观点的机会，在说"不"之后告诉孩子不能这么做的理由，这样的孩子成熟、独立，具有社会责任感和成就倾向。溺爱型家庭的父母基本不会对于孩子说"不"，也很少会对孩子的表现表达自己的看法和观点，这样的孩子拥有更多的自由，社会适应能力强，但由于缺乏教育，社会责任感弱，比较散漫。专制型家庭的父母往往过分保护孩子，过多干预，过多地对孩子说"不"，且不会给孩子表达的机会和另一种解决方式的可能性，这样的严格教育往往会限制孩子的自我和独立性发展，使孩子比较依赖父母，缺乏主见。忽视型家庭的父母关注自我满足而无视孩子的需求，是最令人担忧的教养方式。家长的这些不同的教养方式对孩子的社会化所起到的作用截然不同。

家长的教养方式对儿童的成长具有重要影响。但实际上，很多父母由于工作压力、生活压力等多种原因，与孩子进行的实质性交流比较少，和孩子的沟通不够积极，很多父母并不了解自己的孩子。在理想的教养方式里，父母和孩子之间应该是经常围绕孩子生活中的所见、所闻、所为进行交流，父母是了解孩子并尊重孩子想法的。每个孩子都是独一无二的，每个父母对孩子具体的教养方式也应该各不相同。但是，无论什么样的家庭，宽容和独裁这两种养育方式的任何极端都不是理想的教养方式，将关爱和管制相结合才是教育孩子比较有益的方法。

拓展阅读

戴安娜·鲍姆林德对家庭教养方式的分类

最早研究父母养育方式的是美国心理学家戴安娜·鲍姆林德（Diana Baumrind）。1978年，戴安娜·鲍姆林德提出了家庭教养方式的两个维度，即要求性和反应性。要求性指的是家长是否对孩子的行为建立适当的标准，并坚持要求孩子去达到这些标准。反应性指的是对孩子和蔼接受的程度及对孩子需求的敏感程度。根据这两个维度，可以把教养方式分为权威型、专制型、溺爱型和忽视型四种。不同的教养方式下，父母的养育行为和儿童的行为特征有所不同。表2-1对这四种教养方式和儿童行为特征进行了总结。

表2-1 教养方式和儿童行为特征的关系

教养方式	儿童行为特征
权威型家长	活跃-友好型儿童
·温情、投入、响应 ·对孩子的建设性行为表示欣赏和支持 ·考虑孩子的期望和恳求，提供替代选择 ·建立标准，清楚地向孩子传达，并坚决执行 ·对孩子的要挟不让步 ·对不良行为表现出不快，和不听话的孩子面对面讨论 ·期望成熟、独立、与年龄相符的行为 ·计划相关文化活动并积极参与	·快乐 ·自控自立 ·对新环境充满兴趣和好奇 ·非常活跃 ·和同伴保持友好关系 ·和成人合作 ·从容应对压力
专制型家长	矛盾-易怒型儿童
·很少给予温暖、积极参与 ·不顾孩子的需要和选择 ·严厉执行规则，但缺乏清晰的解释 ·表现出愤怒和不快，当面质问孩子的不良行为，并使用严厉的惩罚措施 ·认为孩子受到反社会冲动的控制	·喜怒无常、不快乐、缺乏目标 ·恐惧、不安、容易苦恼 ·消极、敌对、谎话连篇 ·在攻击行为和消极退缩行为之间摇摆 ·面对压力时非常脆弱
溺爱型家长	冲动-攻击型儿童
·温情程度适中 ·崇尚冲动和欲望的自由表达 ·没有明确传达或执行规则 ·向孩子的要挟和抱怨妥协，隐藏自身的不耐烦和愤怒 ·对孩子没有成熟、独立方面的要求	·攻击性强、专横、顽固、不合作 ·易怒，但能很快恢复到快乐的心境 ·缺乏自我控制和自立行为 ·冲动性强 ·缺乏目标
忽视型家长	冲动-攻击-不合作-情绪波动型儿童
·以自我为中心、消极、无响应 ·追求自身满足，不惜以孩子的利益为代价 ·尽可能减少在孩子身上的投入（时间、精力） ·不能对孩子的行为、活动地点和同伴进行监控 ·可能会抑郁、焦虑或情感空虚	·情绪化、不安全依恋、冲动、攻击性强、不合作、缺乏责任心 ·自尊感较低、不成熟 ·缺乏社会追求 ·放纵、和问题儿童交往、可能会违法 ·犯罪、性早熟

由表2-1可见，权威型教养方式是对孩子最有利的一种教养方式。这种类型的家长在孩子心目中有权威，但这是建立在对孩子的尊重和理解的基础上。他们会给孩子提出合理的要求，设立适当的目标，并对孩子的行为进行适当的限制。与此同时，他们会表现出对孩子的爱，并认真听取孩子的想法。这种教养方式的特点虽然严格，但是民主。在这种教养方式下长大的孩子，有很强的自信和较好的自我控制能力，并且会比较乐观、积极。

专制型的家长对孩子则是严格但不民主。专制型的家长要求孩子无条件地服从自己，虽然有时家长为孩子设立的目标和标准很高，甚至不近情理，但是孩子不可以反抗。这种教养方式下的家长和孩子是不平等的。在这种教养方式下长大的孩子，会比较多地表现出焦虑、退缩等负面情绪和行为，但他们在学校中可能会有较好的表现，比较听话、守纪律等。

溺爱型的家长对孩子则表现出很多的爱与期待，但是很少对孩子提要求和对其行为进行控制。在这种教养方式下长大的孩子，容易表现得很不成熟且自我控制能力差。一旦他们的要求不能被满足，往往会表现出哭、闹等行为。对于家长，他们表现出很强的依赖性，往往缺乏恒心和毅力。

忽视型的家长对孩子漠不关心，他们不会对孩子提出要求和对其行为进行控制，同时也不会对其表现出爱和期待。对于孩子，他们一般只是提供食宿和衣物等物质，而不会在精神上提供支持。在这种教养方式下长大的孩子，很容易出现适应障碍，他们的适应能力和自我控制能力往往较差。

资料来源：罗斯·D. 帕克，阿莉森·克拉克-斯图尔特. 社会性发展［M］. 俞国良，刘瑛，译. 北京：中国人民大学出版社，2014.

五、社区对学前儿童社会性发展的影响

（一）社区的概念

社区是一定地域范围内的人们基于共同的利益和需求、密切交往而形成的具有较强认同感的社会生活共同体。社区成员由于长期处在一个共同的地域空间，经常性的、密切的社会关系逐渐使社区成员之间形成了具有共同文化特征的结合体，社区中的人们一般都有共同的信仰、价值观念、归属感、生活方式和风俗习惯。

（二）社区资源对学前儿童社会性发展的影响

社区资源包括社区内的物质资源、人力资源和文化资源等。相比其他资源，社区中的文化资源对儿童的社会性发展有着更为明显的影响。社区文化资源包括有形的文化资源和无形的文化资源两部分。有形的文化资源包括社区内的展览馆、科技馆、少年宫和图书馆等文化设施，无形的文化资源是指社区内的文化氛围和传统等。

社区中有形的文化资源为儿童的社会性发展提供了有力的物质支持。社区中的文化机构如图书馆、博物馆、少年宫等是儿童非常喜欢去的地方，容易成为儿童聚集的场所，从而为儿童与他人尤其是同伴互动提供了契机。社区文化机构中多样的图书资源、活动资源和历史资源等为拓展儿童的文化视野提供了可能。

社区中无形的文化资源为儿童的社会性发展提供了丰富的精神土壤。社区中蕴含的传统文化、民风习俗、道德价值观和乡土文化，社区中人们的生活方式、互动方式、艺术情趣以及网络文化等，都为儿童社会性发展营造了浓厚的文化氛围，成为影响儿童社会性发展的潜在资源。例如，社区重阳节组织的为老人献爱心活动会培养儿童尊重老人的意识，元宵节组织的猜灯谜活动可以引导儿童了解传统文化的意识，国庆节组织的升旗仪式可以增强儿童的集体意识和爱国情感。

第三节　教育机构对学前儿童社会性发展的影响

在学前期，儿童除了接受家庭养育外，还会进入专门的教育机构接受专门的看护与教育。儿童在教育机构中发生的与他人的互动、所接受的教育内容都直接影响着儿童的社会性发展。在各类教育机构中，幼儿园对学前儿童的影响是最直接的，也是最大的。众多研究表明，幼儿园的物理环境和空间使用状况对学前儿童的行为表现会有较大的影响；幼儿园的心理环境（即精神环境）更是影响学前儿童社会性发展的重要因素。

一、幼儿园物理环境对学前儿童社会性发展的影响

物理环境包括幼儿园如何进行空间布置与材料运用的方方面面。幼儿园物理环境的优劣，如活动空间的布置、活动场地的美化装饰，都会对学前儿童社会性发展产生直接影响。国内外许多学者研究发现：幼儿园活动的空间密度高于一定的界限，可能导致学前儿童在自由选择的游戏活动中较多地产生消极的社会性行为；过分的刺激性色彩和过于复杂、夸张的布置，容易引起儿童的注意力分散，或使儿童感到烦躁。此外，活动材料的种类、样式、数量配置关系以及陈列方式等，也与儿童的发展有密切的关系。不同种类的活动材料会引发不同的行为。在运用游戏、操作类材料的活动过程中，儿童开展交流、合作、模仿、协商、互学等交往。在活动面积较大和活动材料丰富的情况下，儿童表现出来的侵犯性和破坏性行为都低于活动空间小、活动材料贫乏情况下的类似行为。儿童物理环境创设应当以儿童发展为本，要让儿童成为环境的主人。教师在主题墙创设中需体现这样一种理念：这里的主人是儿童。教师首先关注的应是儿童的需要、儿童的兴趣，以此来准确把握主题进程，及时捕捉生活中有价值的信息，为环境构建提供有效的素材。

二、幼儿园心理环境对学前儿童社会性发展的影响

幼儿园的心理环境主要指幼儿园的人际关系及一般的心理气氛等，体现在教师与儿童、儿童与儿童、教师与教师间的相互作用、交往方式等方面。它虽然是无形的，却直接影响着学前儿童的情感、交往行为和个性的发展。

（一）师幼互动

师幼互动是指在幼儿园中，贯穿于学前儿童一日活动中，教师与学前儿童之间的相互作用、相互影响的行为及过程。《纲要》第二部分社会领域教育的指导要点指出："儿童与成人、同伴之间的共同活动、交往、探索、游戏等，是其社会学习的重要途径。应为儿童提供人际间相互交往和共同活动的机会和条件，并加以指导。"《纲要》第三部分还指出："关注儿童在活动中的表现和反应，敏感地觉察他们的需要，及时以适当的方式应答，形成合作探究式的师生互动。"《指

南》中也提到："人际交往和社会适应是儿童社会学习的主要内容，也是其社会性发展的基本途径。儿童在与成人和同伴交往的过程中，不仅学习如何与人友好相处，也在学习如何看待自己、对待他人，不断发展适应社会生活的能力。"由此可见，师幼互动对促进学前儿童健全人格的发展有着重要的作用。良好的师幼互动，在儿童获得知识与技能、与同伴交往、亲子交往等社会性发展过程中有着积极的意义，主要表现在以下几个方面。

1. 师幼互动促进学前儿童自尊心和自信心的发展

根据美国心理学家埃里克森的理论，儿童出生后第四年到第六年，即幼儿园阶段，是儿童形成健康的独立意识的关键时期。在这一时期，如果成人能创造良好和谐的精神环境，鼓励学前儿童的自主性、独创性和想象力，有助于培养其健康心理，促进其社会性发展；反之，就会缺乏自信心，产生逆反心理，不愿与人交往。

在幼儿园中，教师是学前儿童的主要交往对象，教师的情感态度对其有着重要影响。实证研究表明：教师对儿童表现出温暖、关心、接纳等积极的情感态度，会使儿童乐于接受教师的教导，有利于促进儿童社会性发展。教师的爱应当是无条件的，要给每一个儿童以安全感和亲近感。每一个儿童都有其独立存在的价值，有他的兴趣、爱好和发展的潜能。教师如果把儿童当作有独立人格的人，爱护他们的自尊心、尊重他们的人格，就会与他们建立起和谐、平等、互相依赖的师幼关系，进而帮助学前儿童建立起安全感、归属感，促进他们与他人、与同伴的正向交往。尊重学前儿童不仅要平等、民主地对待他们，尊重他们的兴趣选择，还要尊重他们的人格和权利。

2. 师幼互动促进学前儿童同伴交往能力的提升

同伴关系是学前儿童社会性发展的重要指标。良好的师幼互动可以促进学前儿童间积极的互动与交往。在良好和谐的师幼互动过程中，学前儿童通过观察、模仿、学习，逐渐习得各种同伴交往的技巧，如分享、合作、协商等，从而为同伴之间的交往建立一种积极、良好的互动关系。这有利于学前儿童形成学习和发展的合作性学习氛围，促进儿童交往能力的发展。

3. 师幼互动促进学前儿童对新环境的适应

相关研究表明，师幼互动关系对儿童社会适应性的发展有着重要的影响，甚至会影响学前儿童在入小学后前三年的适应能力和行为。对学前儿童而言，幼儿园是一个陌生的环境。孩子一生中最大的"分离焦虑"是在幼儿园产生的。教师要给儿童以亲切感和安全感，使儿童尽快适应幼儿园的环境，并心情愉快地游戏，乐于与教师接近，愿意接受教师的教导。反之，儿童会无法适应幼儿园与家庭环境之间的巨大反差，会害怕上幼儿园，害怕见老师，整天哭闹，与同伴交往困难等。

4. 师幼互动促进学前儿童自我概念的发展

儿童对教师有一种特殊的感情。教师是他们心中最可亲近的人，他们往往把老师的权威性看得比父母还高。我们常常听到孩子这么说："这是我们老师说的！"由此可见，教师在儿童成长过程中尤其是自我认识发展中有着不可忽视的影响。学前儿童自我概念是其关于自身特点和本质的反映，是关于自己的比较稳定的看法。在良好的师幼互动过程中，学前儿童可以加深对自己特征的了解，包括身体、心理以及社会特征的了解。相关研究发现，师幼互动对学前儿童的社会交往技能与自我意识的形成具有重要的影响，特别是互动中教师的高期望、高评价起着决定性的作用。

由此可见，积极的师幼互动对幼儿社会性发展有显著的积极影响。反之，幼儿与教师消极的关系会使幼儿因为得不到教师的认可和支持而产生消极情绪，影响幼儿对自我的认识和评价，也会进一步使幼儿丧失参与集体活动的积极性，并且容易在与同伴互动中出现退缩或者较强的攻击性行为。

教师期望与幼儿的社会性发展也密切相关。"皮格马利翁效应"表明，教师的期望可以影响儿童的行为，教师对儿童抱有高期望会促使儿童因为教师的认可和接纳而更加自信，为儿童带来行为动力。相反，教师对儿童的低期望会使儿童产生不安全感并丧失自信，形成对自我较低的评价，影响儿童与同伴互动的积极性和参与集体活动的兴趣。现实的教育中，"虽然我们可以列出包括气质类型、相貌特征、家庭类型、居住环境甚至孩子还在母亲体内时母亲的情绪状态等一系列有可能导致这些孩子被同伴忽视的原因，但最为关键的一点是这些孩子在成为被同伴忽视的人之前就已经被教师忽视了！"教师对儿童的忽视暗含的是教师对儿童的低期望，而这种低期望又会对儿童的自我认识、同伴互动等社会性发展带来消极影响。要真正发挥教师在幼儿社会性发展中的作用，必须建构一种平等的、积极的师幼关系。

（二）同伴交往

学前儿童与同伴的交往不同于儿童与成人之间的交往。学前儿童与同伴之间由于相同的时代背景、相同的爱好或者相近的年龄，相互关系比较简单、自由和平等，更可能包含彼此间积极的情绪互动和行为冲突。以幼儿园为代表的学前教育机构的同伴互动环境为儿童的社会性发展提供了良好的条件，给儿童提供了探索各种新的人际关系类型的机会。儿童同伴之间的相互模仿和支持可以促进其社会行为的发展。具体来说，主要有以下几个方面的影响。

1. 帮助儿童学习社会技能和策略，有利于学前儿童友好、积极的社会行为的发展

与同伴的交往，对学前儿童来说是最平等的一种交往类型。同伴交往过程中，存在着较少不可改变的权威，交往规则也是由学前儿童自主制定、采用或改变，在此过程中，如果想要加入其他同伴的活动中，获得同伴的喜爱和接纳，必然要求儿童运用社会交往技能和策略，比如分享好玩的玩具、零食，对同伴的穿着或建构作品表示惊叹、喜欢，保护同伴的安全，花时间一起完成各项工作，等等。在幼儿与自己的同伴交往时，孩子们之间的交流和自己玩耍的伙伴反射回来的反应通常非常直接和坦率，儿童做出的友好、合作、分享的积极行为，也会使同伴做出相应的积极的反应。如果儿童抢占、抓挠、击打并且还有其他负面行为，同伴也会做出相应的决定，比如拒绝、反击等反应。

所以，良好同伴关系建立的过程，就是学前儿童学习和使用社会交往技能和策略的过程，也是督促儿童不断发展积极社会行为的过程。学前儿童在与同伴交往的过程中会不断调整和修正自己的行为，逐渐学会站在他人的角度思考问题，克服自私、任性的弱点，掌握合作、助人、分享等方面的基本社会技能，促进其良好个性和品德的形成。

2. 有利于学前儿童积极情绪的发展

学前儿童之间的良好的关系，就和良好的亲子关系一样，能够使幼儿得到一定的安全感和幸福感，尤其是在交往过程中自己提出的建议会得到同伴的肯定，自己喜爱的玩具同样也被同伴所喜欢，与同伴能够建立良好的友谊，学前儿童通常会表现出高兴、积极的情绪，而且会更加喜欢参与集体活动，并且变得积极主动。当学前儿童处在不良环境中时，同伴的帮助通常会使儿童有信心摆脱这种不良的环境，而且会向同伴诉说，并能从中得到安慰。同伴交往能使学前儿童认识到自我的价值，满足心理上的需要。学前儿童之间由于经验与能力相似，兴趣与情感相通，彼此处于平等、独立的地位，同伴之间的友谊关系可以使他们获得一种归属感和安全感。

3. 有助于促进学前儿童认知能力的发展

在幼儿园期间，幼儿有大量的交流、获得帮助、进行交谈的机会都是从幼儿同伴之间的交往中获得的，这些交流、交谈，是幼儿之间在互相传递生活经验，如假期结束后，幼儿园里的小朋友在一起交流着父母都带自己去了哪里游玩，每个地方让自己印象最深刻的人、事、物，或者是家里的绘本、不一样的玩具等，这种相互间经验、观念、想法的分享，有助于幼儿在有限的时间、空间范围内增加见识，学到更多的知识，思维得到更好的发散，加强对问题的理解能力。正

是这种同伴之间的合作与感情共鸣，促进了学前儿童社会认知能力的发展。在游戏中，由于对同一玩具的争执而引起儿童之间的冲突，为找到最佳的解决方法，促使他们站在别人的角度上，考虑别人的感受，采取恰当的解决方法。这样可以促使学前儿童在交往中学会更多的交往技能，促进其社会认知的发展。

4. 有效促进学前儿童自我意识的发展

学前儿童之间的同伴交往就像一面镜子，可以为儿童的自我评价提供一定的对照标准。例如：小班幼儿已经能够将自己与同伴进行简单的比较，他们有时候会对另一个同伴说：我比你高、我吃饭比你快等，这种简单的、外在的比较，实际上是幼儿自我意识中自我认知部分的不断强化；在交往过程中，当幼儿做出不同的行为时，通常会遇到同伴的不同反应，如骂人、打架会使同伴不喜欢你，而微笑、握手会让幼儿接纳并且喜爱，这种在交往过程中对方特别的反应，会帮助幼儿在自然轻松的状态下，对自我意识进行调节。

（三）教师之间的人际关系

教师与教师之间的人际交往，也对学前儿童的社会性培养具有多重的影响。身教始终比言教来得更为直接且有效。

教师间的交往是学前儿童同伴交往和发出社会行为的重要榜样。教师教育孩子要互相帮助，进行合作。如果教师自己做到了，孩子就容易产生这种行为方式并且长期稳定下来；反之，教师再怎么强调要有爱心、同情心，效果也会大打折扣。

教师间的交往涉及幼儿园、班级是否具有良好的心理气氛。教师间如果相互关心、相互帮助，就会带来一种温情的气氛，容易激发出更多积极的社会性行为。学前儿童耳濡目染，不仅能学会体察别人的情绪情感，也能学会正确、适宜的行为方式。

所以，在创设心理环境时，要注意小至一个班的主班老师与配班老师，大至全园教师和全体教职工之间的交往。所有的教师都应当成为儿童良好社会性发展的榜样。

第四节 电视与新媒体对学前儿童社会性发展的影响

一、电视与新媒体的特征

（一）电视的特征

电视媒体是以电视为宣传载体向人们进行信息传播的传统媒介或平台。声音、画面的综合使用，使得电视媒体传播的信息具有视觉效果直观、冲击力大和情绪感染力强等特点。年龄较小的儿童可能会认为电视等媒体中出现的画面是真实的，这种现象被称为"魔法窗口思维"。随着儿童认知水平的发展，他们区分幻想与真实的能力逐渐提升。儿童认知能力的发展可以帮助儿童更好地理解电视媒体中的因果关系。

（二）新媒体的特征

新媒体是新的技术支撑体系下出现的媒体形态，如数字杂志、数字报纸、数字广播、网络、数字电视和触摸媒体等。相对于报纸、广播、电视、杂志四大传统意义上的媒体，新媒体被形象地称为第五媒体。新媒体不同于传统媒体，它模糊了传播者和接受者之间的界限，使传播者和接受者成为平等的交流者，新媒体的交互性、共享性使其可以同时为众多媒体参与者提供个性化服务，而参与者借助新媒体实现了平等的个性化交流。新媒体可以分为三类——互联网媒体、手机媒体、以数字电视为基础的媒体形式，具有交互性、即时性和开放性等特征。

1. 交互性

新媒体与传统媒体信息交流的单向式不同，它改变了人们在信息传播中的被动地位。信息传播个体和信息接受个体之间可以自由地双向交流，个体可以决定信息接收的时间、内容，又可以反馈自己的观点，信息交流过程中双方都具有对信息的控制权，双方建立起了一种多元化的互动模式，这一特点也模糊了信息传播者与接受者之间的关系。

2. 即时性

新媒体采用的是数字化技术，它彻底打破了传统媒体在时间上的限制而大大缩短了信息传播的时间，也使使用者不再受空间和时间限制而可以在任何时间和空间将信息传播，体现出即时性。

3. 开放性

随着各类新媒体即时传播各类信息的功能越来越强大，速度越来越快，效率越来越高，信息已经不再受地域的限制。新媒体下的任何个体都可以借助网络平等享有信息，新媒体几乎已无处不在地渗透在人们的生活中并影响着人们的行为。

二、电视与新媒体对学前儿童社会性发展的影响

当代儿童的成长环境中，电视媒体、网络等给学前儿童提供了各种丰富的刺激。学前儿童在无处不在的媒体的包裹下，其社会性发展也受到了强烈影响。

（一）积极影响

电视媒体和网络渗透在学前儿童的日常生活中，其中的一些教育类节目可以为幼儿提供积极的榜样角色，从而使幼儿能够进行亲社会行为的观察学习。相关研究发现，父母时常陪孩子观看亲社会电视节目，与儿童有更好水平的社会互动和利他行为以及更低的攻击性行为之间具有稳定的关联，这些影响会一直持续到青少年时期。另外，儿童可能因为和同伴群体观看或者喜爱共同的电视节目、网络节目或者玩同样的网络游戏而在同伴群体中得到认同，因此看电视和使用互联网也可以加强群体认同感。

（二）消极影响

媒体是一把"双刃剑"，它为学前儿童的学习和教育提供了机会的同时，也存在一定的隐患。具体来看，电视和新媒体对学前儿童社会性发展中的社会认知、同伴互动以及攻击性行为等方面可能产生消极影响。

电视节目和网络游戏会给学前儿童带来知觉偏差。媒体是儿童了解他人的一个重要来源。儿童在媒体节目或游戏上花费的时间过多，可能会将这些节目和游戏中的虚拟世界当作真实世界，从而出现一种知觉偏差，例如高估真实世界中的危险性，低估他人可信任的程度和帮助他人的意愿。

媒体会对学前儿童的同伴互动产生影响。如果学前儿童经常花费比较多的时间在电视和网络上，可能会取代运动和与同伴互动的机会，容易使儿童产生不愿与同伴交流的心态，甚至即使和同伴在一起，也更愿意看电视或者玩网络游戏而不愿意和同伴进行交谈和互动。有研究还发现，只要是开着电视就能够造成扰乱和分散幼儿注意力等影响，"背景电视"往往会影响幼儿与父母的互动数量和质量。

暴力电视节目、网络节目和网络游戏会导致学前儿童的攻击性行为和对攻击性行为的脱敏。很多对于电视节目和网络资源的调查表明，媒体和网络中存在着非正式和隐性课程。很多电视节目和互联网中的资源是面向成人的，可能体现暴力或色情等特征，但是学前儿童也可能会接触到这些信息。由于学前儿童的价值判断能力较低，如果经常观看电视、网络节目中的消极内容，会比较容易去模仿这些不健康行为甚至会将暴力方式作为解决个人冲突的有效途径，从而增加攻击性行为。同时，暴力画面的经常性刺激也使得学前儿童对真实世界中攻击性行为的生理反应和敏感性减少，对真实的暴力行为持更加宽容的态度。

三、有效利用媒体，减少消极影响

媒体对学前儿童产生积极还是消极的影响与父母运用媒体的方式具有密切关系。父母需要采取一种积极的态度和有效的方式，将电视节目和互联网等传媒转化为孩子生活中的一种建设性因素。相关调查表明，如果儿童时常观看电视，同时父母对他们的关注不够，则这些儿童出现行为问题的可能性会比较大。如果儿童每天看电视节目的时间超过3个小时，同时父母和孩子的交流不够并对孩子的朋友了解非常少，那这些儿童通常会出现外部问题（如行为不当），以及内部问题（如焦虑和压抑）。

为了减少电视和新媒体对学前儿童社会性发展的负面影响，家长可以和孩子一起看电视或者网络节目。家长要充分发挥中介作用，帮助孩子理解电视和网络内容，对电视和网络节目中的攻击性行为表示反对，引导和鼓励孩子对受害者表示同情，帮助孩子建立行为和后果之间的联系。在父母的帮助和引导下，儿童对电视节目内容的理解能有效提升。另外，家长要控制孩子接触电视节目和网络节目的时间和内容，鼓励孩子多进行户外运动、和同伴互动。总之，家长一定要懂得如何有效利用媒体，既借用媒体这把"双刃剑"的锋芒，又不为其利刃所伤。

💡 讨论与思考

1. 学前儿童个性心理特征对其社会性的发展有哪些影响？
2. 幼儿园中哪些因素会对学前儿童社会性发展产生影响？
3. 结合自身实际，谈谈家庭对学前儿童社会性发展的影响。
4. 请分析社会文化对学前儿童社会性发展的影响。

⭐ 实践探索

父母带孩子去逛商场，孩子看中了一些玩具，父母拒绝给孩子买，于是孩子往地上一躺，哭闹起来，父母怎么劝告都无效，场面难以收拾。父母很奇怪：为什么孩子会变得这样任性？对这样任性的孩子，迁就顺从或打骂威胁能解决问题吗？请思考后加以解答。

第三章 学前儿童社会教育的目标、内容与原则

学习目标

1. 了解学前儿童社会教育的目标制定的依据；
2. 理解学前儿童社会教育的目标，初步制定出规范的社会教育活动目标；
3. 了解学前儿童社会教育内容选择的依据，学会选择社会教育内容；
4. 理解学前儿童社会教育的内容，掌握学前儿童社会教育的原则。

问题导入

大班小朋友青青经常有攻击性行为，有一天，他又打人了。小A老师把青青叫到一边，批评他打人的行为，并对他说："你再打人，我就把你送到小班去。"青青听了哇哇大哭。老师接着问："那你还打人吗？"青青说："我不打了，我再也不打人了。"结果下午户外活动的时候，青青又打人了。

问题：你认同小A老师的做法吗？学前儿童的社会性发展到底要达成什么目标？幼儿园的社会教育应该选择什么内容，要遵循什么原则呢？

第一节 学前儿童社会教育的目标

社会教育作为学前儿童教育五大领域的内容之一，其教育目标是指人们对社会教育活动给学前儿童身心发展带来变化的标准与要求的预期规定。该目标引领着学前儿童社会教育的方向，因此在制定过程中要从多个维度考虑，不仅要立足学前儿童发展的规律与需要，同时也要考虑到学前儿童所在社会的需要。从学前儿童发展的规律与需要来看，学前儿童社会教育目标要充分体现学前儿童的年龄特征，这些特征决定了学前儿童社会性发展的年龄差异和个体差异，从而决定了教育目标应该具有层次性与较强的弹性和张力。从社会需要来看，社会教育的目标要体现引导学前儿童对历史文化的了解和传承，体现对学前儿童价值观的奠基和引领作用，促进学前儿童自我管理、人际交往能力和社会适应能力的发展等。

一、学前儿童社会领域教育总目标

2001年，教育部颁布的《幼儿园教育指导纲要（试行）》（以下简称《纲要》）将社会领域的学前儿童教育目标确定为以下内容：

- 能主动地参与各项活动，有自信心；
- 乐意与人交往，学习互助、合作和分享，有同情心；
- 理解并遵守日常生活中基本的社会行为规则；
- 能努力做好力所能及的事，不怕困难，有初步的责任感；
- 爱父母长辈、老师和同伴，爱集体、爱家乡、爱祖国。

《幼儿园工作规程》规定了有关幼儿情感、社会性发展的目标：萌发幼儿爱祖国、爱家乡、爱集体、爱劳动、爱科学的情感，培养诚实、自信、友爱、勇敢、勤学、好问、爱护公物、克服困难、讲礼貌、守纪律等良好的品德行为和习惯，以及活泼开朗的性格。

《纲要》是从儿童学习的角度进行目标表述的，体现了以儿童为本的价值取向；将"主动与自信"放在幼儿社会领域教育目标的第一条，符合幼儿社会性发展的特点，也符合幼儿学习自主建构的特点。同时，分析总目标的具体文字表述可以发现，与知识和技能目标相比，总目标中对幼儿的情感态度发展更为重视，这表明情感与态度是学前儿童社会教育更为内在的目标取向，它为幼儿一生的发展提供方向与动力，并伴随儿童终身。幼儿生活在一个社会关系网络中，其社会化教育的过程其实就是一个关系化的过程。《纲要》中关于社会性发展的目标同样也体现了以社会关系建构为维度的内容取向，这种关系包括三个维度：指向自我、指向他人与指向社会环境。

指向自我层面包括"能主动参与各项活动，有自信心；能努力做好力所能及的事，不怕困难，有初步的责任感"。指向他人层面包括"乐意与人交往，学习互助、合作和分享，有同情心；爱父母长辈、老师和同伴"。指向社会环境层面包括"理解并遵守日常生活中基本的社会行为规范；爱集体、爱家乡、爱祖国"。

《指南》在社会教育目标的每个指向上都做了相应的补充：在指向自我层面，明确提出"发展自信和自尊"；在指向他人层面，追加了"让幼儿在积极健康的人际关系中获得安全感和信任感"；在指向社会环境层面，增加了"形成基本的认同感和归属感"。

二、学前儿童社会教育年龄阶段目标

鉴于总目标具有高度的概括性，在指导幼儿园具体实施社会领域教育时，教师需对幼儿各年龄阶段的发展特点和水平有更细致的把握，才能制定出合理的学年目标和学期目标，并选择合适的教育内容，有效促进幼儿社会性发展。《指南》在对我国幼儿学习与发展状况进行大规模调查研究的基础上，基于3~6岁幼儿整体身心发展规律和学习特点，提出了幼儿在"3~4岁""4~5岁""5~6岁"三个不同年龄阶段在社会领域方面的发展与学习目标，从而帮助家长和幼儿园教师树立对各年龄段幼儿发展的合理期望，制定出符合幼儿年龄发展水平和需要的阶段教育目标，进而实施科学的保育和教育，促进幼儿健康、快乐地成长。

幼儿园社会教育的年龄阶段目标是总目标在各年龄阶段上的具体体现和深化，也是对幼儿园各年龄段幼儿社会性发展提出的具体要求。年龄阶段目标的主要特点是将社会教育目标按幼儿年龄层次进行区分要求，形成对每一个年龄阶段的具体目标，引导幼儿逐步达到社会教育的总目标。不同年龄阶段的目标之间应该是连续、衔接的。

《指南》从健康、语言、社会、科学、艺术五大领域分别描述了幼儿的学习与发展，并提出了非常具体的目标和教育建议。其中，社会领域的学习与发展目标分别对3~4岁、4~5岁、5~6岁三个年龄阶段末期幼儿应该知道什么、能做什么、大致可以达到什么发展水平提出了合理期望，指明了幼儿在社会领域方面学习与发展的具体方向，共七个目标。

从内容上看，社会领域从人际交往和社会适应两个方面（需要注意的是，社会领域不仅仅只包含这两个方面）着重强调了三点：一是具有交往愿望与交往能力；二是学习自尊、自主和自信；三是关心和尊重他人，逐步适应群体生活，遵守基本的行为规范。

《指南》对幼儿社会教育的年龄阶段目标如下。

（一）人际交往

目标	年龄		
	3~4岁	4~5岁	5~6岁
1. 愿意与人交往	• 愿意和小朋友一起游戏 • 愿意与熟悉的长辈一起活动	• 喜欢和小朋友一起游戏，有经常一起玩的小伙伴 • 喜欢和长辈交谈，有事愿意告诉长辈	• 有自己的好朋友，也喜欢结交新朋友 • 有问题愿意向别人请教 • 有高兴的或有趣的事愿意与大家分享
2. 能与同伴友好相处	• 想加入同伴的游戏时，能友好地提出请求 • 在成人指导下，不争抢、不独霸玩具	• 会运用介绍自己、交换玩具等简单技巧加入同伴游戏 • 对大家都喜欢的东西能轮流、分享	• 能想办法吸引同伴和自己一起游戏 • 活动时能与同伴分工合作，遇到困难能一起克服

续表

目标	年龄		
	3~4岁	4~5岁	5~6岁
2. 能与同伴友好相处	• 与同伴发生冲突时，能听从成人的劝解	• 与同伴发生冲突时，能在他人帮助下和平解决 • 活动时愿意接受同伴的意见和建议 • 不欺负弱小	• 与同伴发生冲突时能自己协商解决 • 知道别人的想法有时和自己不一样，能倾听和接受别人的意见，不能接受时会说明理由 • 不欺负别人，也不允许别人欺负自己
3. 具有自尊、自信、自主的表现	• 能根据自己的兴趣选择游戏或其他活动 • 为自己的好行为或活动成果感到高兴 • 自己能做的事情愿意自己做 • 喜欢承担一些小任务	• 能按自己的想法进行游戏或其他活动 • 知道自己的一些优点和长处，并对此感到满意 • 自己的事情尽量自己做，不愿意依赖别人 • 敢于尝试有一定难度的活动和任务	• 能主动发起活动或在活动中出主意、想办法 • 做了好事或取得了成功后还想做得更好 • 自己的事情自己做，不会的愿意学 • 主动承担任务，遇到困难能够坚持而不轻易求助 • 与别人的看法不同时，敢于坚持自己的意见并说出理由
4. 关心尊重他人	• 长辈讲话时能认真听，并能听从长辈的要求 • 身边的人生病或不开心时会表示同情 • 在成人提醒下，能做到不打扰别人	• 会用礼貌的方式向长辈表达自己的要求和想法 • 能注意到别人的情绪，并有关心、体贴的表现 • 知道父母的职业，能体会到父母为养育自己所付出的辛劳	• 能有礼貌地与人交往 • 能关注别人的情绪和需要，并能给予力所能及的帮助 • 尊重为大家提供服务的人，珍惜他们的劳动成果 • 接纳、尊重与自己的生活方式或习惯不同的人

（二）社会适应

目标	年龄		
	3~4岁	4~5岁	5~6岁
1. 喜欢并适应群体生活	• 对群体活动有兴趣 • 对幼儿园的生活好奇，喜欢上幼儿园	• 愿意并主动参加群体活动 • 愿意与家长一起参加社区的一些群体活动	• 在群体活动中积极、快乐 • 对小学生活充满好奇和向往
2. 遵守基本的行为规范	• 在成人提醒下，能遵守游戏和公共场所的规则 • 知道不经允许不能拿别人的东西，借别人的东西要归还 • 在成人提醒下，爱护玩具和其他物品	• 感受规则的意义，并能基本遵守规则 • 不私自拿不属于自己的东西 • 知道说谎是不对的 • 知道接受了任务要努力完成 • 在成人提醒下，能节约粮食、水电等	• 理解规则的意义，能与同伴协商制定游戏和活动规则 • 爱惜物品，用别人的东西时也知道爱护 • 做了错事敢于承认，不说谎 • 能认真负责地完成自己所接受的任务 • 爱护身边的环境，注意节约资源

续表

目标	年龄		
	3~4岁	4~5岁	5~6岁
3.具有初步的归属感	• 知道和自己一起生活的家庭成员及与自己的关系，体会到自己是家庭的一员 • 能感受到家庭生活的温暖，爱父母，亲近与信赖长辈 • 能说出自己的家所在街道、小区（乡镇、村）的名称 • 认识国旗，知道国歌	• 喜欢自己所在的幼儿园和班级，积极参加集体活动 • 能说出自己家所在地的省、市、县（区）名称，知道当地有代表性的物产或景观 • 知道自己是中国人 • 奏国歌、升国旗时能自动站好	• 愿意为集体做事，为集体的成绩感到高兴 • 能感受到家乡的发展变化并为此感到高兴 • 知道自己的民族，知道中国是一个多民族的大家庭，各民族之间要相互尊重，团结友爱 • 知道国家的一些重大成就，爱祖国，为自己是中国人感到自豪

《指南》中指出，要为幼儿创设温暖、关爱和平等的家庭和集体生活氛围，建立良好的亲子关系、同伴关系和师生关系；强调幼儿的社会性是在日常生活和游戏中通过观察和模仿潜移默化地发展起来的，在此过程中，成人的榜样示范至关重要。

幼儿园教师在应用《指南》来指导教育实践时，必须明确以下注意事项：

《指南》作为指导我国幼儿教育事业发展的纲领性文件，在提出各个领域各个年龄段幼儿的发展目标时，这种目标只起到导向性作用，《指南》描绘的是3~6岁儿童学习与发展的一般样态与普遍规律，是为幼儿教育者实践操作提供一种参考的思路，幼儿园教师和家长可根据《指南》的引导，形成对幼儿发展水平的合理期望；而不能将《指南》所提出的目标作为一把"标尺"，用作评价幼儿发展是否达标的依据或标准；这也是当前各地幼教在落实《指南》时存在的最大误区。因此，教师和家长在教育幼儿的过程中，必须充分理解和尊重幼儿发展的个体差异性，支持和引导幼儿以自己的方式和速度达到《指南》所提出的发展阶梯。

关注幼儿发展的整体性和全面性。儿童的发展是一个整体，幼儿教育工作者必须树立幼儿发展的整体观，全面看待幼儿的发展过程。尽管《纲要》和《指南》都将幼儿发展分为几大领域来进行阐述，但这是为了方便学习者更充分地理解幼儿的学习和发展过程，因此，教师在贯彻落实《纲要》和《指南》的精神时，必须关注到幼儿各个领域、各个目标之间的相互渗透和整合，促进幼儿身心全面协调地发展。

三、学前儿童社会教育活动目标

教育活动目标是教师在教育活动中通过一定的方法和途径可以直接实现的目标。教育活动目标具有可操作性，通常由教师制定，可以通过具体的教和学的行为，通过教师、学习者及环境的相互作用得以实现。社会教育活动目标是总目标和年龄阶段目标的具体化，是教师通过一定的方法和途径可以直接实现的目标。

幼儿园社会教育活动的目标应是具体、可操作的，并尽量用行为化的语言加以描述；目标还应与活动的具体内容紧密联系；社会教育活动目标还要与社会教育总目标、年龄阶段目标相一致。由于幼儿社会领域发展总目标、年龄阶段目标和主题教育目标都必须通过一个个具体的教育活动才能实现，因此，在幼儿园教育实践过程中，教师必须根据本园所、本班级幼儿社会性发展的实际情况，在总目标和年龄阶段目标的指导下，制定出每个活动具体的教育活动目标。教育活动目标要求详细、精确，具有可操作性和针对性，教师才能在其指导下，选择合适的教育内容和活动形式，真正促进幼儿社会性水平不断提高。

为了使社会教育的针对性更强，短期内能起到预期的作用，保证达到某个具体教育活动的具体目标要求，教师在实施教育活动时，一定要根据幼儿的心理发展水平和兴趣需要、教育内容的特点以及当时当地的具体条件，采用恰当的活动方式和教育手段。

从学前儿童个体学习心理过程的角度进行分类，学前儿童社会教育活动目标的内容一般包括社会认知、社会情感和社会行为。

①社会认知，主要是指学前儿童对自己的认知，对他人的认知，对社会环境、社会活动、社会规范以及社会文化的认知。

②社会情感，主要是指学前儿童在进行社会活动时表现出来的依恋感、自尊感、同情心、羞愧感、是非感以及爱憎感等。

③社会行为，主要是指学前儿童在交往、分享、合作、谦让和助人等方面的行为表现。

社会认知在学前儿童社会性发展中起基础作用，社会情感、社会行为只有在社会认知的基础上，才会表现出稳定性和自觉性。社会情感是社会性发展的动力因素，当社会认知没有社会情感时，社会认知也就不能深化，社会行为也就缺乏真正的力量。稳定、深刻的社会情感往往以深刻的社会认知为基础。同时，有了社会情感，社会认知才可能转化为社会行为。社会行为是社会认知、社会情感的集中表现，是社会性发展的关键一环。如果学前儿童的社会性发展只停留在社会认知、社会情感的层面，那么，他们的社会性也就不能得到真正的发展。

活动目标案例

大班社会活动：交通标志

活动目标：
1. 尝试了解各种不同的交通标志图，能用完整、流畅的语言正确表达它们的含义。
2. 能注意观察生活环境中的交通标志，遵守交通规则，增强自我保护意识和能力。
3. 乐意参加交通标志游戏棋活动，学会与同伴商量、制定游戏规则，并在活动中遵守游戏规则。

中班社会活动：着火了，怎么办

活动目标：
1. 了解在不同场所遇到火灾后简单的自护、自救方法，增强自我保护意识。
2. 学习仔细观察画面，认真思考，尝试大胆讲述、辩护自己的想法。

小班社会活动：带着娃娃出去玩

活动目标：
1. 参与角色扮演，通过带着娃娃出去玩的过程，体验父母的辛苦。
2. 感受父母对孩子的关爱，萌发爱父母的情感。

> **拓展阅读**

学前儿童社会教育目标制定的依据

学前儿童社会教育的目标必须根据儿童本身的身心发展水平与特点、社会发展的要求以及国家的教育方针三个方面来制定。

1. 内在依据：学前儿童身心发展的水平与特点

幼儿园实施教育的前提和基础是儿童本身的发展，学前儿童身心发展的水平与特点是制定学前儿童社会教育目标的内在依据。一方面，学前儿童社会性的发展，与其身心发展的整体水平，特别是心理发展的水平相适应。另一方面，儿童身心发展的各个方面相互影响、相互促进、相互制约，如儿童语言能力的高低会影响儿童的人际交往情况。因此，实施学前儿童社会领域教育，幼儿园教师首先要了解幼儿身心发展的特点、规律和水平，同时注意幼儿发展的整体性和全面性。只有依据幼儿本身的发展水平和特点，才能制定出符合不同幼儿发展需要的教育活动目标，并在教育中真正促进每一个幼儿的社会性发展。

2. 外在依据：社会发展的要求

《新西兰早期教育课程框架》指出：儿童是在与人、与环境和事件的互动和互惠关系中学习和发展的。换言之，儿童的社会化过程是其在社会生活中不断学习和实践的过程。社会地域文化的差异、社会发展的不同阶段对人的要求都有所不同。教育必须根据幼儿的自身发展水平，并紧密结合当前当地社会生活的现实需要和未来发展趋势对个体的要求，合理制定学前儿童社会教育的目标，这是确定学前儿童社会教育目标的外在依据。21世纪是科技、社会迅猛发展的时代，对人类之间的合作与创新能力等提出更高要求，幼儿教育要引导幼儿主动适应快速变化的社会环境，发展适合新时代要求的人际交往能力和社会适应能力。

3. 操作性依据：国家的教育方针

《纲要》明确指出："幼儿园教育活动要为幼儿一生的发展打基础。"学前儿童社会领域教育目标的制定必须紧密围绕《纲要》所提出的上述要求，目标的制定应始终指向影响幼儿一生发展的重要因素，如儿童自信心、自主性的培养。此外，《指南》将幼儿社会性的发展分为人际交往和社会适应两个方面，并列出幼儿在"3～4岁""4～5岁""5～6岁"三个不同年龄阶段的具体教学目标。上述政策文件是指导我国幼儿教育发展的纲领性文件，是制定学前儿童社会领域教育目标时的操作性依据；幼儿园教师必须认真领会并贯彻落实，才能真正达到促进幼儿社会性发展的教育目的。

资料来源：周梅林. 学前儿童社会教育活动指导［M］. 2版. 上海：复旦大学出版社，2012.

第二节　学前儿童社会教育的内容

从个体心理发展的角度看，学前儿童的社会性发展包括社会行为、社会情感和社会认知三个方面的内容，在学前儿童的社会活动中又表现出明显的个性特征。从个体与社会的关系看，学前儿童社会性发展的内容主要包括社会交往、社会适应、道德品质和对社会文化的认知等方面。学前儿童社会教育的内容应包括养成积极良好的社会行为、情感、认知和个性等方面。

一、选择学前儿童社会教育内容的依据

（一）以学前儿童身心发展特点与水平为依据

学前儿童社会教育内容的选择必须依据学前儿童现有的发展特点和水平，尤其要以学前儿童社会性发展的特点作为依据，以学前儿童现有的社会性发展特点和水平作为教育内容的立足点，只有这样，才能有的放矢地对学前儿童进行教育。

（二）以学前儿童社会教育目标为依据

教育者在制定出科学、合理的社会教育目标时，每一条教育目标都应配有相应的教育内容，才能完整实现目标，真正达到促进学前儿童社会性发展的目的。因此，选择教育内容时要以教育目标为依据，内容要有助于目标的实现。在选择教育内容时，应努力避免对教育目标的遗漏、偏离及无效重复，力争使所选择的教育内容能高效地实现教育目标。

（三）以社会现实为依据

不同的社会文化对学前儿童社会性发展的要求不同，则教育内容也必须随着教育目标的变化而改变。因此，学前儿童社会教育内容的选择必须以儿童所处的社会生活环境为依据。教师必须充分了解社会生活的变化，使活动内容真正成为反映时代、反映社会的内容，引导学前儿童主动适应不断变化的社会。教师应选择与学前儿童的生活背景和生活环境紧密相关的、学前儿童熟悉且感兴趣的教育内容。总之，教师要充分关注学前儿童当时的生活背景及生活环境，寓教育于生活。

（四）以相关的学科知识为依据

与学前儿童社会领域相关的学科主要有社会学、伦理学、历史学、地理学、经济学、文化学、心理学、政治学、人类学等，如表3-1所示。

表3-1　与学前儿童社会领域相关的学科内容

相关学科	学科内容
社会学	社会结构、社会角色、人际关系、社区、民族、社会变迁、社会制度等
伦理学	基本的伦理关系、社会道德、社会规范与规则等
历史学	过去的事、个人历史和生命历程、家庭历史、人类生活的发展与变迁、民族和国家的发展、社区的变化等
地理学	行政区域的划分、国家、世界
经济学	需求与选择、商品与服务、货币与价格、买卖与消费、劳动与分工等
文化学	多元文化、风俗习惯、价值观、生活类型、艺术样式、文化庆祝和民族遗产等
心理学	对自我的认识、对他人的认识、各种态度与情感、人的各种行为等
政治学	国家、民族、公民素质、公共参与意识和法律意识、个人与集体的关系，自由、民主、平等、责任、公平、正义等核心精神
人类学	种族、民族文化差异、原始艺术形式等

需要注意的是，学前儿童社会教育内容所包含的知识远远不只有这几类，学前儿童社会教育并不是照搬这些学科知识体系，也不是把一切学科成就全部教给幼儿，教师选择的社会教育内容应该是比较简单、浅显、具有启蒙价值的。

二、幼儿园社会教育的总体内容和年龄阶段教育内容

（一）幼儿园社会教育的总体内容

《纲要》对幼儿社会领域的教育内容与要求明确提出了以下 8 条纲领性的描述。

①引导幼儿参加各种集体活动，体验与教师、同伴等共同生活的乐趣，帮助他们正确认识自己和他人，养成对他人、社会亲近、合作的态度，学习初步的人际交往技能。

②为每个幼儿提供表现自己长处和获得成功的机会，增强其自尊心和自信心。

③提供自由活动的机会，支持幼儿自主地选择、计划活动，鼓励他们通过多方面的努力解决问题，不轻易放弃克服困难的尝试。

④在共同的生活和活动中，以多种方式引导幼儿认识、体验并理解基本的社会行为规则，学习自律和尊重他人。

⑤教育幼儿爱护玩具和其他物品，爱护公物和公共环境。

⑥与家庭、社区合作，引导幼儿了解自己的亲人以及与自己生活有关的各行各业人们的劳动，培养其对劳动者的热爱和对劳动成果的尊重。

⑦充分利用社会资源，引导幼儿实际感受祖国文化的丰富与优秀，感受家乡的变化和发展，激发幼儿爱家乡、爱祖国的情感。

⑧适当向幼儿介绍我国各民族和世界其他国家、民族的文化，使其感知人类文化的多样性和差异性，培养理解、尊重、平等的态度。

以上这8条纲领性的描述相对比较宽泛，并没有就某个方面的内容做细致、硬性的规定和要求，但它们具有普遍性、规范性的特点，体现的是社会教育的普遍价值，对所有的教育实践都具有指导作用。

（二）幼儿园各年龄阶段的社会教育内容

1. 小班社会教育内容

（1）自我意识
- 认识自己的外部特征及作用，知道自己的姓名、性别和年龄等基本信息。
- 在日常生活和各种活动中愿意用语言表达自己的需要、喜好、意愿、想法与情绪情感。
- 有自由活动的机会和时间，自主地选择活动。
- 在日常生活中学习独立起床、穿衣、吃饭、洗漱、如厕等。

（2）人际交往
- 通过与父母共同生活和交往，感受和体会父母、亲人对自己的爱。
- 在日常生活和人际交往中，或通过专门组织的活动，逐渐认识和熟悉老师和同伴，体会与老师、同伴共同生活的乐趣。
- 掌握"你好""对不起""没关系""谢谢"等基本的文明礼貌用语，并在日常生活中灵活运用，有礼貌地与人交往。
- 积极主动地参与各种集体活动，体验与同伴一起活动和游戏的快乐，学习和同伴友好玩耍，不争抢玩具和其他物品。

（3）社会学习

• 了解自己的家庭住址、电话、父母的工作单位和职业，与同伴相互了解各自的家庭。

• 在日常生活或专门的教学活动中，知道自己是哪个幼儿园、哪个班级的小朋友，班级里都有谁、有什么物品，逐渐熟悉生活环境，适应集体生活。

• 在共同的生活和活动中，以多种方式理解、体验和遵守集体规则，爱护玩具和图书。

• 认识几种常见的交通工具，知道粗浅的交通安全常识，在实际生活中能遵守基本的交通规则。

2. 中班社会教育内容

（1）自我意识

• 通过日常生活和活动中的观察、对比，了解与自己同伴的异同，尝试进行自我评价。

• 参与各项活动，在活动中积极发现自己的优点或长处，尝试向老师和同伴展示自己的优点或长处。

• 尝试按自己的意愿选择活动，自主做计划，自己解决问题，坚持完成活动。

• 在日常生活、游戏和专门的教育活动中，学习调节和控制自己的情绪与言行。

（2）人际交往

• 在日常交往活动和专门的教育活动中，了解和认识自己的亲人、朋友以及与自己生活相关的其他人，包括其基本情况、身体特征，理解他人的想法、态度和情绪状态等。

• 利用各种节假日或父母、老师和同伴的生日，表达自己的爱，学会关心和同情他人。

• 在日常生活、交往、游戏和教学活动中，准确地使用文明礼貌用语。

• 在与同伴合作游戏或各种活动中，互相分享彼此的玩具、物品，相互帮助。

• 与同伴发生矛盾、冲突时，在教师的引导下学习如何解决同伴交往中的冲突。

（3）社会学习

• 会自己介绍亲人的职业，认识与他们生活有关的人们的劳动，萌发对不同职业劳动者及其劳动的尊重。

• 在日常集体生活中，逐渐了解所在集体，热爱自己的集体，能尝试为集体做一些力所能及的事情。

• 通过参观、访问周围社区等形式，初步了解周围的社会机构、设施，感受它们与人们的关系，知道其基本用途。

• 通过积极参与社区的各种活动和民间节日活动等形式，了解家乡的名胜古迹、风俗习惯等，萌发热爱家乡的情感。

• 通过一些节日庆祝活动（如国庆节），知道自己是中国人，知道北京是我国的首都，认识国旗、国徽、国歌，萌发初步的爱国情感；初步感受、了解我国传统的民俗节日、人文景观、文化精品、民间艺术、各民族文化与习俗等，萌发对祖国传统文化的兴趣。

• 在家园合作下，了解各种基本的交通规则、公共卫生规则，并在日常生活中积极遵守这些规则。

3. 大班社会教育内容

（1）自我意识

• 在各种活动中学习客观地评价自己和别人。

• 主动参与各种活动，在活动中积极展示自己的优点和长处，体验成功感，增强自尊心和自信心。

• 在各种活动中积极主动地尝试、探索、自主选择、自主学习和生活，尝试独立解决在活动中或与同伴交往过程中遇到的各种困难，不轻易放弃，坚持完成各项活动和任务。
- 在活动中学习调节和控制自己的情绪和言行，掌握自我调控的方法。

（2）人际交往
- 在日常生活或专门的教育活动中，了解和认识不同的社会成员。
- 主动关心亲人、老师、同伴以及其他需要帮助的人，特别是帮助、照顾比自己小的小朋友。
- 与同伴合作，学习如何分工、协商，学会轮流、等待和谦让，掌握必要的社会交往技巧。
- 和同伴发生交往冲突时，努力寻求解决方法，自主解决同伴交往中的冲突。

（3）社会学习
- 利用周边的社会资源，了解不同社会职业角色人们的劳动，知道尊重和爱惜他人的劳动成果。
- 在家中及幼儿园帮助父母、教师做一些力所能及的事情，爱护集体的物品。
- 利用各种社会资源，进一步了解各种社会机构、设施，感受其与人们生活的关系，知道它们的基本用途。
- 通过各种形式，进一步了解自己的家乡，积极参与各种民俗文化活动。
- 利用各种传统节日，结合参观等活动，进一步感受和了解我国的传统文化。
- 初步了解世界其他国家的传统节日、人文景观、文化精髓、民间艺术以及民族文化与习俗等，感受世界文化的多样性和差异性，形成理解、尊重和平等的态度。
- 在家长的配合下，在日常生活中爱护公物和环境，培养保护环境的意识。
- 在日常生活和专门的教学活动中，学习遵守基本的行为规范和社会道德规范，初步形成诚实、勇敢等良好的社会品质。

拓展阅读

《纲要》与《指南》在学前儿童社会教育领域的目标和内容方面的不同

1. 教育目标的差异

在领域目标的表述上，《纲要》只提出每个教育领域幼儿发展的总目标，《指南》则将每个领域不同年龄段儿童发展的表现和水平都具体化、细致化和目标化，并给出十分具有操作性和针对性的教育建议。

具体到学前儿童社会领域教育，《纲要》提出儿童社会学习与发展的8条纲领性的总目标，教师进行实践转化的难度较高；《指南》则将儿童社会领域的发展细分为人际交往和社会适应两个子领域，这实际上是将人的关系系统分解为人与人、人与社会两大部分，并通过人与人之间的人际交往，人与社会之间的社会适应来最终实现人的社会生存目标。此外，《指南》在每个子领域下又细分为几条具体目标，同时，将每条目标在不同年龄段的发展表现都具体阐述，并提出具体而有操作性的教育建议，特别有助于家长和教师深入了解3~6岁幼儿在社会学习与发展方面的基本规律和特点，特别有助于教师观察、了解幼儿并实施科学的教育实践。但值得注意的是，《指南》中的目标只是儿童发展的导向，家长和教师可据此建立对幼儿社会性发展的合理期望，而非用作评价幼儿社会性发展水平的"标尺"。教育者在贯彻落实《指南》时必须深入领会《指南》的精神，不能将其当作是操作和评价标准。

2. 教育内容和教育建议的差异

《纲要》在提出儿童社会领域学习与发展的总目标后，又据此提出了8条教育内容和要求，以及3条教育指导要点。对8条教育内容进行细致分析可将其细分为五大类，分别为自我成长教育、社会交往教育、社会环境教育、社会规范教育和社会文化教育；3条教育指导要点主要给幼儿园教师指出学前儿童社会教育的基本原则，如环境熏陶原则、一致性原则等。因此，主要起到一个方向性的引导作用，对幼儿园教育的发展方向、对基本的幼儿园行为提出要求和规范。

《指南》则明确指出，人际交往和社会适应是幼儿社会学习的主要内容，也是其社会性发展的基本途径。因此，《指南》在描述儿童社会领域学习和发展目标的同时，也给幼教工作者指出了幼儿园社会教育的主要内容。并且，每一条子目标下，《指南》还提出了十分详细的指导建议，具有很强的操作性，对幼儿园教师和家长在实施教育行为时有重要的借鉴价值。

综上所述，与《纲要》相比，《指南》显得更为具体而详细。这是由于两者定位不同：《纲要》是国家指导幼儿教育的主要纲领性文件，其主要使用者是幼教研究者和管理者；《指南》同样是我国幼教事业发展的指导性文件，但由于《指南》主要面向的是幼儿教育的实践者即教师和家长，则实践性更强。然而，《指南》不能简单地看作是《纲要》的细化；有的是细化，有的则是填补空白。一方面，《指南》与《纲要》拥有共同的教育观、儿童观和发展观；另一方面，《指南》通过提出一整套比较科学、明确、具体的目标与教育建议来引导幼儿园教育实践和家长教育，即给教师和家长提供了明确的儿童发展方向和教育促进发展的科学依据，弥补了《纲要》的不确定性，也有助于提高教师的专业教育技能。为此，《纲要》是《指南》实施方向的航标灯，《指南》是《纲要》转化为实践的桥梁。通过《指南》，幼儿园教师和家长得以了解3～6岁幼儿学习与发展的基本规律和特点，建立对幼儿发展的合理期望，实施科学的保育和教育，让幼儿度过快乐而有意义的童年。《指南》的颁布将推进各地更好地、深入地贯彻落实《纲要》的精神。

资料来源：李辉. 学前儿童社会教育 [M]. 南京：东南大学出版社，2016.

第三节　学前儿童社会教育的原则

学前儿童社会教育的原则是指根据一定的社会教育目的以及学前儿童社会教育的过程规律而制定的指导学前儿童社会教育活动的基本准则和要求。《纲要》明确指出，社会领域的教育具有潜移默化的特点。幼儿社会态度和社会情感的培养尤其应渗透在多种活动和一日生活的各个环节之中，要创设一个能使幼儿感受到接纳、关爱和支持的良好环境，避免单一呆板的言语说教。幼儿与成人、同伴之间的共同生活、交往、探索、游戏等，是其社会学习的重要途径。应为幼儿提供人际间相互交往和共同活动的机会和条件，并加以指导。社会学习是一个漫长的积累过程，需要幼儿园、家庭和社会密切合作，协调一致，共同促进幼儿良好社会性品质的形成。学前儿童的社会教育和社会学习还具有易受外部环境熏陶，注重体验和实践的特点。因此，在开展学前儿童社会教育时要注意以下几个原则。

一、实践性原则

社会教育不能运用单纯的说教灌输给幼儿，必须通过幼儿的亲身实践、体验和感知，真正为幼儿所理解和接受。教师要教给幼儿具体的行为方式，在幼儿进行行为练习或实践前，应该给幼儿讲清道理，只有这样幼儿才能逐渐体会什么是对、什么是错。教师要有目的、有计划地为幼儿提供实践锻炼的机会，将真实的社会生活呈现在幼儿面前，让幼儿充分接触到社会生活，通过身体力行、反复练习形成良好的社会行为和习惯。在鼓励幼儿自己解决问题的同时，教师还要在实践中给予幼儿适当的指导，从而获得更好的教育效果。

二、适宜性原则

发展适宜性原则意味着教师对幼儿的社会性教育要与幼儿的发展相适应，教师要能够充分考虑到幼儿的生理和心理特点以及社会文化发展需要。幼儿的社会性发展任务包括行为规范社会化，形成社会背景下的认同感，开始形成道德感并发展自我控制，开始认识自己在世界中的位置。这些发展任务的完成都需要教师为幼儿提供适宜的支持。发展适宜性原则要求教师了解幼儿是如何发展和学习的，幼儿个体的优点、需要和兴趣是什么，幼儿生活于什么样的社会和文化环境。这些可以帮助教师确定对幼儿社会性发展的教育是否适宜。

> **拓展阅读**
>
> **幼儿社会教育的适宜性原则**
>
> （一）年龄适宜性
>
> 学前期是儿童成长过程中相对时间较长的发展阶段。这一阶段的儿童有其发展的特点。埃里克森提出，学前期儿童的心理社会性发展任务是形成一种与内疚感相对的主动感。主动感指形成自己作为一个行为者的意识——有能力，充满想法和能量，有热情探索更大的世界。随着这些能量和力量的增加，幼儿尝试着发起自己的活动并且显得有目的性，成人如果不允许幼儿按照他们自己的意识去行事，幼儿可能就会出现内疚感。同时，这个阶段不同年龄段幼儿的心理发展需求不同，并且发生的变化非常显著。因此，教师必须理解幼儿的年龄特点，并根据这些特点提供适宜的活动。例如，教师为3岁幼儿提供的同伴游戏活动和为4岁幼儿提供的同伴游戏活动，无论是在目标还是活动材料上都应该有所区别，前者更多的是平行游戏，后者可以和同伴开始合作性游戏。年龄作为一个有用的标尺，可以允许我们对在幼儿生命的不同时期什么是安全的、有趣的、能完成的和有挑战性的东西做出合理的假设。幼儿的社会性发展受到与年龄相关的变量的影响，并且不同年龄的幼儿会表现出不同的社会理解和技能水平。
>
> （二）个体适宜性
>
> 教师在促进幼儿社会性发展时，不仅要考虑到对全体幼儿的适宜性，同时更要关注到个体适宜性。每个幼儿来到这个世界上都是一个独特的个体，遗传基因不同，气质

也表现出不同。这些生物学上的差异被环境因素所补充，使人与人之间的差异进一步加大。例如，有的人生来就比较外向，喜欢与人交往；有的人生来就比较内向，喜欢一些相对安静的环境和活动等。幼儿的这些特点对他们的社交行为会产生影响。同时，生活在不同家庭环境中的幼儿所积累的经历、抚养模式也不一样，这些会导致幼儿获得经验的数量、质量不同，让幼儿产生不同的心理需求，出现对事件不同的理解和不同的行为方式。个体适宜性原则要求教师公平地对待每个幼儿，关注每个个体的需求，这样教师对幼儿的社会性发展才能有的放矢，给予有针对性的支持。

（三）家庭、社会和文化适宜性

在幼儿社会性发展的适宜性原则中，除了要考虑到幼儿的年龄适宜性和个体适宜性，还必须要考虑到幼儿的家庭、社会和文化环境，为他们社会性发展提供有效支持。

幼儿所处的家庭和社会为幼儿提供的文化环境不一样，父母不同的抚养方式、社区的文化氛围等让幼儿所获得的经验和人际交往能力等都存在差异，使每个幼儿带有文化独特性。例如，在有些家庭中，幼儿所接受的教导是在成人面前要眼光向下，尤其是当成人斥责他们时。如果不这么做，则会被认为是对成人的不尊重。如果教师能够考虑到幼儿所面临的这些家庭和社区文化，可能对正确理解幼儿的行为、情绪和需要，采用更加恰当的方式与幼儿互动更有帮助。相反，如果教师忽视了幼儿生活的文化环境，就失去了了解幼儿从家庭和社会中所带来的丰富的生活背景的机会，进而容易造成教师对幼儿行为的简单否定或者给幼儿贴标签，传达他们不受欢迎或者他们不如其他幼儿的消极信息。因此，教师必须了解幼儿周围的社会环境，以理解和欣赏的方式与幼儿以及其所在的家庭和社区相互作用，这样才能真正理解并拉近与幼儿和家长的距离，为幼儿社会性发展提供适宜性的教育。

资料来源：刘晶波，等. 幼儿园社会领域教育精要：关键经验与活动指导［M］. 北京：教育科学出版社，2015.

三、正面教育原则

正面教育原则是指在学前儿童社会教育中，教师要从正面进行引导，利用表扬、榜样、陶冶、说服等积极的教育方法引导幼儿辨别是非，掌握正确的行为准则，即教育孩子怎样做人，做什么样的人，它包括教育培养方向上的正面性和教育方式上的正面性。正面教育原则是一切教育活动最基本的原则，其核心是在尊重的前提下对儿童提出要求，是"以幼儿为本"教育理念的具体体现。

教师和家长本身要成为幼儿社会化过程中正面积极的榜样，严格要求自己，提高自己的品行修养。同时，教育者要为幼儿选择正面的同伴榜样和正向积极的教育内容。教育者应直接为幼儿呈现正面的教育案例，使幼儿直接学习和接触到正面的观点和行为方式。创设积极的环境，包括物质上是干净、整洁、充足和多样的，气氛上是宽容、有序和接纳的，以此来诱发、维持和强化幼儿的积极行为，采用正面的教育方式，评价幼儿时以鼓励和表扬为主。

四、一致性原则

一致性原则是指对幼儿进行社会教育时,教师要根据教育目标组织和协调各方面的影响,为幼儿提供一个连续、统一的教育影响。幼儿社会性发展是一个长期、复杂的过程,在这个过程中幼儿会受到来自家庭和机构等多方面的影响。同时,幼儿具有比较强的模仿性,很容易受到身边环境的影响。所以,稳定的、一致性的教育环境对幼儿良好行为习惯的养成非常重要。幼儿教育机构内部的教师和其他工作人员、家长等必须统一发挥作用,形成合力,给幼儿一致的影响,促进他们的社会性健康发展。

> **拓展阅读**
>
> **幼儿社会教育的一致性原则**
>
> **(一)教师要保持教育态度的一致性**
>
> 教师教育态度的一致性体现在教师要求前后的一致性和教师行为的一致性两个方面。教师对幼儿教育态度前后一致,可以让幼儿在日常行动中有比较明确和统一的认识和行为标准,有助于幼儿养成良好的行为习惯。如果教师对幼儿的行为要求前后不一致,容易引发幼儿在认识和行为上的混乱,使幼儿无所适从。同时,因为教师要求前后不一致,使得幼儿的正确行为不能得到恰当的强化,消极行为也不能及时被制止,逐渐导致幼儿对教师要求的漠视,幼儿良好的社会行为习惯就很难养成。
>
> 教师行为的一致性意味着教师在日常和幼儿的接触中必须要做到言行一致,对幼儿提出的要求教师自己首先要做到,而且教师要保持行为的一贯性,给幼儿提供良好的学习榜样。对幼儿来说,教师的身教要重于言传。如果教师在日常生活中言行不一或者行为前后不一,幼儿很容易模仿教师的行为,并且很难遵循教师提出的合理要求,教育效果会大大降低。如果教师要求幼儿不要说脏话或者不礼貌的语言,但是自己在批评幼儿时却会使用一些不恰当的语言,如"你简直笨得跟猪一样",则其教育效果可想而知。培养幼儿积极的社会行为,教师不仅要"言传",更要"身教"。因为幼儿不仅要听教师怎么说,更重要的是看教师怎么做,教师言行不一致会使幼儿内心充满对教师的怀疑和不信任。所以,在对幼儿进行社会性培养时,教师一定要言传身教,表里如一。
>
> **(二)幼儿教育机构内部各方面的教育力量的一致性**
>
> 幼儿教育机构内部的所有人员包括机构领导、教师、保安、食堂工作人员等可能都会对幼儿的社会性发展产生直接或者间接的影响,因此教师要能够协调和充分利用这些资源。教育机构中所有的人员都要相互配合,给幼儿提供积极的榜样行为,充分发挥对幼儿的积极影响。例如,教师引导幼儿在入园时要和门口的保安叔叔打招呼问好,保安人员也应当在幼儿热情问候时给予积极的回应。只有当幼儿教育机构各方面的教育力量保持一致时,才能够给幼儿潜移默化的积极影响,同时也能够给幼儿提供实践积极行为的机会,大大提高教育效果。反之,如果幼儿教育机构内部人员的言行与教师对幼儿的要求不一致甚至完全相反,会容易引起幼儿认识上的混乱,使其不知道到底该怎么做。
>
> **(三)幼儿教育机构教育和家庭教育的一致性**
>
> 幼儿教育机构和家庭是幼儿在成长中非常重要的两个环境。在幼儿社会性教育中,

> 两个环境对幼儿的社会性发展要求和步调必须一致,这样才能给幼儿提供一个稳定的、连续的行为环境,有利于幼儿行为规范的养成。如果家庭和幼儿教育机构的要求不一致,幼儿在幼儿园和在家庭里的行为表现得到的评价不一致,容易引发幼儿认识上的混乱和行为上的矛盾,教育的效果就会降低。一些家长经常听到教师说幼儿在家待几天后返回幼儿园时,行为完全变了,其中一个重要的原因可能就是家庭教育要求和幼儿园不一致。例如,幼儿园教师要求幼儿把用过的玩具、文具放到一定的位置,要求幼儿学会整理,但是有的家长在家里却允许幼儿将玩过的玩具、看过的图书随便乱扔,整理工作都由家长代替完成。这种不一致在很大程度上削弱甚至抵消了教师在幼儿社会性发展过程中所做的努力。因此,教师一定要经常和家长相互沟通交流,就幼儿社会性发展的目标和要求与家长共同探讨,共同寻求积极的途径来促进幼儿的社会性发展。这样不仅可以让家长更多地了解幼儿教育机构对幼儿社会性发展的要求而积极与教师配合,同时也可以提高家庭内部在幼儿社会性教育上的一致性。
>
> 资料来源:刘晶波,等. 幼儿园社会领域教育精要:关键经验与活动指导[M]. 北京:教育科学出版社,2015.

五、生活教育原则

生活教育原则是指教师要在真实的社会生活中开展儿童社会教育活动。学前儿童社会教育的主要任务就是要培养幼儿主动适应社会环境、适应群体生活的能力。因此,社会教育是借助于日常生活,并且为了日常生活而进行的教育活动。贯彻生活教育原则,要求教师重视生活中广泛的渗透教育,善于抓住生活的教育细节。生活是长期性的,幼儿良好社会行为的养成也有赖于有始有终的练习和坚持。因此,教师必须对幼儿的社会教育做长期计划,借助日常生活的重复性来加以形成和巩固幼儿良好的行为习惯。

💡 讨论与思考

1. 学前儿童社会教育的目标层次是怎样的?幼儿园社会教育总目标的内容有哪些?
2. 如何选择幼儿园社会教育的内容?
3. 学前儿童社会教育的一致性原则是指什么?
4. 仔细研读《纲要》中的相关内容,具体分析幼儿园社会领域教育的目标和内容是如何表述的,反映了什么教育理念?

⭐ 实践探索

在网络上收集一些幼儿园社会教育活动方案,和同学们共同讨论和分析:这些活动方案的目标和内容是如何确立的?其确立的依据是什么,是否合理?

第四章 学前儿童社会教育的途径与方法

学习目标

① 了解学前儿童社会教育的途径,并能在教育实践过程中实施;

② 熟练掌握学前儿童社会教育的基本方法,根据不同的情况选择恰当的方法;

③ 能在教育教学中熟练运用学前儿童社会教育的方法。

问题导入

> 一次户外活动时,幼儿园的王老师正在组织中班幼儿玩体育游戏。突然,班上的幼儿小雨在奔跑时不小心跌倒了,"哇"的一声哭了起来,幼儿小杰看见后,立刻走过去将小雨扶了起来,一边扶一边说:"摔倒没关系的,以后要注意看前面的路。"
>
> 问题:你认为以上情境是对幼儿开展社会教育的契机吗?如果你是王老师,你会怎么做?

第一节 学前儿童社会教育的途径

《纲要》指出,社会领域的教育具有潜移默化的特点。学前儿童社会态度和社会情感的培养尤其应渗透在多种活动和一日生活的各个环节之中,要创设能使儿童感受到接纳、关爱和支持的良好环境,避免单一呆板的言语说教。学前儿童社会教育的途径大致可以分为专门的社会教育活动、随机的社会教育活动和家园合作与社区教育。

一、专门的社会教育活动

专门的社会教育活动是指教师根据教育目的和教育计划,依据本班儿童的身心发展规律和特点,选择合适的教育内容,采取合理的教育方式和方法,对儿童进行社会教育的形式。专门的社会教育活动具有比较明确的目标和计划性,内容也比较系统和集中,教师对儿童的组织和指导作用更加直接、明显,也更具有针对性。

幼儿园专门的社会教育活动主要有以下几种形式。

(一)教学活动

教学活动是指教师有目的、有计划地围绕某个社会内容,灵活采用教育方法对幼儿进行社会性教育的活动,即社会领域的教学活动。它是幼儿园实施社会教育的主要手段,也是幼儿获得社会知识、社会技能、社会情感态度的重要途径。

教学活动通常都有明确的目标来指导活动的开展。活动成功的标准在于目标是否实现。例如,大班社会活动"我长大了"的活动目标:感受自己外形和内在能力的变化与成长;加深对自己的了解,增强自我认识和自信心。通过这个活动,就是要让幼儿在自我意识和情感上获得提升。在组织教学活动时,教师有清晰的设计思路,有条理地组织活动,如大班社会活动"遵守交通规则"中,教师在幼儿理解交通规则的基础上,通过情境展示请幼儿选择正确的交通规则加以运用。教学活动中教师能明确地传递教育意图,教师精心选择和设计活动目标和活动内容,控制活动的实施过程,保证活动顺利进行。

(二)游戏活动

游戏是儿童最喜爱、最能发挥主体性的活动,游戏本身就是他们认识社会、参与社会生活的一种独特方式。《纲要》强调"寓教育于生活、游戏之中",游戏是幼儿认识社会、学习社会规则、理解人与人之间关系的载体，是促进和提高儿童全面素质的重要途径。通过游戏，不仅可以满足儿童参加成人生活的愿望，而且可以发展他们的社会认知、人际交往、社会行为等。游戏不仅可以独立作为社会教育的活动形式，而且可以和其他教育形式结合使用。

儿童喜欢游戏，随时随地就会开始游戏。例如，儿童戴上白色的高帽子就认为自己是"厨师"，开始做菜；拿起圆柱形的东西在别人胳膊上做注射的动作，他就成了"医生"。儿童在游戏中体验社会生活的快乐，也在游戏中发展社会性。例如，有的幼儿在游戏中经常抢夺或破坏游戏材料，其他幼儿就不喜欢和他玩游戏。这可以使幼儿思考行为和结果的关系，使自身认知和行为上改进和提升。幼儿在游戏中学会与他人分享、协商、相互尊重等。

根据学前教育机构游戏的特点可将游戏分为创造性游戏和有规则游戏两类。创造性游戏是幼儿想出来的游戏，包括角色游戏、结构性游戏和表演游戏。特别是角色游戏，学前儿童能了解人际关系与不同角色身份，学习所扮演角色的良好社会性行为与品质，能学习友好交往的技能，学习用适当的方式相互沟通，表达个人意愿、情感和见解，尝试自己解决社交问题等，从而促使儿童不断地认识自己，协调自己与他人的关系，提高自己的社会交往能力。

教师应该重视游戏在儿童社会化中的教育功能，使游戏真正成为儿童社会教育的途径。教师应有意识地为幼儿设计相应的游戏活动、创设游戏情境，让幼儿通过游戏过程来明确处理问题的方法，建立友好关系。除此以外，教师还应尊重幼儿，发挥幼儿的主体性，让幼儿自主选择游戏伙伴和游戏内容，给予幼儿充分的游戏时间与空间。同时，还应根据需要适当地参与到儿童游戏中，给予有效的指导。

（三）区域活动

区域活动是指教师在一定时间内设置各种区域，让儿童根据自己的兴趣和需要选择内容和方式的活动。作为教学活动的补充，区域活动也是幼儿园社会教育的途径之一。活动区提供了儿童更多自由交往和自由表现的机会。在区域活动中，儿童可以自主选择，自发地活动，通常以小组活动的形式进行协商和配合。

区域活动能增强幼儿的自我意识，使幼儿学会自己来选择安排活动内容，学习如何与同伴交往并在交往中满足自我发展的需要；区域活动能促进幼儿"去自我中心"的发展，幼儿在活动中自由分组、交流，从而认识到自己和集体的关系，增强幼儿的集体荣誉感和责任感，萌发团结合作的良好社会品质。

教师要根据幼儿的实际需要创设丰富多彩的活动区域，投放内容适宜、数量充足的活动材料，进行有效的指导。各活动区应精心设计，以有利于儿童社会性的发展。在区域活动中，教师要引导幼儿建立规则意识。可以用标识控制进区人数，避免拥挤而影响活动，如用"小脚丫"等标识提示活动区的人数；可以用图示暗示幼儿遵守进区后的活动规则，如阅读区的"安静"图示、"请勿随地乱扔东西"图示等；还可以用约定俗成的活动规则，如"借材料必须获得对方允许才可取走"等。当然，规则要顾及实用与实效，避免约束太多。

> 📖 **拓展阅读**
>
> **自主游戏在幼儿社会性发展中的价值分析**
>
> 自主游戏是幼儿社会性发展的重要途径之一，它为幼儿提供了大量与老师和同伴合作交往的机会。幼儿在此过程中不仅能学习到如何与人友好相处，还能学习到如何看待自己、对待他人，同时帮助幼儿去自我中心、主动与人合作，获得处理人际关系的经验

和社会生活的技能，不断发展适应社会生活的能力。

（一）促进幼儿的人际交往能力

交往是幼儿的一种社会需要，是幼儿实现社会性发展的主要途径。对幼儿而言，其人际交往能力是在与同伴相处的过程中习得的。心理学家认为："人格主要是在与人交往的过程中逐步形成的，孩子与人交往对他的心理发展具有重大意义。"《指南》指出："幼儿园应多为幼儿提供自由交往和游戏的机会，鼓励他们自主选择、自由结伴开展活动。"可见，人际交往能力对幼儿的身心健康发展具有重要的意义。自主游戏作为一种融入性的游戏体验，为幼儿提供了不同情境、不同年龄、不同层次的交往机会。例如在"经营杂货铺"游戏中，"收银员"发现今天"生意惨淡"，召集几位"售货员"讨论："今天的顾客为什么这么少？我们用什么办法可以吸引到更多的顾客呢？"讨论之后，孩子们主动出击：有人负责吆喝促销，有人负责试用试吃，还有人盛情邀请"路人"到杂货铺去体验……融入游戏的孩子们各司其职、各尽其责，彼此交流、分享、互动。在这样的自主游戏环境中，幼儿通过分工合作，迁就忍让，逐步摆脱以自我为中心去看待问题。当和同伴意见不合或发生冲突时，学习换位思考，理解他人，并寻求解决矛盾的办法。幼儿在这一交往过程中彼此学习、模仿、融合，汲取经验，学习合作和独立解决问题的能力，发展共情能力，习得人际交往技巧。因此，开展自主游戏，可有效促进幼儿人际交往能力的发展。

（二）发展幼儿的语言表达能力

幼儿期是语言学习和发展的关键时期。幼儿的语言主要是在日常生活与成人或同伴的交往过程中，在丰富多彩的生活实践中不断发展出来的。游戏为幼儿与成人或同伴交往建立了良好的连接，是幼儿语言发展的重要途径，对幼儿语言表达能力的提升有显著作用。其中，自主游戏的作用尤为显著，在自主游戏中，幼儿需要对同伴发出邀请或参与请求，在学习倾听同伴的同时，也要表达自己的观念、咨询他人的意见，必要时还要通过讨论、商量、求助来确保游戏顺利进行。例如，在美食馆的职业体验游戏中，孩子们根据个人兴趣和意愿进行角色分工，有人负责迎宾，有人制作美食，还有负责斟茶倒水的"服务员"。刚开始负责迎宾的孩子只有简单的一句："欢迎光临"，随着游戏的深入，孩子的欢迎词变成了："欢迎光临蒸蒸日上美食馆，今天推出的美食有双皮奶、三明治……"负责倒茶的"服务员"一开始只是默默地为"顾客"倒上茶水，当孩子们完全投入游戏后，我们听到"服务员"热情地招待："这里有菊花枸杞茶、玫瑰花茶还有绿茶，请问您要哪一种？"随着角色和游戏的深入，幼儿的语言表达内容更丰富，情境更真实，语气更生动。丰富的游戏情境为幼儿提供了更多的语言表达平台和练习机会，让幼儿习得更多的语言运用技巧，从而促进幼儿语言表达能力的发展。

（三）提升幼儿的社会适应能力

《指南》对幼儿社会适应方面提出了三个子目标：一是喜欢并适应群体生活，二是遵守基本的行为规范，三是具有初步的归属感。在幼儿的一日生活当中，自主游戏活动是帮助幼儿喜欢并适应群体生活、建立初步的归属感、遵守行为规范的重要途径。遵守基本的行为规范是培养幼儿社会适应能力的基础要求，是适应社会生活的基本准则，是一切活动有序开展的保障。幼儿园老师要重视游戏过程中的问题和意见，从幼儿游戏活动的需要出发与幼儿一起商量、约定注意事项，制定幼儿易于理解又便于遵守的游戏规则，并通过情景呈现的方式，让幼儿预见不遵守规则可能导致的严重后果。游戏结束后要与幼儿一起反思游戏中需要完善的地方，有助于帮助他们理解社会规则、遵守行为规范。例如：在等待中，幼儿明白了排队的意义；在户外游戏中，幼儿知道不能快速奔跑；在角色游戏中，幼儿知道尊重别人才能得到别人的尊重。在"润物细无声"的自主游戏的熏陶和磨炼中，幼儿可以领会规则的意义并遵守游戏规则和基本的行为规则，形成初步的秩序认同感和集体归属感，提升其社会适应能力。

（四）增进幼儿对社会和社会角色的认知

社会是由不同的职业和角色组成的，幼儿对于不同社会角色的认知需要一定的时间和过程。幼儿年龄小、认知不足、好动等身心发展特征决定了教师难以通过讲课的方式来让幼儿感知社会角色，这不仅需要一定的知识储备，整个过程也可能因枯燥乏味而失去对幼儿的吸引力。角色游戏通过让幼儿参与教师精心设计好的游戏情境，体验不同的社会角色，可有效地吸引幼儿的参与兴趣，是幼儿学习和了解这些社会角色的一个重要途径。角色游戏一直深受幼儿青睐，从小班的"娃娃家"到大班的"职业体验"，孩子们总是百玩不厌。然而，受日常生活和舆论影响，孩子们往往只能关注到社会上比较典型的、影响力较大的职业和角色，如在"童心超市"的游戏中，孩子们一开始都喜欢选择做老板，幼儿对"老板"这一社会角色的固有认知是成功、有钱、轻松，而在经历了等待、冷落、忙碌后，孩子们会感慨"做老板也好辛苦啊"。角色游戏则可突破这些局限性，让幼儿体验不同的社会职业。在角色游戏中，孩子们通过体验服务员、擦鞋匠、厨师、售货员等不同角色，了解简单的社会分工，感受各行各业的不易，体会职业不分贵贱，所有劳动都应该被尊重，从而丰富幼儿的社会情感和社会角色的认知经验。

（五）促进幼儿良好学习品质和道德品质的养成

《指南》明确指出，要重视幼儿的学习品质，幼儿在活动过程中表现出的积极态度和良好行为倾向是终身学习与发展所必需的宝贵品质。自主游戏能够促进幼儿良好学习品质和道德品质的养成。具体来说，首先，自主游戏可促进幼儿良好学习品质的养成。在自主游戏中，每一次游戏都充满着无限的可能和挑战，需要幼儿耐心、认真地去对待，这一过程是幼儿主动学习、发现探索的过程，其好奇心、责任心、专注性等终身学习与发展所必需的良好学习品质也随之得到发展。例如，老师们经常看到："筑梦天地"的幼儿专心致志地搭建自己的"城堡"，完全沉浸在自己的创造中；种植区的幼儿播种、浇水、观察植物的生长、记录生长变化，忙得不亦乐乎；科学区的幼儿拿着尺子测量大树的"腰围"，拿着放大镜观察大树的"皱纹"，寻找蚂蚁的家等，这些都是幼儿发展良好学习品质的过程。其次，自主游戏还能内化良好道德品质。幼儿是游戏的主动参与者，在游戏中学会自己动手、学会坚持。在与同伴的交往中学习倾听他人意见，平等待人、友爱同伴；在面对矛盾和问题时学习解决冲突的办法，倾听同伴意见，礼貌地表达自己的意见等。在游戏参与过程中，幼儿通过约束自我、团结同伴、学习等待、磨炼意志来确保游戏的顺利进行。幼儿将在游戏中学会的良好道德规范应用于生活中，并转化为对现实生活中社会准则、行为规范的理解和行动，从而养成良好的道德品质。

总之，自主游戏对幼儿人际交往和社会适应能力的发展具有重要的促进作用，教师应重视自主游戏在幼儿社会性发展中的作用，为幼儿创设更多的机会和平台，促进幼儿的社会性发展。

资料来源：单平姣，彭冬萍. 自主游戏促进幼儿社会性发展的价值、困境与策略[J]. 郑州师范教育，2021（5）.

二、随机的社会教育活动

儿童的社会性发展和教育是一个长期的过程,在这个过程中,除了教师有目的、有计划的社会教育活动以外,儿童的日常生活、自由活动、意外突发的事件以及其他领域的教育活动等也可能蕴含了很多社会教育的机会。因此,除了专门的社会教育活动外,教师还应重视各种情况下、各种活动中的随机教育,使儿童的一日生活及各项活动都成为社会教育的途径。

随机的社会教育活动是指那些缘起于幼儿即时的行为表现,随机发生于幼儿园一日活动的场景中,幼儿园教师通过对幼儿在生活活动、游戏活动、其他领域的教育活动和意外发生事件中行为和情绪的即时关注,随机对幼儿进行社会教育。随机的社会教育活动多指向个别幼儿的教育,其主要特征是即时性,要求教师认真观察,时刻掌握幼儿的动向,能够机智地对幼儿的需求做出回应。

(一)日常生活中的随机教育

儿童的社会教育必须借助日常生活来开展,社会教育的目的本就是为了适应社会生活。因此,幼儿园要把社会教育渗透在幼儿的一日生活之中,幼儿的入(离)园、盥洗、进餐、午睡等活动都蕴含着社会教育的内容。例如,儿童入(离)园的时候,可以渗透礼貌教育,教儿童如何待人接物;进餐时,可以渗透节约粮食以及饮食文化等方面的教育;值日时,可以渗透独立生活、克服困难、为他人服务等方面的教育;散步时,可以引导幼儿观察周围的环境……总之,随机教育可以渗透在儿童的一日生活之中。

此外,教师还可以针对生活中的偶发事件进行随机教育。例如,儿童为争夺活动场地或器材发生争执时,教师应该注意渗透团结、友爱的教育,并教给儿童处理问题的方法;引导儿童关心班上因为生病无法来园的儿童,引导儿童尊重保育老师的劳动等。在节日活动中渗透社会教育也是非常有效的途径。例如,利用"重阳节"引导幼儿尊敬老人,利用"国庆节"进行爱国教育,利用"五一节"进行劳动教育等。教师应利用一切机会对儿童进行社会教育,促使儿童良好生活习惯和行为习惯的形成。

(二)其他领域中的随机教育

幼儿园各个领域的教育内容是相互渗透的,其他领域的教育活动中同样蕴含着丰富的社会教育契机。教师要提高其他领域活动中的社会教育意识,抓住各种教育契机,全面进行社会教育。例如,科学领域的教育活动中,可以培养儿童对科学积极认知的态度,对科学积极探究的精神,在操作性的活动中还可以培养儿童不怕困难、团结合作的精神。在语言领域,很多文学作品和活动形式都包含了社会教育的内容。例如,故事《狼来了》可以教育幼儿要诚实不撒谎;《小猫钓鱼》可以教育幼儿做事要专心等。在艺术领域的活动中,可以利用各种美术作品和歌曲、音乐欣赏、表演等艺术活动让幼儿体验、表达社会情感,与同伴交流沟通。例如,通过唱歌表演《我的好妈妈》,教育幼儿体贴关心、照顾辛苦工作的妈妈。在健康领域,可以通过各种活动培养幼儿勇敢、坚强、乐观的精神和互相配合的能力。例如,在各类竞赛性的游戏中,可以教育幼儿团结一致和胜不骄、败不馁的精神;幼儿不慎摔倒了,或者产生了畏惧情绪时,教师要鼓励幼儿坚强、勇敢。

> 📖 **拓展阅读**
>
> **盥洗活动中蕴含着丰富的社会性教育内容**
>
> 幼儿的社会性发展是指幼儿随着年龄变化逐渐适应社会的过程,行为模式、情感态

度和观念是幼儿在与他人的相互关系中表现出来的基本要素。幼儿园社会教育以增进幼儿的社会认知、激发幼儿的社会情感、引导幼儿的社会行为为主要内容。在幼儿园，幼儿社会教育以专门的社会教育活动和生活中的随机教育为主要途径实现。盥洗活动是幼儿一日生活的重要组成部分，有着随机教育的契机和社会教育内容。比如，盥洗时幼儿可以逐渐获得关于盥洗规则的社会认知，培养乐于盥洗、有自信心的社会情感；盥洗时幼儿可以学习与同伴友好相处，不断发展人际交往能力等。

1. 盥洗活动可以增强幼儿的人际交往能力

交往是社会性发展的源泉，社会交往能力构成了社会能力的核心。《指南》也指出，人际交往和社会适应是幼儿社会学习的主要内容。可以说，在未来社会，良好的人际交往能力意味着良好的社会适应能力，这种能力需要从幼儿时期开始培养。从幼儿在园生活来看，人际交往多发生在生活中。盥洗活动同样是人际交往的过程之一。在进行盥洗活动时，幼幼互动频繁，有的幼儿边聊天边洗手，有的幼儿边排队边玩闹，有的幼儿表现出一些亲社会性行为，如主动让尿急的孩子上厕所、洗手时能提醒身边的幼儿不玩水等。反之，盥洗活动时也会出现插队、拥挤、推拉等人际冲突。这些现象都是教育契机，可以让幼儿思考怎样才能与他人友好相处，从而逐步掌握人际交往的技能，提高人际交往能力。

2. 盥洗活动可以培养幼儿的规则意识，增强幼儿的社会适应性

幼儿社会化的过程是从自然人成为社会人的过程。在此过程中，幼儿需要不断地认知和内化社会规范，学会遵守基本的社会行为规范，以更好地适应社会。就盥洗而言，幼儿也需要遵循一些基本的规则。比如，人多时要排队；洗手、洗脸要按照正确的方法盥洗，洗完要擦干双手；要保持台面和盥洗室的清洁，不能在盥洗室嬉戏打闹；等等。这些规则与社会盥洗行为规范高度契合。幼儿只有在幼儿园里做到遵守规则，形成习惯，才能在商场、公园等公共场所进行盥洗活动时做到规范盥洗，做一个文明的、讲卫生的儿童。

3. 盥洗活动可以培养幼儿节约资源的环保意识

保护环境、节约资源应从小抓起。在幼儿园，一些幼儿开着水龙头，边洗手边玩水，造成水资源的浪费。当今社会，人们的生活水平有了很大提高，有些幼儿不懂得节约资源，这就需要教师和家长一起正确引导幼儿，让幼儿懂得水资源的宝贵，从情感上重视节约，从行为上做到节约。

4. 盥洗活动可以培养幼儿的自信心和责任心

幼儿在社会活动中表现出的自尊、自信和责任感是非常重要的个性品质。个性品质是个体发展的重要内容，幼儿个性品质的欠缺，将影响其一生的发展。而这些个性品质的培养难以通过说教的方式实现，只有在生活中通过真实的实践才能有效地培养。小班盥洗活动训练的重点是独立盥洗。教师要培养幼儿"自己的事情自己做"的意识。幼儿能做到独立盥洗，就能体验到成就感，自信心也会随之增强。到了中大班，幼儿轮流担任盥洗室的值日生，学习怎样才能既管好自己又管好他人，从中获得责任心和自豪感。

5. 盥洗活动中学会尊重他人的劳动成果

幼儿园盥洗室的清洁和消毒工作一般由保育员承担。可以说，保育员的工作任务繁重。让幼儿看到、体会到保育员的辛苦，懂得他人劳动的艰辛，才能从幼儿内心激发出尊重他人劳动成果的情感，从而使幼儿主动做到保持盥洗室干净，尊重他人劳动成果。

资料来源：覃丽. 幼儿园盥洗活动促进幼儿社会性发展的探讨[J]. 教育观察，2020（40）.

三、家园合作与社区教育

家庭对儿童社会性的影响是潜移默化的，具有连续性和相对稳定性的特点。幼儿园必须与家长密切联系、相互配合，共同担负教育任务。《纲要》和《指南》都指出，幼儿的社会性发展需要幼儿园、家庭和社区协调一致，形成教育合力，才能发挥出最大的教育效果。

（一）家园合作

与幼儿园教育相比，家庭的社会教育更加潜移默化，家庭的氛围、家长的个人素质和教养方式等都在无形中影响幼儿社会性的发展；同时，幼儿更多时间是与家人在一起，鉴于家长对自身孩子的细致了解，家长还能根据幼儿的具体表现进行一对一的针对性教育。幼儿园在对幼儿进行社会教育时，要争取家长的理解、支持和主动参与。通过家园合作，双方都能更清晰地掌握幼儿社会性发展方面的优点和不足，以便更有针对性地进行社会教育。家园合作的方式多种多样，常见的主要有家访、家长会、亲子活动、家长开放日、家园联系园地、家园联系手册等，教师可根据本班实际情况采取合适的方式增强家园合作。在科技迅猛发展的当下，教师还可以利用网络等组建新的家园联系方式。在进行家园合作时，幼儿园不仅要争取家长对幼儿园活动的配合，同时，还应该指导家长采用合适的方式在家庭中对幼儿进行社会教育。

（二）社区教育

学前儿童社会教育不等于幼儿园社会教育，而应以幼儿园为中心，扩展到家庭和社区。儿童社会教育的最终目的就是帮助幼儿适应社会，因此，幼儿园应充分利用社区中的各种资源来扩展儿童的学习空间，从而帮助幼儿走向社会，在社会中学习，并最终融入社会。

《纲要》中明确指出："幼儿园应与家庭、社区密切合作，与小学相互衔接，综合利用各种教育资源，共同为幼儿的发展创造良好的条件。"社区资源的利用和开发，有利于幼儿形成良好的生活习惯，有利于幼儿情感态度和社会交往能力的形成和发展。社区资源包括物质资源和文化资源。物质资源有社区中的医院、超市、娱乐广场，以及一些公共设施等，通过这些物质资源，幼儿不仅可以拥有更大的活动空间和丰富的教育内容，如参观社区消防队，在消防员的指导下进行消防演习。文化资源有各种文化与传统习俗、展览馆、科技馆、少年宫、学校图书馆等文化设施，通过这些文化资源，可以让幼儿感受到本土文化的独特气息和价值，感受到祖国文化的悠久历史与博大精深，使幼儿萌生对社区文化、本土文化乃至祖国文化的自豪感。

通过社区资源培养幼儿良好的社会适应能力的同时，也可以引导和激发幼儿为社区服务的意识和行为。例如：引导幼儿为制止环境破坏"出谋献策"，通过"为小区设计环保标志"、收集环境污染图片在小区进行现场宣传等途径呼吁人们爱护身边的环境。儿童在参与活动中逐渐萌发保护环境的意识，在具体活动中形成良好的品德及行为习惯。

> **拓展阅读**
>
> **我国常见的家庭教育方式对幼儿的社会性发展影响**
>
> 家庭教育方式主要是指家长在养育幼儿时所采用的形式和方法，是家长不同教养行为特征的概括，相对来说，这种状态是很稳定的。目前，我国常见的家庭教育方式为民主型、专制型、放任型和过度保护型。

1. 民主型的家庭教育方式

采取民主型的家庭教育方式的家长在教育自己的子女时，更多的是引导、温柔地回应、鼓励等。温暖的接纳能够满足幼儿的身心需要，幼儿不会感到恐惧，愿意与家人相处，以此获取归属感，激发发展潜能。引导使幼儿对事物有更全面、更丰富的理解。温柔回应建立了一种有效的、温暖的亲子关系，让幼儿更善于表达、更愿意探索。鼓励是家长对幼儿当前情感和思想的肯定，是对幼儿学习行为的及时反馈。民主的家庭教育给了幼儿积极探索世界的机会，把更多的选择权利交给幼儿，家长只是起到积极引导的作用。如此一来，幼儿就会有充足的空间与人交流，拥有独立的人格，愿意尝试新鲜事物，与不同的幼儿交往，这对于幼儿的社会性发展是很有帮助的。因为在这样的环境下，幼儿的内心是愉快的，没有心理负担，不会害怕因做错了什么而挨骂，没有成人的消极干涉。

2. 专制型的家庭教育方式

专制型的家庭教育方式主要包括言语辱骂、体罚、专断和命令。言语辱骂是指家长时常对幼儿的能力、智力、相貌等进行言语上的攻击。言语辱骂与体罚主要是家长不能较好地管理自己情绪的结果。家长对待事情总是有消极的情绪，不能积极看待幼儿身上的一些不良行为，难以控制自己的负面情绪，导致对幼儿进行言语辱骂和体罚。其实，言语辱骂比体罚更可怕，因为体罚表现出来的是外在的行为，人们会有同情心，家长会及时安慰幼儿。言语辱骂则是直接、公然地用不恰当的语言贬低幼儿，没有任何痕迹，也没有得到家长的重视，长此以往会给幼儿留下心理阴影。目前，部分家长会把幼儿等同于成人，站在成人的角度，本着一切都是对幼儿好的想法，把自己的想法强加给幼儿，给幼儿的心灵造成伤害，忽略了幼儿是发展中的人，导致幼儿不能友好地与人相处，甚至使幼儿不想与人交流。家长忽略了幼儿的主动性和独立性，仅通过简单粗暴的方式对幼儿施加影响，强调幼儿对命令的服从，让幼儿逐渐失去主动权，最终会影响幼儿与人交往的信心，让幼儿很难适应集体生活。

3. 放任型的家庭教育方式

采取放任型的家庭教育方式的家长一般很少和幼儿交流。通常，家长会给幼儿足够的自由让他们做自己想做的事情，但是，这会让幼儿缺乏纪律性，使幼儿很难适应社会规范。社会不会按照个人的意愿发展，而是会以各种行为和谐发展的形式运行。如果家长不对幼儿加以引导，幼儿就很容易养成一些不良的行为习惯。这样的幼儿会产生冲动的攻击行为，还会出现严重的自我中心性行为，甚至会出现反叛、自制力弱、独立性弱的倾向。以这样的教育方式培养出来的幼儿在和别人交往时，很少会为他人着想，缺乏对他人的热情和关心。这种放任自流的家庭教育方式在一定程度上有利于幼儿社会性的发展，但由于家长缺乏对幼儿的基本关注，与幼儿的相处比较少，久而久之，幼儿与家长很难亲近。

4. 过度保护型的家庭教育方式

采取过度保护型的家庭教育方式的家长对幼儿呵护备至，把所有的目光都放在幼儿身上，害怕他们受到伤害。但是，幼儿期没有经历过一些挫折，幼儿如何过渡到小学，又如何适应未来的学习生活？许多家长认为幼儿长大后自然就会理解，但是，家长没有意识到在这种环境中成长起来的幼儿不得不花费大量的时间和精力适应以后的社会。幼儿期是幼儿发展迅速、形成良好学习习惯的有利时期，家长如果实施不健康的教育方式，会对幼儿产生不良影响。过度保护幼儿的家长原本是想让幼儿一切顺利，不想让幼儿受苦。但是，这样的幼儿在幼儿园中的社会性交往通常会很困难，即使在家里不吃苦，在集体生活中也会吃很多苦。被过度保护的幼儿容易依赖别人，遇到问题的时候会首先想到寻求帮助，而不是自己想办法解决问题，也不能忍受做事的艰辛和困难。例如，小浩已经是幼儿园中班的孩子了，在游戏活动和日常生活中，只要一遇到问题，就会找老师，如果老师不能及时回应他，他就会发脾气，甚至还经常哭。在参加户外体育活动中，稍有一点难度的动作，小浩都拒绝参加，老师鼓励他也无济于事。被过度保护的幼儿，其自力更生能力差，自我中心意识强，这严重阻碍了幼儿亲社会行为的发展，让幼儿难以融入同龄人的活动。此外，被过度保护的幼儿会为所欲为，缺乏教养。不良的教育方式必然会影响幼儿自我意识的发展，导致幼儿个性化的巨大差异。

因此，在家庭教育中，家长要采用积极的教育形式，只有这样，幼儿的行为习惯才会朝正确的方向发展。相反，如果家长一切都顺从幼儿，就会对幼儿的社会性发展起到消极作用。

资料来源：黎文艳，张莉. 家庭教育方式对幼儿社会性发展的影响研究[J]. 教育观察，2020（48）.

第二节　学前儿童社会教育的方法

教育目标的实现和内容的实施都是通过一定的教育方法实现的。教育方法是实施教育内容、实现教育目标的纽带。学前儿童社会教育的特殊性决定了其方法的独特性，下面将主要介绍榜样示范法、价值澄清法、行为训练法、角色扮演法、移情训练法、情境体验法和观察访问法。

一、榜样示范法

榜样示范法是指在学前儿童社会教育中，教师用自身或他人良好的行为、思想等去影响和教育儿童，让儿童自觉或不自觉地重复榜样的行为，以培养社会生活中的行为或态度的方法。

教师和同伴都是幼儿观察和模仿的对象。幼儿通过观察教师如何解决社会冲突、承认错误、产生共情和承担情感风险来学习适宜行为。通过对教师的榜样行为进行观察可以使幼儿掌握社会知识和技能，教师明确自己的行为更能够提高幼儿的社会学习。有能力的同伴也是幼儿的学习榜样和模仿的重要对象。同伴模仿存在很大的风险，幼儿自身无法判断行为的适宜性，新奇、好玩、刺激都可能成为幼儿模仿同伴行为的原因。因此，教师需要树立同伴榜样，引导幼儿的适宜行为。

教师在运用榜样示范法时应注意以下几点。

①榜样要真实可信、正面积极。榜样最好是幼儿崇拜的人物，同伴也是比较好的榜样对象。运用的榜样事例应该是儿童能够理解和接受的，要避免空洞的说教。日常生活中，教师也要注意自己的言行举止，避免给儿童造成错误的示范。

②对幼儿的模仿行为要及时强化。教师对幼儿的某一言行，不管是符合社会要求的还是不符合社会要求的，都要当即进行强化，这样才能使好的言行得到保持，不好的言行得以消除。

③强化要以鼓励为主，要因人、因事而异。过多的正强化容易使幼儿对表扬和奖励产生不在乎和无所谓的心理状态，频繁的负强化则容易使幼儿产生消极情绪。因此，教师一定要把握好强

化的分寸，做到适可而止。对于容易骄傲自满的幼儿，教师要慎用表扬和奖励；而对于敏感内向的幼儿，要以积极强化为主，慎用批评和惩罚。无论表扬鼓励还是批评惩罚都应该有针对性，对人不对事，坚决杜绝恐吓、辱骂与体罚儿童等现象的发生。

二、价值澄清法

我们每个人都有自己的价值观，而且每个人都按照自己的价值观行事。价值观尽管是个人的、相对的，是不能被灌输的，但是有理智的人应该有能力学会运用"评价过程"进行价值澄清，从而形成个人稳定的价值观。这是学前儿童社会教育中一种重要的教育方法。

价值澄清学派认为，教师不能把价值观直接灌输给学生，而只能通过分析、评价等方法，帮助学生形成适合本人的价值观体系。幼儿教师运用价值澄清法的过程中，首先需要让幼儿自由地在众多社会教育内容和目的中进行选择并积极思考；其次是鼓励幼儿公开表达自己的选择并积极寻求其他学前儿童的认同；最后在学前儿童群体辨析和讨论的基础上选择正确的社会行为，并将自己的选择付诸实践行动。

价值澄清理论的创始人之一拉思斯教授指出，任何一种观念、态度、兴趣或信念要真正变为一个人的价值观，必须包括以下7个步骤：

①自由的选择；
②从各种不同的途径中选择；
③对各种途径的后果思考后再做选择；
④重视和珍惜所做出的选择；
⑤公开表示自己的选择；
⑥根据自己的选择采取行动；
⑦重复根据自己的选择所采取的行动。

学前儿童从出生到成为一个适应社会生活的人，在这个过程中离不开与周围的人、事、物的接触，并且在这个过程中学前儿童通过内部心理活动进行价值选择、价值确定，然后付诸外部行动，逐步形成自己的价值观。因此，价值澄清法是引导学前儿童通过内部心理活动进行价值选择、价值确定，然后付诸外部行动的一种社会教育方法。

例如，看到一个小朋友摔倒了，全班的小朋友都去扶他，而没有人想到采用其他的安慰方式，结果挤成一团；看到摔倒的小朋友哭了，好几个小朋友都掏出手帕为他擦眼泪，反而弄得那个小朋友不知所措。针对这种情况，教师可以引导学前儿童还可以用什么别的方式来表达自己对摔倒同伴的关心与帮助这一问题进行讨论和思考。于是，一些幼儿想出了为他拍掉身上的灰尘、搬椅子请他坐下、询问他哪儿摔疼了、为他揉揉等方式。实践证明，引导幼儿进行认真思考，并且在认真思考的基础上做出最后的选择，才能真正培养幼儿判断是非、独立解决问题的能力。

> **拓展阅读**
>
> 价值澄清法的具体运用
>
> 1. 澄清应答法
>
> 这是价值澄清法中最常用、最灵活的一种方法。它是指教师通过与学前儿童交谈的

方式来引起儿童的思考，在相互交流的过程中让儿童进行内省与价值评价的方法。教师运用这一方法时应注意以下几点。

①有针对性地就当时的具体情况，与学前儿童进行澄清应答，引发学前儿童进行价值思考。

②让学前儿童在谈话中感受到老师的鼓励和支持，大胆地说出自己的观点。

③避免对学前儿童的观点进行是非判断，要营造宽松、平等、自由的交谈氛围。

④价值澄清应答的时间不能过长，能触发儿童进行相关价值思考即可，要将思考的时间留给学前儿童。

下面的对话很好地体现了教师对澄清应答法的运用。

儿童1：我们玩儿的时候，他们老是给我们捣乱。

教师：你们希望怎么样？

儿童2：我们希望能安静地玩游戏。

教师：你觉得怎么做能解决这个问题？

儿童1：（沉默，因为他们想让老师帮忙解决这个问题。）嗯，我们可以问问，他们是不是想和我们一起玩儿。

教师：如果你们这么做了，他们会怎么样？

儿童2：也许他们就不再给我们捣乱了，但我们并不是真的想让他们和我们一起玩儿。

教师：好的。那你们还有其他的办法吗？

儿童2：我们还能不理会他们。

儿童1：（插嘴道）我们试过了，但是如果我们不理他们，他们就会把我们的公路给破坏掉，因此不理他们也是不可能的。

教师：好，还有别的办法吗？

儿童2：我想我们可以把游戏搬到别的地方去，也许搬到教室门口去就行，老师总在那儿走来走去的。

教师：那如果你们这样做了，他们会怎么样？

儿童1：也许他们就不会再使劲喊我们的名字，给我们捣乱了。

教师：你们觉得这样做管用吗？如果他们还是使劲喊你们的名字，你们会理他们吗？

儿童2：也许会管用，我们可以不理他们。

教师：很好。听起来这个办法不错，那你们就去试一试吧，看看管不管用。

2. 价值表决法

价值表决法，是指教师事先拟订一系列幼儿关心的价值问题，让全体幼儿一起来表达自己意见的一种方法。

教师在运用这一方法时应注意以下几点。

①编制价值问题时要有一个主题。

②价值表决的问题数量不要太多，一般不超过10个。

③表决时要注意面向全体幼儿，让每个人都有表决的机会。

例如，东东想获得红红手中正在玩的汽车玩具，教师可询问启发他：

"你打算怎样获得它呢？

等着轮流？

和她去交换你喜欢的玩具?
帮她做点事情?
去和她友好地协商?
还是过去抢夺过来?
你打算怎么做?"

尽可能多地为幼儿提供选择的机会和余地,是帮助他们获得正确价值观念的一个重要方法。

3. 展示自我法

展示自我法,是指教师或家长为幼儿创造展示的机会,让幼儿围绕某一话题充分进行表述,或在其他活动中分享自己的作品与想法的一种方法。这种方法的作用主要在于系统地为幼儿提供审视自己的机会,使他们逐步学会分析自我、检查自我和发现自我。

例如,在用"我长大了要……"的句式给爸爸妈妈写信时,孩子们这样写道:"长大后就换我来照顾你们""长大后要去买好吃的糖给家人"等。从中,我们可以看到孩子们的责任心与担当,看到他们对长大后要做一个怎样的人的思考。

教师在运用这一方法时应注意以下几点。

①营造平等、轻松的氛围,让幼儿大胆表述。
②避免对幼儿的表述进行好坏判断。
③展示要在幼儿自我探索与活动后进行,这样幼儿就有经验可分享,有成果可展示,也就有助于提高幼儿的自信心。

资料来源:李焕稳. 学前儿童社会教育[M]. 北京:北京师范大学出版社,2016.

三、行为训练法

行为训练法是指教师在社会教育过程中,组织幼儿按照正确的社会行为规范要求自己,通过参加各种活动受到实际锻炼,形成良好的社会行为习惯。这种方法是形成和巩固幼儿社会行为的重要方法之一。

幼儿的未成熟状态决定了其发展的极大可能性,同时也突出了幼儿社会教育的复杂性,教师需要在熟练掌握幼儿心理发展特点和尊重幼儿需要的前提下,促进、引导幼儿社会行为的发展。幼儿社会教育需要教师发挥其权威性,对幼儿的社会行为提出明确的要求并加以训练。教育的本质一定是干预,幼儿社会性行为需要训练。正如民间流传的一句俗语:"种草可以,种苗不可以。"种草可以望天而收,因为人们对草没有期望,也不要求它们为人们提供食粮。但是,种苗不可以。社会需要优质的"苗",而不是果实多寡、质量好坏都无所谓的草,因此,幼儿教育工作者在社会教育实践中必须不断"精耕细作",绝不能以顺其自然的方式"望天而收"。

良好的行为习惯、生活习惯以及社交礼仪的培养不能仅靠几次活动和说教,应经过反复训练和指导,使幼儿在不必懂得很多道理的情况下,能自觉地按正确的方法去面对周围世界,在实践中不断适应社会。通过训练进行社会教育的方式是多种多样的,可通过创设情境(如情境故事法),也可通过多种实践活动(如各种劳动、社会实践、整理玩具、做值日等),还可通过一日生活中的各种情境,专门或者随机训练幼儿的社会行为(如来园和离园的礼貌行为训练、同伴交往中通过适宜的方式加入或发起游戏的训练、用餐前后的卫生行为习惯的训练等）。

教师在运用行为训练法时，应注意以下4点。

①行为训练需要教师做到心中有数。明确的行为训练目的和要求，严密的活动设计，合理的时空安排，每一步都要事先详细而周密地进行计划，这是行为训练法发挥最大效果的保障。

②行为训练要循序渐进，练习的内容应是幼儿所能接受的。训练内容应该来源于幼儿的日常生活经验，如见面和分别时应该说哪些礼貌用语，什么样的场景应该说"对不起""谢谢""不"等，避免提出空洞、抽象的要求。

③目标行为要反复训练，做到持之以恒。幼儿在园一日生活中的每个情境都是进行训练的机会，不要忽视每个环节，要坚持通过日常的学习、劳动和生活进行反复练习，使幼儿形成各种行为习惯。所选方法要能激发幼儿的练习兴趣，带给他们愉悦感和成就感，充分调动幼儿的练习积极性，从而提高练习的效率和质量。

④要充分尊重和发挥幼儿的主动性和积极性，训练方式应丰富多样，激发幼儿练习的兴趣，让幼儿在练习中真正体验到快乐，达到练习的目的和效果。

四、角色扮演法

角色扮演法，是一种通过创设现实社会中的某些情境，让学前儿童扮演其中的社会角色，表现与这一角色相一致的且符合这一角色规范的社会行为，并在此过程中感受角色间的关系，感知和理解他人的感受，从而掌握自己扮演的角色所应遵循的社会行为规范和道德要求的教育方法。

角色扮演法能够促进学前儿童对社会角色的认识，提高学前儿童的亲社会行为水平，有利于学前儿童利他行为的产生，使学前儿童在轻松愉快之中掌握良好的社会行为习惯。在运用角色扮演法的过程中，教师首先需要根据学前儿童社会教育的目标以及学前儿童的身心发展规律，选择合适的社会情境；在幼儿角色扮演过程中，需要引导幼儿思考这一社会角色；在角色扮演结束后，幼儿教师需要跟幼儿一起进行讨论和总结，从而更加明确该角色所遵循的社会责任以及社会行为规范和道德要求。

教师在运用角色扮演法时应注意以下3点。

①创设学前儿童熟悉了解的情境，让学前儿童扮演的角色必须是他们能够理解的，要注重学前儿童在角色扮演中的人物情感体验。

例如，刚入园的小班幼儿，不习惯集体活动，哭着吵着要回家。教师可利用游戏角色诱导幼儿，启发正在哭的幼儿说："你看，娃娃没人带她玩，你去当她的妈妈，和她一起玩好不好？你再给她做点饭，喂喂她好吗？"这样就可以把幼儿引入角色，转移她的注意力。

②避免导演和分配角色，应充分调动学前儿童的主动性、积极性和创造性。

③不应让学前儿童扮演反面角色。如果必须有反面角色可以由教师充当，避免学前儿童在角色扮演过程中习得不好的行为技能。

在学前儿童还不能以真正的社会角色的身份去参与生活实践时，角色扮演可以为学前儿童创造实践练习的机会，使学前儿童从中发展自己的社会情感体验，理解不同社会角色的分工，从而发展分享、合作、交流、协商等亲社会行为。

五、移情训练法

移情又叫感情移入，它是指一个人设身处地地站在别人的位置去理解他人的情感、需要及活动。儿童情绪、情感发展的主要特点之一是其情绪的易感染性，因此，移情对发展儿童的社会性有重要的作用。首先，移情可使主体内部产生某种情感共鸣，从而成为推动儿童品德行为发展的内在动因。例如，教师或父母通过对老人、邻居等的尊重和关心，对集体和社会公益事业的热心支持等来影响儿童，使他们在情感上产生感染与共鸣，促进其社会品德行为的形成。其次，移情可以使儿童摆脱"自我中心"，从别人的立场、位置来考虑问题，产生利他思想，逐渐形成亲社会行为。最后，移情还可以使儿童体会助人为乐、合作分享等带来的友爱与欢乐的情绪。但在现实生活中，移情并不是自然而然产生的，它需要在生活中、教育中由教师或家长通过儿童的现实生活事件或通过讲故事、情境表演等方式，引导儿童设身处地地站在别人的位置考虑问题，使儿童理解和分享他人的情绪、情感体验，从而与之产生共鸣。例如，一个儿童的妈妈会同情、怜悯别人，当儿童遇到他人苦恼的情境时妈妈会对伤害事件进行有感情的说明，帮助孩子理解自己的行为与他人烦恼的关系。这位妈妈，就是给孩子进行移情训练。采取这种教养方式的父母，他们的孩子往往会对别人表现出移情，并可能表现出帮助、分享和同情等亲社会行为。由此可见，移情训练法是社会教育的一种很重要的教育方法。

移情训练的途径有很多，主要有讲故事、编故事、生活情绪体验、情境表演等。例如续编故事，让儿童在续编故事的过程中去理解和体验故事主人公的情感和心态，儿童在续编的部分中含有对故事中人物的理解与分享，在续编故事中发展了儿童的想象力，也引导了儿童的移情。又如情境演示，是把社会生活中的某些场景状态展现给儿童，如"关心爸爸妈妈""接待客人"等内容让儿童尝试表演出来，老师和小朋友再给予评价。这些情境演示让儿童从别人的角度去体验他人的情绪、情感，又是发生在儿童身边的事，因此，它具有一定的感染力，并且易于儿童接受其中的教育内容，达到移情的目的。

教师在运用移情训练法时应注意以下6点。

①创设的情境应该是儿童熟悉的社会生活，或者是符合儿童的年龄特点，儿童能够理解的，这样儿童才能产生移情。

②移情训练要通过换位，让儿童去理解他人的情绪，并以自己本身的情感体验去感受、理解他人的情感需要，以唤起儿童的情感共鸣。

③在移情训练中，要不断变换移情对象的身份，以训练他们对各种不同人物的移情，扩大移情的对象。

④移情训练是为了使儿童在社会生活中对他人产生理解与共鸣，但不能只停留在对事情的理解和分享上，还应对他们进行良好的行为教育，形成良好的行为习惯，用儿童形成的良好社会行为去关心他人。例如，不仅能够理解小朋友受到攻击的感受，而且还能给予力所能及的关心和帮助。

⑤在移情训练中，教育者要与儿童一起进行训练，不能成为局外人。教育者的移情能力和对待移情训练的态度能影响儿童的移情效果，因为教育者的情绪具有很强的感染力，教育者加入移情的训练中会极大地感染儿童。例如在"邻居"活动中，李阿姨上夜班需要休息，儿童小毛的吵闹影响李阿姨休息，教师扮演的李阿姨表现出烦躁不安、生气的情绪，让儿童思考："如果你睡觉的时候，别人大吵大闹，你心里觉得怎么样？"使儿童把自己的体验与李阿姨的现实情绪联系起来，从别人的角度去体验其感受，引导儿童对邻居要有礼貌，要关心、体谅别人，要在别人休息、看书的时候保持安静等。

⑥移情训练法应与角色扮演法、行为训练法等有机结合起来运用，从而取得更好的教育效果。

六、情境体验法

情境体验法，是指通过有目的地引入一定的生活场景或创设具有一定情绪色彩的，以具体形象为主的生动场景，让幼儿的多种感官都参与其中，以引起幼儿一定的态度体验，从而帮助幼儿理解学习内容的教育方法。

在社会教育活动中，儿童要将社会认知转化为自身的行为离不开情感体验，只有形成情感共鸣才能有动力去发展这一社会行为。当儿童做了好事，得到成人的鼓励时，他从自己的行为中体验到了"助人"的乐趣和价值，便更加易于养成"助人"的道德行为；反之，当儿童通过自身的体验去感受自己的行为给别人带来的痛苦时，他会更加易于认识到自己的错误。

幼儿在体验中学习，社会知识的学习就不再仅仅限于认识、理性范畴，它已扩展到情感和人格等领域，从而使学习过程不仅是知识增长的过程，同时也是儿童身心和人格健全发展的过程。体验学习，可以给予幼儿在身体活动与直接经验方面的情感共鸣，使他们获得积极的态度和愉悦的体验，是幼儿社会学习中一种有效的途径和方法。

教师在运用情境体验法时应注意以下5点。

①幼儿是体验的主体。在这个过程中，教师不能将儿童看作是被动接受的个体，而要注重发挥儿童的主体性，让儿童以主动的、创造性的方式参与社会生活，经过自己的思考、实践和体验将社会规则与技能内化。

②创设的情境应是幼儿熟悉的，符合幼儿的年龄特点和社会性发展水平。例如，由幼儿选出每周的"小组长"为大家服务的值日生制度。每周五下午幼儿们纷纷参加议事，评选出下周的小组长。当选出的小组长佩戴上工作牌后，他就要负责为集体服务一周，每天做好擦桌子、分筷子、发毛巾、发材料等工作，而且还要起到带头作用，其他孩子会对他进行监督。在这一活动中，幼儿体验着什么是负责，什么是榜样，从中感受到付出劳动后受人尊敬的幸福，懂得要爱惜别人的劳动成果。

③不断扩大情境体验的范围。让幼儿充分体会不同场景下不同身份人物的感受，丰富他们的体验。教师不仅要通过各种手段与途径创设具体教育情境，还可以利用幼儿园、家庭与社区等丰富的社会教育资源，让幼儿充分感知与体验不同场景、不同角色的行为与态度，提高他们对社会认知与适应的能力。例如，让儿童做一天的家长，通过整理床被、打扫卫生、洗衣、刷碗等，体验父母的辛苦；让儿童做一天的小老师，体验老师工作的烦琐和辛劳；让儿童做一天的大哥哥或大姐姐，学会关心他人并体验关心他人的快乐；带幼儿到附近小学或其他社会场所中，让他们深入体验与感知不同场所的规则与角色的行为等。

④体验不能仅仅停留在情感态度的发展上。体验应该使学前儿童进行相应的行为练习，让学前儿童的社会行为技能得到发展。正如蒙台梭利所说："一件事，我听到了，随后就忘了；看到了，也就记得了；做了，很自然就理解了。"

⑤学前儿童生活的环境应是精心创设的。幼儿的生活环境应有助于其社会性的发展。整洁优雅的环境，会使幼儿的亲社会行为增多，并且使他们积极主动地去认知和探索；杂乱无序的环境，则会导致幼儿的攻击行为增多，并且使他们性情浮躁。幼儿园宽容和接纳的人际氛围，有利于幼儿的自我意识和个性的良好发展，还会进一步激励幼儿形成对社会的良好认识、情感和行为，鼓励他们更加积极主动地、充满自信地与外界交往。

七、观察访问法

观察访问法是指在学前儿童社会教育中，教师针对社会环境、社会事物及社会现象的相关问题，组织幼儿在园内或园外的场所对实际事物和现象进行观察、思考，从而让幼儿获得相应的社会知识，养成相应的社会情感及社会行为的一种教育方法。

教师在运用观察访问法时应注意以下4点。

①观察访问要以问题为先导，要指导幼儿围绕观察任务进行感知访问。例如，围绕"我是小记者——访问超市售货员"这一活动，教师可引导幼儿提出以下问题：

问题一：你每天要做什么事情？
问题二：你在超市的哪个地方工作？
问题三：你怎样找到我要买的东西？

②幼儿参与的观察访问不同于成人的观察访谈。幼儿参与的观察访问，内容应该是浅显的、易于发现的、与生活直接相关的，蕴含的道理应该是较为明了的。

"稻米的故事"主题教学中，教师会带领孩子去观察稻田，讨论"我们吃的米从哪里来"，参与稻子的收割和脱粒活动。通过这样的活动，孩子们不仅了解了稻子的相关知识，感受了割稻收获的喜悦，还切身体会到了农民的辛苦，懂得了粮食的来之不易，从而养成爱惜粮食的好习惯。

③到真实的生活场景中去感知，一定要做好周密的安排。感知前，教师的准备工作是根据教育目的和要求确定观察的地点、对象和步骤，制订好观察的计划。要提前与有关社区资源或机构落实好相关事宜。必要时与家长做好沟通，争取家长的支持与帮助。结束后，教师要帮助幼儿对感知的内容作小结，使他们对感知内容有比较概括的了解。

④日常生活中利用各种契机进行引导与观察。教师应注意抓住日常生活中随机教育的时机，为学前儿童提供充足的观察时间，对他们进行适当的引导，利用幼儿爱模仿的特点，帮助他们在日常生活中习得相关的社会行为技能。

总之，学前儿童社会教育的方法有许多种，而且常常是不同的方法综合运用于不同的教育内容和不同的年龄阶段中。"教育有法，而无定法"，这是教育方法的显著特点。学前儿童社会教育方法的确定和选择，要依据社会教育的特点和规律，需要教师发挥教育机智进行艺术性的加工和改造。

💡 讨论与思考

1. 学前儿童社会教育的途径有哪些？
2. 对学前儿童常用的社会教育方法有哪些？
3. 请说明价值澄清法有何作用。
4. 在运用行为训练法进行社会教育时要注意哪些方面的问题？

☆ 实践探索

某幼儿园中二班的一些幼儿不愿意与同伴分享玩具。针对这种现象，教师可以通过哪些途径进行教育？应该采取哪些有效的教育方法？

第五章 学前儿童自我意识的发展与教育

学习目标

① 理解学前儿童自我意识的内涵,掌握学前儿童自我意识的发展特点;

② 掌握学前儿童自我意识教育的目标、内容和实施要点;

③ 能合理设计并组织实施学前儿童自我意识教育活动。

问题导入

> 幼儿园刚开学的一天，幼儿虫虫哭着跑过来找老师，说："东东咬我！"只见虫虫手上有一个深深的齿痕，别的小朋友见虫虫哭了，也都跑来看看发生了什么事。这时伟佳也跑来告诉老师："东东打我，还抢我的积木。"但此时东东却若无其事，正在玩刚抢来的积木。
>
> 东东是小班的一个女孩，她聪明伶俐，长相可爱，但她喜欢把什么玩具都据为己有，别人要玩，她就打人、咬人，吓得其他孩子哇哇大哭。
>
> 针对这种情况，老师进行了一次家访。经过家访，老师才知道东东一直是由外祖母照顾，父母很少回家，每次回家，东东要什么父母总是事事依着她，使东东形成了自私、好攻击的心理特征。
>
> 问题：你从东东的例子中看到了什么问题？这样下去对她的发展会有什么样的影响？针对东东及类似的情况，我们应该怎么开展教育活动？

　　法国思想家蒙田曾经说过，世界上最重要的事情就是认识自我。古希腊的一座神庙有一句著名的神谕：认识你自己。之后赫拉克利特说"我已经寻找过我自己"，从此西方人开始了对自己本身的认识。有人说，一部西方哲学史就是一部自我认识的历史。可见，自我在人类发展中占有的重要地位。自从1890年詹姆斯（James）在其著作《心理学原理》中首次提出自我的概念以来，自我在西方心理学界一直是经久不变的研究课题。而这里所说的自我就是指人的自我意识。

　　自我意识的发展在社会性发展中占有核心地位。一百年前，美国心理学的创始人威廉·詹姆斯声称"自我是个人心理宇宙的中心"，也就是说，心理活动的方方面面都与人的自我意识有关系。在儿童社会性发展中，自我意识的发展往往被作为社会性的首要内容。

第一节　学前儿童自我意识的发展概述

一、学前儿童自我意识的内涵

（一）学前儿童自我意识的概念界定

　　自我意识是心理学理论中比较受关注的概念之一。研究界对自我意识概念有很多种界定。有的从自我意识的表现形式和过程进行解释，也有的从自我意识的范围和对象进行解释。虽然各种表述不尽一致，但有一点是类似的：即认为自我意识是个体自身生理状况（如身高、体重、体态等）、心理特征（如兴趣、能力、气质、性格等）和社会关系（如自己与周围人们相处的关系，自己在集体中的位置与作用等）的知觉和主观评价，指主体对其自身的意识。自我意识具体表现为自我观察、自我分析、自我评价、自我体验、自我监督等形式。

> 📖 **拓展阅读**

自我和自我意识

自我的研究起源于西方哲学关于人的研究，研究的是人对自己的认识；而心理学作为哲学的一个重要分支，在西方心理学领域，最初的研究也是从人对自己认识的角度进行的。对自我的全面而深入的研究是从西方的人格心理学开始的。西方人格心理学研究的自我，已经超越了认识的范畴，把自我看成人格的核心成分，这种意义上的自我是一种整体的自我。可以说，这种对自我的整体看法抓住了自我的本质。

西方儿童发展心理学为什么将自我分为自我认识、自我情绪体验和自我控制？其原因是为了更清晰地反映自我的内涵，便于学习者更好地了解自我的具体内容。实际上，在一个人身上，这三者是作为一个整体存在的，体现的是一个人的人格特征。将自我的"三分法"看作自我的整体理解，最有说服力的证据来自苏联心理学。苏联心理学虽然也是运用"三分法"将自我分为自我认识、自我情绪情感和自我控制，但始终坚持自我的整体观，认为自我是一个整体的系统，是具有自我调节功能的系统。从上述哲学领域和心理学领域自我研究的起源，我们可以明确得出两个结论：①自我和自我意识是同一个概念，西方人更多使用"自我"这一说法，苏联和我国则多用"自我意识"这一说法；②虽然在西方哲学领域和最初的心理学领域自我归属于认识范畴，但是在后来的心理学研究中，自我始终是作为一个整体概念出现的，即包含了知、情、意三个维度，是儿童人格中社会性发展的重要内容。

资料来源：张明红. 学前儿童社会教育与活动指导[M]. 上海：华东师范大学出版社，2014.

（二）自我意识的心理成分

自我意识是由自我认识、自我体验和自我监控构成的。这三种心理成分相互联系、相互制约，统一于个体的自我意识之中。

1. 自我认识

自我意识的首要成分或基础是自我认识。自我认识包括自我观察、自我分析和自我评价。

①自我观察。人是观察的主体，同时又是被观察的客体，将自己的心理活动作为被观察的对象，觉察到自己此时此刻的身心状态等。古有"吾日三省吾身"，这里的"省"就有自我观察的意思。

②自我分析。个体把从自身的思想与行为所观察到的情况加以分析、综合。在此基础上概括出自己个性品质的本质特点，找出有别于他人的重要特点。

③自我评价。自我评价建立在自我观察和自我分析的基础之上，是对自己的能力、品德及其他方面的价值判断。自我评价有适当与不适当、正确与不正确之分。适当的、正确的自我评价使主体对自己采取分析的态度，并能将自己的力量与所面临的任务及周围人的要求加以恰当的比较。人们对自我的正确的认识和恰如其分的评价是比较困难的，因为认识自己是比认识客观世界更复杂的过程，除了认知因素外，还会受到需要、动机、能力等心理因素的影响。人们往往容易过高或过低地估计自己。

2. 自我体验

自我体验也称为自我意识情绪，是一种以自我参照行为的出现为前提，并通过自我觉察、自我评价和自我反思而产生的情绪。简而言之，自我体验是指个体是否满意自己或悦纳自己的情绪，主要包括自爱、自尊、自恃、自信、自卑、自责、优越感等。自我情绪体验也是主观的我对客观的我所持有的一种情绪体验。自我体验反映了主体的我的需要与客体的我的现实之间的关系。如果客体的我满足了主体的我的需要，就会产生肯定的自我体验，自我满足；否则就会产生否定的自我体验，如自卑或自责。自我体验的内容很丰富，以下是其中比较典型的几种。

①自尊（自尊心）。自尊是人对自我价值做出的判断及与这些判断有关的体验。从上述概念可以发现，自尊实际上涵盖了自我评价及其由自我评价而产生的情绪体验。人人都有自尊的需要，总希望在群体中占有一定的地位，享有一定的声誉，得到良好的评价。当社会评价满足个人自尊需要时，就产生了自尊，它促使自己更加奋发向上，追求实现更高的社会期望。如果社会评价不能满足个人的自尊需要，甚至产生矛盾时，可能会产生两种情况：一种是产生自我压力感，从而使自己加倍努力，迎头赶上；另一种是产生自卑心理，自暴自弃，一蹶不振。由于对自己能力的评价会影响到情感体验、将来的行为和长期的心理适应，因而自尊被发展心理学视为自我发展的重要方面之一。

②自信。它是个体对自己的信任，表现为对自己的知识、能力、行为、判断等有信心、不怀疑。自信也是一种感到有把握的状态、一种能力的体验。个体过去的成败经验对其自信的产生和形成有关键性影响，如我国学者黄希庭认为自信是个体过去获得很多成功经验的结晶。自信也与自我评价紧密相关。自我评价过高，自信会转化为自高自大；而自我评价过低，自信又会转化为自卑。

③成功感与失败感。成功感是在实现目标过程中取得成就时产生的自我体验；失败感是在实现目标过程中遭遇挫折时产生的自我体验。成功感与失败感的产生，不但取决于客体的我是否取得成就，还取决于主体的我对客体的我的要求即期望水平。

3. 自我监控

自我监控指自我意识在意志和活动方面表现的自我检查、自我监督和自我控制。其中，自我控制是最关键的部分。

①自我检查。自我检查是主体在头脑中将自己的活动结果与活动目的加以比较、对照的过程，以保证活动的预定目的与计划逐步得到实现。

②自我监督。自我监督是一个人以其良心或内在的行为准则对自己的言论和行为实行监督，有人把它比喻为一个人内心的道德法庭。无须任何外在形式的监督，而听命于内心自我监督的行为才是真正自觉的意志行为表现。

③自我控制。自我控制是主体对自身心理与行为主动的掌握。自我控制表现为两个方面：一是发动作用，是自我发动与支配自己行为的结果；二是制止作用，即抑制不正确或在当时情境中不应有的言论和行为。自我控制有时能掩盖自己的真实情况，这称作自我掩饰。

> **📖 拓展阅读**
>
> **自我意识结构的划分**
>
> 心理学家们对自我意识的结构给予了高度的关注。由于对自我意识的界定不同，其结构划分自然不同。西方最初将自我看成一种认知，其后又将自我意识看成人格的核心、社会性发展的内容。因此，西方将自我意识结构划分为认知结构和社会性内容两个部分。而苏联和我国将自我意识看成一个系统，主张从知、情、意三个方面来划分自我意识的结构。

(一) 西方关于自我意识结构的划分

西方关于自我意识结构的划分主要可以分为认知结构的自我意识结构和社会性发展的自我意识结构。

1. 认知结构的自我意识结构

作为认知结构的自我结构的划分，最传统的也是西方人普遍认可的是美国哲学家和心理学家威廉·詹姆斯（William James）提出的观点，即将自我分为两个完全不同的部分：主我（I-self）和客我（M-self）。主我即作为认识者和行动者的自我，认识到自我是与周围世界相分离的，不管经过多长时间，自己总是自己，有着不为人知的内在、私密的生活，能控制自己的思想和行为。客我是作为认识客体的自我，包括所有使自我变得唯一的特性：身体特征和个人拥有物，欲望、态度、信仰和人格特质等心理特性，以及社会角色和人际关系等社会特性。

威廉·詹姆斯还明确了主我和客我各自的特征和组成。主我的组成包括：①自我意识（self-awareness），即对个人内在状态、需求、思想和情绪的正确感受；②自我驾驭力（self-agency），即个人对思想行为的掌控感；③自我连续感（self-continuity），即随着时间的推移，个人仍然维持原状的感受；④自我和谐感（self-congruence），即自我作为独立、一致、有边界的实体的稳定感。而客我则是在观察过程中形成的。詹姆斯用术语"经验自我"来指代人们对自己的各种各样的看法，每个人的经验自我就是所谓的宾我（宾我和客我同义，是中文的另一种翻译）。客我的组成包括物质自我、社会自我和精神自我。

①物质自我：指的是真实的物体、人或地点。又可以分为躯体自我和躯体外自我。

躯体自我除了指自己身体的各部分，还包括其他人（如"我的孩子"）、宠物（如"我的狗"）、财产（如"我的汽车"）、地方（如"我的家乡"）以及我们的劳动成果（如"我的绘画作品"）等。

躯体外自我指的是人的心理部分。比如，一个人有一把椅子并且特别喜欢坐这把椅子，虽然椅子不是一个人自我的一部分，但是句子"我最喜欢的椅子"表达了一种占有感。这就是延伸的自我的内涵，是一种表明我们是谁的心理部分，也是物质自我的主要内涵。詹姆斯对于这些躯体外的东西的价值的认识这样表述：不仅仅是我认识的人，我所了解的地方和东西也以一种隐喻的方式扩充了自我。在日常生活中，我们也常常可以看到，当一个人介绍自己的时候，往往会自然而然地提到他们的所有物，并以这些为自豪。

②社会自我：即我们被他人如何看待和承认。詹姆斯认为，有多少人认可个体并将对个体的印象印入他们的心中，个体就拥有多少社会自我，可以说个体有许多不同的自我，因为有许多属于不同群体的人。上述内容往往引发一个问题，即是否有一个稳定的核心的自我？针对这个问题，詹姆斯对社会自我进一步分析，假定一种渴望被人注意到的本能驱力，认为我们与他人联系并不仅仅是因为喜欢有同伴，而是因为我们渴望被认可和拥有地位。这就是我们常常引用的一句话——"被人认可是人性中最深切的禀赋"的源头。

③精神自我：是指人们的内部自我或人们的心理自我。它由除真实物体、人或地方，或社会角色外的被称为"我"的任何东西构成。人们所感知到的能力、态度、情绪、兴趣、动机、意见、特质，以及愿望都是精神自我的组成部分。简言之，精神自我是我们所感知到的内部心理品质。

这种结构的划分目前在发展心理学领域，特别是青少年心理发展领域仍占据重要地位。

2. 社会性发展的自我意识结构

从西方发展心理学关于自我意识的分析中已经得出结论，西方发展心理学关于自我结构的划分包含了自我认知（主要是自我理解和自尊）、自我情绪情感（主要是羞愧和内疚）和自我控制（自制力）三个方面。

在西方社会性发展的书籍中，自我意识的三个方面是被分别写在认知、情绪情感和道德品质三个方面内容中，而不是作为一个标题来介绍的。但这并不妨碍自我意识作为一个整体，因为在情绪中的标题是"自我意识情绪"，在道德品质中的标题是"自我控制"，都是以自我作为前缀的，这表明了它们二者实际上同属于自我的范畴。

（二）苏联和我国关于自我结构的划分

苏联关于儿童自我意识的研究开始于20世纪40年代末至50年代初，研究的重点为儿童自我意识的发展。

苏联对自我意识的结构进行划分的角度是"三分法"，自我意识也像人的全部意识一样，其表现具有认识的、情绪的和意志的形式。属于认识形式的有自我感觉、自我观察、自我观念、自我分析和自我批评等。属于情绪形式的有自我感受、自爱、谦虚、骄傲、责任感、义务感、优越感等。属于意志形式的有自制、自我掌握、自我控制、自我活动、自我纪律等。自我意识的这一切表现形式总和起来、相互联系起来便是通常被称为'自我'的个性的中心内容。上述内容不但说明了自我的知、情、意三分法结构及自我的整体性特点，即自我是一个整体，同时也表明了自我在个性中的核心地位。

苏联学者认为，学前期儿童由于在参加游戏条件下有了评价情境，促进了儿童评价能力的发展，并有助于形成自律、自制等特征。这就明确了自我控制属于自我的维度之一。但总的来说，苏联关于自我意识的研究侧重于自我评价，而对自我情绪体验和自我控制方面的研究较少。

在20世纪50年代，我国心理学表现出与苏联心理学明显的一致性。在自我结构的划分上也不例外。翻开20世纪80年代我国儿童心理学教材可以发现，在儿童自我意识内容中，主要是自我评价的发展，而均未提及自我情绪和自我控制。

20世纪80年代中期以后，我国心理学界关于儿童自我发展的研究推出了由辽宁师范大学的韩进之教授主持的科研项目"儿童自我意识发展研究"。研究者在关于幼儿自我意识发展研究中，明确了幼儿自我意识的结构，并根据这个结构，对幼儿自我意识的发展特点进行了深入的探讨。这个结构包括自我评价、自我情绪体验和自我控制。

资料来源：邹晓燕. 学前儿童社会性发展与教育［M］. 北京：北京师范大学出版社，2015.

二、自我意识在学前儿童社会性发展中的地位

自我意识对儿童社会化具有重要意义。自我意识在学前儿童社会性发展中的地位集中体现在两个方面，即自我意识既是学前儿童社会性发展的首要方面，也是其核心内容。

1. 自我意识是学前儿童社会性发展的首要方面

这是因为自我意识的发展在儿童社会性发展中最早出现。进一步说，儿童对这个世界的认识是从认识自己开始的。出生后，儿童先要认识自己，把自己作为一个独立的个体，从客观世界中区别开来。进而了解自己，知道自己是个怎样的人。可以说，自我的认识比社会性的其他方面发生得早，而且发生的过程和所用时间也很长，大约需经历两年的时间才会开始逐渐发生。

2. 自我意识是学前儿童社会性发展的核心内容

自我意识的发展对其他各方面的发展都有非常重要的影响。这从著名的自我心理学家埃里克森的儿童发展八阶段理论中可以发现，在婴儿期和学龄前期，儿童自我发展的核心表现分别是自主性和主动性。而自主性是自我的核心内容，也是主动性发展的重要前提。自我是学前期儿童社会性发展的核心内容，具体体现在以下4个方面。

①儿童对自己的认识是认识他人的前提和基础。自我意识也是影响其同伴关系发展的重要因素。一般的儿童发展心理学都把儿童对自己的了解和对他人的了解作为一个章节的内容，这是因为儿童在了解自己的基础上才能正确认识他人。确切地说，儿童对自己的认识直接影响着对他人的理解和态度。只有恰当地认识自我才能对他人有比较恰当的了解。比如，一个以自我为中心的孩子，在幼儿园和同伴在一起时往往不能换位思考，会很任性，行为表现上会很霸道。因此，他就会成为不受欢迎的孩子，被同伴拒绝。

②儿童自我意识的发展是其道德品质发展的前提。尤其是自我控制的发展对道德品质的发展有着直接影响。自我控制是儿童自我发展的最直接的外部表现。自我控制能力是儿童道德行为的重要心理前提，如果孩子缺乏自我控制能力，即使他们有了初步的道德判断，知道什么是对什么是错，但在真正落实到行动时，还是会出现言行不一致的问题，即很难管住自己来服从行为规则。这在学前儿童和小学初期儿童身上是十分常见的。

③儿童自我的发展也是其亲社会行为与攻击行为的重要影响因素。情感是学前儿童行为的动机，也就是说，学前儿童的行为很多是受情感因素左右的。心理学研究普遍公认的一个事实是，儿童的同情心和内疚感是引发儿童亲社会行为、减少攻击行为的两个重要的情感因素。同情心引发儿童的亲社会行为，是因为他们对他人的同情，而内疚感则会抑制孩子对他人的伤害。

④儿童性别角色的发展实质上也是其自我发展的内容之一。即孩子对自己性别角色的认识，影响其采取什么样的性别行为。

总之，自我意识在学前儿童社会性发展中占有至关重要的地位。个体在与周围环境的相互作用中，不断地了解自己、认识自己、发展自己、反省自己并完善自己，正是根据自我意识来不断地调节、控制自己的行为，从而使个体与周围环境保持动态平衡。因此，作为成人特别是教师应该高度重视儿童自我意识的发展，了解其发展特点，并给予其正确的教育。

三、学前儿童自我意识的发展特点

自我意识不是与生俱来的，而是在后天的生活中，在个体与客观环境尤其是与社会环境的相互作用中逐渐形成的。自我意识的发展直接关系到儿童健康个性的形成。儿童自我意识的发展，表现在能够意识到自己的外部行为和内心活动，并且能够恰当地评价和支配自己的认识活动、情感态度和动作行为，并且由此逐渐形成自我满足、自尊心、自信心等性格特征。学前期是儿童自我开始发生发展的时期。学前儿童自我意识的发生主要是在3岁前，即婴儿期。这个时期儿童自我的发展主要表现在自我认识方面。在自我认识的基础上，自我情绪体验和自我控制也开始有了初步的发展。进入3岁以后，无论是自我评价能力，还是自我情绪体验和自我控制都有了迅速的发展。此时期儿童自我意识的发展对其心理的其他方面的发展都具有十分重要的影响。

（一）婴儿期自我意识的发生

1. 自我认识的发生

（1）自我感觉的发展（0~1岁）

新生儿还不能意识到自己，不能将自己和周围的客体区分开来，甚至不能意识到自己身体的存在，不知道自己身体的各个部分是属于自己的。随着与环境接触增多，幼儿逐渐知道了手脚是自己身体的一部分。

（2）自我认识的发生（1~2岁）

1周岁后的婴儿逐渐认识了自己身体各个部分，但不能明确区分自己身体的各种器官和别人身体的各种器官。婴儿对自己整体形象的认识需要一段时间，比如婴儿一般把镜子里自己的影像当成别的孩子。这个阶段的儿童难以理解自己的影子，对自己影子的认识需要更长的时间来认识。

（3）自我意识的萌芽（2~3岁）

许多关于儿童自我意识的研究都表明，在婴儿末期，婴儿已经出现了自我意识的萌芽，即初步的自我认识。2岁前的儿童倾向于用自己的名字称呼自己，不会用代词"我"。2~3岁的儿童，学会了使用代词"我"，这是儿童自我意识萌芽的重要标志。

（4）对自己心理活动的意识（3岁以后）

儿童从3岁开始对自己的内心活动产生意识。比如意识到"愿意"和"应该"是有区别的，开始懂得"愿意"应该服从"应该"。

2. 自我情绪体验的发生

自我情绪体验主要是自己内心的一种反映，包括羞耻、尴尬、愧疚、嫉妒和骄傲等。目前的研究表明，自我意识情绪出现在儿童出生后的第二年末，其实也就是一种自我感觉。只有当儿童能在镜子里或者照片上认出自己时，尴尬这种简单的自我意识情绪才会出现。

婴儿末期已经出现了自我情绪体验的萌芽。研究表明，18~24个月的婴儿会表现出难为情或尴尬，他们会垂下眼睛、低下头、双手捂脸。此时的儿童还会表达骄傲。但真正的嫉妒和愧疚直到3岁时才会出现。而羞愧和骄傲等这些自我体验情绪，不仅需要自我认识，还需要儿童对评价自己行为的规则和标准有所理解才行，因此，到了3岁以后才能出现。

3. 自我控制的发生

自我控制是指儿童对自己的情绪和行为的控制，或者说儿童能够自己调整自己的情绪和行为。儿童自我控制的早期表现是顺从行为。

研究表明，在儿童3岁之前，代表真正的自我控制的约束性顺从就已经开始发生。自我控制最早发生于个体出生后12~18个月。3岁之前是自我控制形成和发展的重要时期。

（二）幼儿期自我意识的发展

1. 自我认识的发展

自我认识的发展是幼儿自我发展的一个重要方面。首先我们要了解幼儿如何看待和评价自己以及幼儿自尊的发生及发展特征，然后再介绍儿童心理理论的出现及产生因素。

（1）自我概念的发展

自我概念（self-concept）也称为自我理解，是指一个人怎样看待自己，即"我是谁"。而落实到一个人的外部行为就称作自我描述。幼儿期自我概念发展总的特点是非常具体的，通常会提到一些可见的特征，如名字、外貌、拥有物和日常行为。

3~4岁的孩子已经开始组合性地介绍"我是谁"，但主要是具体的外部特征。他们主要根据自己的身体特点、爱好、拥有物，以及他们能完成并感到自豪的动作来解释自我，几乎没有任何心理方面的自我意识。

（2）自我评价的发展

4岁时，幼儿对自己已经有了以下方面的评价：如表现好、能和小朋友友好相处、与父母相处以及友好地对待别人。但是比起年龄稍大的儿童，他们的理解力还有限。因为幼儿不能区分自己的愿望和实际能力，他们通常会高估自己的能力，低估任务的难度，有时做得并不好但仍然觉得自己很棒。或者表现出夸大的自我评价，这是因为幼儿很难区分他们的理想能力和真实能力。

学前儿童自我评价的发展呈现出以下几个典型的特点。

①从主要依赖成人的评价，逐渐向自己独立评价发展。幼儿独立的自我评价能力还很低，他们的自我评价依赖于成人对自己的评价，特别是幼儿初期，儿童往往不加考虑地轻信成人对自己的评价。学前儿童的自我评价只是简单重复成人的评价。例如：他们评价自己是好孩子，其原因是"老师说我是好孩子"。幼儿晚期，开始出现独立的评价，儿童对成人的评价逐渐持有批判的态度。如果成人对他的评价不符合他自己的评价，儿童会提出疑问，甚至表示反感。

②从带有主观情绪性，对自己的评价过高，发展到初步的客观性。研究发现，幼儿对美工作品的评价带有相当大的偏向性。实验者让幼儿对自己的绘画和泥工作品同别人的作品做比较性评价。当幼儿知道比较的对方是老师的作品时，尽管那些作品比自己的质量差（这是实验者故意设计的），幼儿总是评价自己的作品不如对方，而当幼儿把自己的作品和小朋友的作品相比较时，则总是评价自己的作品比别人的好，这一实验结果充分说明了幼儿自我评价的主观性。

③自我评价受认识水平的限制。学前儿童的自我评价一般比较笼统，逐渐向比较具体和细致的方向发展；从对外部行为的评价，逐渐出现对内心品质的评价；从较多只根据某方面或局部进行自我评价，以后逐渐能做出比较全面的评价；从只有评价而没有评价的论据，发展到有论据的评价。

总体来说，学前儿童自我评价能力还很差，成人对儿童的评价在其个性发展中起着重要作用。因此，成人必须对学前儿童做出适当的评价，过高或过低的评价对儿童的成长都是极为不利的。

（3）心理理论的出现

所谓心理理论，是指理解人们有愿望、想法和意图之类的心理状态。通俗些讲，就是对他人心理状态的一种估计或推理。儿童的心理理论是儿童"内在自我"的表现形式。心理理论是近年来社会性领域的一个热点问题。为了了解心理理论，首先要了解以下两个重要概念：信念、愿望。

①信念。信念是对现实的解释。但对年龄小的学前儿童来说，他们不会正确理解这个概念。3岁的儿童对信念有一种非常奇怪的看法，认为信念是人们共有的对现实的正确反映。比如，给孩子们讲一个故事：天天小朋友出门前把巧克力放进一个蓝碗橱里，然后出去了。之后妈妈把巧克力移到了绿碗橱里。把这个故事讲给孩子们听，问孩子们："天天回来后，会到哪里去找巧克力呢？"对于这个故事，不同年龄的孩子有不同的回答。3岁的孩子会说"在绿碗橱里"，他们在听完故事后知道巧克力放在哪儿了，所以就会假设天天会到正确的地方去找。因为对他们来说，信念是对现实的反映，天天就应该知道巧克力放在哪里了。而对4~5岁的孩子来说，由于他们理解了信念仅仅是现实的心理表征，而现实可能是不正确的，也是他人不可能共享的，因此，他们知道天天会在蓝碗橱里寻找。

②愿望。愿望就是想做什么。很小的孩子会把愿望看作是最重要的行为因素，因为他们自己的行动经常是由愿望引发的，于是他们便认为他人的行为也反映了相似的动机。

研究者普遍认为，3岁起，孩子对心理理论的意识开始变化、组织、形成理论。大一点的学龄前儿童懂得信念和欲望（及愿望）决定行为。他们认识到，信念和愿望是不同的心理状态，二者分别或共同影响一个人的行为。比如，一个4岁的孩子如果在打闹时打碎了一个花瓶，为了想办法不让妈妈惩罚他，他会极力让妈妈相信他是无意打碎花瓶的（我不想那样做，是不小心打碎的）。

2. 自我体验的发展

（1）出现自尊

幼儿自尊的发展已经表现出个别差异。在对学前教育机构和幼儿教师的研究基础上发现，自尊水平不同的幼儿具有不同的特征。

高自尊幼儿的特征：①积极展示自信、好奇、主动和独立，包括相信自己的想法、迎接挑战、自信地发起活动、把握主动权、独立设置目标、有好奇心、有探索精神并敢于质疑、渴望尝试新事物、用积极的词汇形容自己并为自己的成果自豪。②对变化或压力的适应性，包括能够对变化进行调节、易于转变、忍受挫折和坚持不懈，并能够应对批评和嘲笑。

低自尊幼儿的特征：①不能展示自信、好奇、主动和独立，包括不相信自己的想法、缺乏发起活动和接受挑战的信心、没有好奇心、缺乏探索精神、犹豫、袖手旁观、退缩、独坐一旁、用消极的词汇形容自己并且没有显示对自己成果的自豪。②不能适应变化和压力，包括遇到挫折就轻易放弃、用不合理的方式应对压力，并且对意外事件反应不当。

高自尊对幼儿形成主动性有重要意义，因为在这个时期，他们需要掌握很多新技能。高自尊会促进儿童去主动尝试、探索。

到4岁或5岁（可能更早），幼儿已经建立了一种早期的、有意义的自尊感，这种自尊感受到依恋历史的影响，也是对教师如何评价他们能力的一种合理而准确的反应。这也说明，在幼儿期自尊已经产生，更重要的是说明了儿童自尊发展的两个重要因素：一是在婴儿期，孩子与父母的依恋关系类型对孩子自尊的影响；二是成人对儿童自尊的影响。

关于依恋类型与儿童自尊影响的研究都表明：安全型依恋的儿童与非安全型依恋的儿童相比，认为自己更加友好，而且幼儿园老师也评定其能力较强，具有较高的社会技能。那些与双亲都具有安全型依恋的孩子在自我描述中积极方面最多。

在儿童自尊发展中，不容忽视的是成人的影响。在幼儿期，那些自我价值和表现经常受到父母质疑的孩子，在面对挑战时会很容易放弃，并且经常在失败后表现出羞愧和泄气。因此，成人应该调整对幼儿能力的期待，鼓励幼儿参加富有挑战性的活动，并指出幼儿行为中的努力和进步，来避免幼儿产生这种挫败感。

（2）出现尴尬、羞愧、内疚等典型自我体验

当儿童的自我概念逐步发展时，儿童的自我情绪体验也逐步发展。婴儿末期，孩子开始表现出像尴尬、羞愧、内疚、嫉妒和骄傲等自我意识情绪。之所以把它们称为自我意识情绪，是因为这样的情绪会妨碍或促进个体的自我意识发展。在幼儿期，自我体验主要体现在骄傲、羞愧感和内疚感的发展方面。比如，当他们完成了一项困难任务后，会表现出明显的微笑或者为自己喝彩；而反之则表现出尴尬的笑、揪自己的衣襟等行为。

3岁时，幼儿的自我体验情感与自我评价有着显著联系。但是因为幼儿还处于形成好坏标准的阶段，他们要依靠成人的反应来了解什么情况下应该感到骄傲、羞愧或内疚。

此外，在这里需要区分羞愧和内疚两个概念。内疚意味着一个人未能在某个方面对别人尽到义务，感到内疚的儿童可能会关心自己的错误造成的人际后果，并且会尽力接近他人，弥补自己的伤害行为。相反，羞愧则更多的是关注自己而不是基于对他人的关心。不管是源于违反道德、个人失败还是社交失误，羞愧会使儿童态度消极，并且可能会促使他们隐藏自己、回避他人。

内疚在儿童自我体验情绪中占有重要地位。内疚使儿童抑制有害冲动，促使有过错的孩子弥补自己的过失。对幼儿来说，孩子们对他们的过失感到内疚的情境主要是破坏已知规则和他人期

望的行为,如弄坏玩具、打翻牛奶等。内疚感对幼儿的自我控制行为影响最大,可以帮助幼儿抑制不良行为。

父母对孩子及其行为表现的评价直接影响着孩子的自我体验情感。父母应该帮助孩子发展适度的自我体验情感,如"你刚才是那样做的,现在试一试这样做"。儿童适度的自我体验情感可以帮助儿童在面对困难任务时表现出更好的坚持性。

(3) 幼儿自我体验发展的特点

①幼儿自我体验由低级向高级发展,由生理性体验向社会性体验发展。幼儿的愉快和愤怒是生理需要的表现,委屈、自尊和羞愧是社会性体验的表现。前者发展较早,后者发展较晚,4岁以后明显发展。

②幼儿自我体验发展水平不断深化。幼儿的各种自我体验都随着年龄增长而发展,其发展水平不断深化。例如对愤怒感的情绪体验,3~6岁儿童会有不同的体验程度,从"会哭""不高兴""会生气",到"很生气""很恨他"这个变化过程可以看出,幼儿体验的深刻性在逐渐发展。

③幼儿自我体验的受暗示性。在幼儿自我体验的产生中,成人暗示起着重要作用,年龄越小表现越明显。教师和家长应该充分注意幼儿受暗示性强的特点,可多采用积极的暗示促进幼儿良好道德情感的发展;同时,要注意避免消极暗示对幼儿行为的不良影响。

3. 自我监控的发展

自我监控,尤其是其心理结构中的自我控制,是目前国内外心理学界研究的重要课题。也可以说,自我控制是自我发展的最直接的行为表现。与"他控"相反,真正的自我控制属于约束性顺从,是儿童将外部规则内化,并在内心接受规则,按规则行事。

随着儿童年龄的发展,3岁时儿童的自我控制就已经表现出较为稳定的个人特点,到5岁时达到相当的稳定程度。总体来说,学前儿童自我控制能力还很有限。3~4岁幼儿的坚持性和自制力都很差,到了5~6岁才有一定发展。学前儿童自我控制的发展随着年龄的增长而呈上升趋势,儿童从主要受他人控制发展到自己控制,从不会自我控制发展到使用控制策略。

📖 **拓展阅读**

米德的符号互动理论

米德的符号互动理论是目前世界上影响较大的自我发展理论,是由美国社会学家米德(George Herbert Mead)构建的。从根源上说,米德的思想是对美国社会学家库利(Charles Cooley)有关镜像自我(looking-glass self)概念的进一步发展。

库利使用镜像自我这个术语来强调个体对自己的了解是他人对其态度的反映,"每个人都是一面镜子,反映着身边的每一个人",即一个人的自我概念是从社会这面镜子里看到的自己的影像。几十年后,米德对自我的理解与库利相同,并且在此基础上,形成了自己独特的自我发展理论。

1. 观点采择、社会化和自我的出现

观点采择是指个体采用他人的观点并且设想他们在他人眼里的样子。米德认为,这种观点采择能力与自我的获得具有相同意义。比如,一个非常小的孩子在墙上乱画,他虽然不会说话,但是心里会猜测爸妈对其行为的反应。孩子长大后,观点采择能力会逐渐发展,他会想"我敢打赌,爸妈看到了会不高兴"。米德认为,我们想象自己在他人心目中形象的能力预示着自我的出现。而在这个基础上,我们会对自身行为进行修正,并使之符合他人的期望，我们就成了社会人。

2. 符号沟通和自我发展

米德也思考了观点采择能力是如何获得的。他认为，人际沟通尤其是以语言形式进行的符号沟通是理解这个问题的关键。米德的分析建立在达尔文情绪表达进化理论的基础上。达尔文通过研究断言，特定的情绪状态是与特定的身体和面部表情相联系的。这些面部表情是动物内心情感的信号，并预示着动物将会出现的行为。也就是说，这些信号成为动物沟通的方式，使其他动物能够知道发生了什么事情。低等动物的沟通具有很大的本能性，它们沟通的方式不是通过思考产生，而是依靠本能。人类也通过本能的面部表情进行沟通，但人类的沟通更多是有目的的。米德认为，为了达到这样的目的，我们必须采用其他人对我们的观点，并想象他人是如何看待我们的姿势的，对米德而言，这种观点采择能力与自我的获得具有相同意义。比如，想好好接待一个朋友，就要从朋友的角度去想，怎样传达我对你的欢迎程度呢？经过这一过程，可能认为如果我张开双臂拥抱你就能够达到这一目的，于是我张开手臂拥抱。也就是说，为了用符号与他人沟通而从他人角度考虑问题，就产生了自我。

3. 社会交互作用和自我的发展

在米德的理论中，他非常强调社会交互作用在自我发展中的作用。因为如果缺乏社会交互作用，符号沟通将不可能发生，自我也就不可能产生。而一旦自我开始发展，即便周围没有人，一个人也会按照规则去做事，因为人们可以在心里想象其行为在其他人眼里是什么样子。米德认为，社会环境非常重要，如果一个人没有在社会中长大，就不会发展出这种能力。自我，正如它能成为它自己的客体一样，本质上是一种社会结果，它因社会经验而产生。

4. 普遍的其他

普遍的其他也可以翻译为一般化的他人或概念化的他人，代表的是社会上大多数人的观点。

米德认为，个体能够采择某个人的观点，这标志着自我开始发展。但是这种对个体的观点采择还不是真正的社会化，人们必须能够采用社会上大多数人的观点，用抽象的方式来看待自己，这才是普遍的其他或者是概念化的其他。

在这方面，米德相信这种能力的获得可以追溯到儿童期所玩的游戏。在米德的《心灵、自我与社会》一书中指出"玩耍、游戏和一般化的他人"。从游戏的社会性角度来看，很小的孩子喜欢独自游戏，长大一点后，可以玩两个人的游戏。有时他是与想象中的游戏伙伴一起玩，这种情况下，他们就要假想并代替另一个人来说话和做动作。米德认为这种游戏类型对自我的发展非常重要。因为它需要采纳特定个体的观点，从另一个人的角度看待自己。而当孩子长大一些，主要是幼儿期，角色扮演中的模仿，对自我的发展同样具有非常重要的意义。因为在扮演中，需要采纳特定个体的观点，这就促进了自我的发展。同样，规则游戏对自我的发展具有非常重要的价值，因为规则游戏的重要特征是规则的存在，孩子必须了解游戏规则。这时候和前一时期相比，其区别在于，在角色扮演中，孩子只需要采纳一个人的态度和观点，而在规则游戏中，孩子要采纳许多人的态度和观点。

当孩子能够采纳代表多数人的观点的时候就获得了真正的社会化，这就说明自我已

> 经充分发展了。
>
> 5. 认知为自我的中心
>
> 米德强调认知而非情感。这与库利不同，库利强调的是自我感觉的发展，这种对情感的重视在詹姆斯的理论中也有体现。而米德认为，认知才是自我的核心。"在考虑自我的性质时应该把重心放在思维的核心位置上。自我意识，而不是情感体验……为自我提供了一个核心和基本的结构，它本质上是一种认知……而不是情感现象"。
>
> 资料来源：乔纳森·布朗. 自我［M］. 陈浩莺，等，译. 北京：人民邮电出版社，2004.

第二节　学前儿童自我意识的教育

从儿童心理发展的角度看，儿童自我意识发展的核心是自主性。因为在儿童自我发展过程中，始终存在着一对矛盾，即"我要"和"我应该"之间的矛盾。"我要"体现的是个人取向的自我；"我应该"体现的是社会取向的自我。如果不能平衡好这对矛盾，儿童自我的发展将走向极端。在现实中极端的表现或者是极度自我中心，缺乏社会责任感；或者是过度抑制，缺乏主动性。正如埃里克森的人格发展阶段理论提到的，在整个学龄前期的发展任务就是发展孩子的自主性和主动性，而自主性是主动性发展的基础。学前儿童自主性和主动性的发展有赖于积极的自我意识教育活动。

一、学前儿童自我意识教育活动的目标

学前儿童自我意识教育活动的目标一般从自我认识、自我体验、自我调控三个方面来设计。

（一）自我认识目标

学前儿童自我认识目标包括了解身体的外形结构，了解自己的身高、体重、体态，认识身体内外部主要器官，了解自己的兴趣、能力，知道自己的优点和缺点，认识自己与周围人（家人、老师、同伴等）的关系，了解自己在集体中的位置与作用等。

（二）自我体验目标

学前儿童自我体验目标包括体验并建立起自信心、自豪感、满足感、责任感、成就感等积极情感，逐渐认识并调控自卑感、自满、挫折感、内疚感、羞耻感等消极情感。

（三）自我调控目标

学前儿童自我调控目标不仅包括调节自己的行为，遵守外部环境中的各种规则，而且包括通过自我监控调节自己的认识活动，提高活动效率。

以下是一些典型的幼儿园自我意识教育活动的具体目标：
①知道别人的想法有时和自己不一样，能倾听和接受别人的意见，不能接受时会说明理由。
②不欺负别人，也不允许别人欺负自己。
③能根据自己的兴趣选择游戏或其他活动。
④为自己的好行为或活动成果感到高兴。
⑤自己能做的事情愿意自己做。
⑥能按自己的想法进行游戏或其他活动。
⑦知道自己的一些优点和长处，并对此感到满意。
⑧自己的事情尽量自己做，不愿意依赖别人。
⑨敢于尝试有一定难度的活动和任务。
⑩与别人的看法不同时，敢于坚持自己的意见并说出理由。
⑪做了错事敢于承认，不说谎。
⑫能认真负责地完成自己所接受的任务。
⑬知道和自己一起生活的家庭成员及与自己的关系，体会到自己是家庭的一员。
⑭知道自己是中国人，为自己是中国人感到自豪。

二、学前儿童自我意识教育活动的内容

（一）自我认识教育活动的内容（表5-1）

自我认识教育活动主要包括自我概念教育活动和自我评价教育活动。自我概念教育活动一般以引导幼儿观察、认识自己的身心特征作为内容。自我评价是在自我概念的基础上对自己的某种判断，自我评价活动一般以引导幼儿与参照对象做比较从而发现自身优缺点作为内容，尤其以对优点的挖掘为主。

表5-1　自我认识教育活动的内容

自我概念	个体自我	生理自我	身高、体重、相貌等生理状况	健康教育的内容
		心理自我	兴趣、爱好、能力、性格等心理特征	"露一手""喜好交流""特长表演""才艺展示会""我的能力"等
	社会自我		自己与老师和同伴的关系、自己在集体中的位置与作用等	"我与老师""小班的我"等
自我评价	自我评价教育的有效途径：社会比较 适宜开展的主题活动：优点大展览			

例如，儿歌《别说我小》就是典型的自我认识教育活动的内容。

别说我小

妈妈你别说我小，我会穿衣和洗澡；
爸爸你别说我小，我会擦桌把地扫；
奶奶你别说我小，我会给花把水浇；
现在我呀长大了，会做的事儿真不少。

（二）自我体验教育活动的内容

自我体验教育活动一般选取与幼儿生活密切关联的、经过努力能够完成的任务作为活动内容，从而让幼儿体验成功、满足和自豪，培养幼儿的自信心、自尊心、责任感、成就感、自豪感等积极的情感；或者选取有特定道德情境的活动，让幼儿体验挫折感、羞耻心、内疚感等情感。比如在幼儿园开展"谁的小手最能干""今天我值日""帮家人择菜"等活动，可以促进幼儿自信心、责任感、自豪感等的发展。

（三）自我调控教育活动的内容

自我调控包括对自己言语和行为的调节和控制，具体表现在两个方面：一是自我发动，如坚持见面与老师、同伴打招呼，坚持使用礼貌用语等；二是自我制止，如不乱穿马路、不乱扔垃圾等。自我调控包括自制力、坚持性、自觉性、自我延迟满足四个方面。自我调控教育活动一般选取幼儿日常生活中的规则行为作为活动内容，如"自觉遵守交通规则""每天早起上幼儿园""我不抢玩具"等。

三、学前儿童自我意识教育活动的过程

（一）运用多种方式引出活动主题

第一环节的主要任务是导入，将幼儿的注意力集中，让幼儿带着兴趣参加活动，帮助幼儿参与到活动中去。例如，可以通过让幼儿看自己带来的照片，引出活动出题"我长大了"。导入的方法多种多样，可以通过情境表演、播放视频、讲故事、游戏和操作、叙述事件或者提出问题导入。

（二）引导幼儿认识自我

运用各种教学方法使幼儿了解自我，形成对自我的正确认识。例如，运用直观形象法使幼儿了解从小到大自己身体的变化、能力的变化等。或者可以运用谈话法引导幼儿谈小时候和现在相比有哪些变化、谈自己的优点和缺点。在教师清楚明了的提问中，幼儿可以对自己的成长有一个明确的认识。

（三）组织幼儿表现自我

在了解自我的基础上，使幼儿把这些认识用语言、行为等方式表现出来，以了解幼儿对自我认识的情况。例如，在请幼儿看了自己的照片后，使其知道随着年龄的增长，身高、体重、情绪情感、与他人的关系都会发生变化，请个别幼儿把这些认识说出来、做出来。在这一环节，除了鼓励幼儿积极用言语表达外，还可以让幼儿以自己喜欢的艺术形式表现自我，比如以音乐、绘画的形式表现自我认识。

（四）强化幼儿形成对自我的正确认识，用正确的方法表现自我

通过幼儿对自我的表现，了解幼儿掌握的情况，肯定优点、改善不足，最终总结出合适的对自我的认识及恰当的表达自我的方法。例如，活动结束后老师总结：随着我们年龄的增长，我们的个子长高了、变重了、学会做的事越来越多了、更喜欢和小朋友在一起玩了……

四、学前儿童自我意识教育活动指导的注意事项

（一）创设宽松的环境气氛

从对学前儿童自主性的研究发现，宽松的氛围是儿童自主性发展的必要前提。有了一个宽松的环境氛围，学前儿童才能比较主动大胆，才能够达到一种自我选择前提下的自我控制。

构成这种宽松氛围的首先是教师情感因素，即对儿童的爱和尊重，使儿童心理上与老师没有隔阂、恐惧和距离感，还有就是给予儿童一定的自由活动和自由交往的时间和空间，这种自由的时间和空间能够降低孩子的紧张感，使孩子能够愉快地玩耍，自由地交流，从而产生愉快的情绪体验。

（二）处理好自由与限制的关系

对学前儿童教育来说，需要给予一定要求和限制的是那些涉及同伴和集体的问题，包括集体生活的规则要求，如活动区域的要求、盥洗室的要求等一日生活各环节的要求，还有就是涉及安全的要求（如上下楼梯等方面）；而对那些没有对错而只属于自己的喜好且并不影响他人方面的行为则给予幼儿适当的自由，如饮食、游戏等方面。

> **拓展阅读**
>
> **关于幼儿自主性培养的实验研究**
>
> 学者邹晓燕采用对实验班教育干预的方式，进行了自主性的教育心理实验。结果发现，经过幼儿园系统的自主性教育，包括教育环境的创设、教育活动设计和组织、幼儿一日生活各环节的要求等，实验班幼儿自主性发生了很大的变化。经过两轮实验，实验班教师普遍认为，处理好自由与限制的关系是在幼儿园集体中培养幼儿自主性的关键，即在幼儿园集体教育中，要在一定规则要求的基础上，给予幼儿充分的自由选择、自主决定的机会，这样幼儿才能发展适度的自主性；如果只是强调规则要求，幼儿不但会表现出压抑和拘束感，而且会导致过多的他控行为，即迫于外界压力的情况下表现出暂时的服从，而不是发自内心的自我约束；如果对幼儿给予完全的自由，放任不管，幼儿就会没有规则，这不但不利于班级管理，也不利于幼儿自主性的发展，因为人毕竟是生活在一个社会群体中，需要调整自己的行为。

1. 在道德和常规领域中规则的建立

在幼儿园班级规则的建立过程中，协商对于规则建立具有非常重要的价值。因为只有幼儿参与了协商之后建立的规则才能真正被幼儿接受，并逐渐内化成为自己的行为准则，从而达到真正意义上的自我控制。幼儿自我控制的形成规律：集体讨论、协商建立规则的重要性→建立规则→遵守规则，并且内化→形成约束感→形成约束性顺从，而这种约束性顺从也是幼儿自我选择的结果，不是他人强加的。

2. 在个人事务领域，尊重儿童的自主性

对于那些学前儿童个人事务（如饮食、游戏等），尽量给予儿童自由选择的空间。首先，在饮食方面，吃多少和吃饭的时候轻声不影响别人的谈话等应该有一些自由度；在游戏方面，更应该充分尊重幼儿游戏的自主性，让幼儿自由选择同伴，自己决定玩法。

（三）考虑儿童自身差异，建立正确期望

所谓正确的期望就是必须要满足儿童个别化的要求。儿童的发展有其规律性，也有其个别性，因此，教师要在了解自己班里每一个儿童的基础上，形成对每一个儿童适宜的期望。

幼儿先天的气质差异是幼儿自主性发展的一个重要基础，因此在教育中要注意针对不同的类型给予不同的教育。对那些外向活泼的孩子，在激发他们主动性的同时，要注意培养他们的自我控制能力；对那些内向安静的孩子，要多鼓励，使他们更加自信，并创造机会让他们大胆表现。但这并不是要把所有孩子都培养成一个模式，而是要扬长避短，充分发挥和利用他们自身的优势。同时，还要重视那些在班级中相对处于被忽视地位的幼儿，给他们更多的关注，使他们也能得到较大的发展。另外，在自我意识教育过程中还应注意儿童的性别、年龄等影响因素。

第三节　学前儿童自我意识的教育活动示例与导引

大班社会活动：独一无二的我[①]

设计意图

3~6岁是儿童自我意识形成和发展的重要时期。在这个时期，儿童的自我意识总体上呈现快速发展的态势，但个别差异也相当显著，并受到家庭、幼儿园、同伴等多方面的影响。作为教师，有责任给幼儿积极的影响，帮助幼儿形成积极的自我意识，从而促进幼儿心理的健康发展。一次偶然的机会，幼儿园蒋老师看到了绘本《各种各样的人》，这本书通过立体翻页的表现形式，让人读起来觉得饶有趣味。书里介绍了各种各样的人，这些人都很平凡，好似生活中的你、我、他。将各种各样的平凡人聚集在书中，可以帮助幼儿领悟到：这个世上的每一个人，无论长相还是兴趣、爱好，都是不一样的，都有着自己的特点，都是独一无二的。于是，蒋老师利用这一绘本设计、组织了教学活动，帮助幼儿了解自己的独特性，引导幼儿形成积极的自我意识。蒋老师把活动设计为三个主要环节：第一个环节是通过认识绘本中各种各样的人的外形特征、兴趣爱好、能力特长，帮助幼儿了解每个人都是不同的，从而理解"独一无二"的含义；第二个环节是引导幼儿通过观察、比较、辨别，了解每一个同伴的独特性，进而"照镜子"式地了解自己的独特性；第三个环节是鼓励幼儿运用多种形式展现自己的独一无二，大胆地说出或表现出自己的特点和强项，从而树立自尊和自信。活动中，蒋老师特别注重激发幼儿的情感体验，让他们感受到自己的独一无二，从而为自己感到骄傲，树立自尊与自信。

活动目标

1. 知道每个人的外形特征、兴趣爱好、能力特长都是不同的，理解"独一无二"的含义。
2. 通过同伴的评价了解自己的独一无二，从而体验到快乐和自豪。
3. 在集体中展示自己独一无二之处，学习正确地自我评价。

活动重难点

了解自己的独一无二，从而体验到快乐和自豪。

---

① 蒋静. 上海宝山区机关幼儿园. 教学活动设计.

活动准备

1. 绘本《各种各样的人》。
2. 根据各环节的内容制作PPT课件，内容包括：用一个独立页面展现的汉字"人"，展现人山人海的情景的图片，绘本中部分画面（如关于不同人的肤色、发型、长相和兴趣特长等的画面），用一个独立页面展现的汉字"独一无二"，班上部分幼儿五官的特写照片和背影或侧影的照片，班上部分幼儿活动的视频，班上部分幼儿说话或唱歌的音频，为朗诵散文诗而配的画面（天空中形态各异的云，花园里五颜六色的花，大海中色彩斑斓的鱼）和背景音乐（如班得瑞的乐曲）。
3. 与幼儿人数相当的记录纸、笔、展示板。

活动过程

一、通过绘本阅读意识到世界上每个人都是独一无二的

1. 引出话题。

师：（出示PPT中的"人"字）你们认识这个字吗？

幼：人。

师：对，一撇一捺，就是我们中国的文字"人"。（出示PPT中展现人山人海情景的图片）世界上有很多很多的人，这些人都长得一样吗？有哪些地方不一样？

（教师引导幼儿重点从长相、身高、体重、体型、头发、肤色等方面进行描述性的分析，也可从性别、年龄等角度进行分类讲述。）

2. 阅读理解绘本。

师：今天，老师带来了一本书（出示绘本封面），书名就叫《各种各样的人》。世界上有许多人，这些人长相都不一样，是"各种各样的人"，我们去书中找一找他们都有哪些地方长得不一样（打开绘本，边讲述边展示绘本的立体翻页设计，激发幼儿对绘本的阅读兴趣）。世界上有各种各样的人，有的人长得高，有的人长得矮，有的人长得胖，有的人长得瘦……

（利用PPT展示绘本画面，带领幼儿继续阅读。）有的人头发长，有的人头发短；有的人皮肤白，有的人皮肤黑；有的人脸上长着雀斑，有的人戴着眼镜……

3. 讨论不同的人都有怎样的特点。

师：你们还见过什么样的人？

师：你们刚才说得都很好，人与人之间有许多不一样的地方，比如人的长相不一样：有的人眼睛大，有的人眼睛小；有的人双眼皮，有的人单眼皮；有的人眼珠是黑的，有的人眼珠是蓝的；有的人鼻子高挺，有的人鼻子扁塌；有的人黑头发黄皮肤，有的人黄头发白皮肤……人的身高、体重不一样，有的人高高的，有的人矮矮的，有的人瘦瘦的，有的人胖胖的。人的性别不一样，分为男人和女人。人的年龄也不一样，可分为大人、小孩和老人……

师：除了上面提到的这些方面之外，人还有哪些地方不一样？每个人喜欢的东西都是一样的吗？每个人的本领都是一样的吗？（引导幼儿和同伴说说自己的兴趣爱好和能力特长。）

4. 理解什么是"独一无二"。

师：刚才我们在看图书以及与同伴的交谈中知道了世界上有各种各样的人，每一个人都有自己的特点，可能是长相不同，也可能是兴趣爱好和本领不同，所以说每个人在这个世界上都是"独一无二"的（出示PPT中的"独一无二"四个字）。你们知道什么是"独一无二"吗？

师："独一无二"就是指世界上除了它就没有第二个，是唯一一个，没有相同的，很特殊，很珍贵，就好像我们班每个孩子都是独一无二的，没有相同的，都是老师和爸爸妈妈眼中的珍宝。比如，独一无二的×××、独一无二的×××……（现场随机叫出几个班里孩子的名字，与其对视，眼神充满鼓励和赞赏，尤其可以有意识地叫到一些平时比较自卑的孩子，说出他们的特点和本领，以提高其自我评价能力，增强其自信心。）

二、通过观察和辨别了解自己的独一无二

1. 感知每个人外在的独特性。教师播放PPT，组织小游戏：猜猜这是谁？

（1）看图片：班里某幼儿五官的特写照片（如只呈现眼睛或嘴巴等），侧影或背影照片。猜猜这是谁？你是根据他或她的什么特征猜出来的？

（2）听录音：班里某幼儿说话的声音或唱歌的声音。猜猜这是谁？你是根据他或她的什么特征猜出来的？

（3）看视频：某幼儿在远处做某个动作（如打拳）时的侧面或背面影像。猜猜这是谁？你是根据他或她的什么特征猜出来的？

师：刚才的活动再次证明每个人的长相、声音、本领都是独特的，和别人不一样。尤其是相处时间长了，大家更加了解和熟悉，只要一看或一听，就能说出他（她）是谁。

2. 感知每个人内在的独特性。

师：其实，每个人除了外在的长相、声音等不一样，还有许多内在的东西不一样，我们虽然一时看不到，但通过相互了解就可以知道每个人的兴趣、爱好、特长都不一样。

师：（继续利用PPT展示绘本画面并讲述。）每一个人的兴趣爱好、特长本领也是不一样的：有的人喜欢跳舞，有的人喜欢画画，有的人喜欢唱歌……

师：你有什么兴趣爱好或本领呢？

（教师请幼儿说一说，每个幼儿说完就上台来表演、展示一下或具体介绍一下，教师在一旁用赞赏的表情、语言和动作对其表示鼓励。）

（有一个孩子在被教师问到"你有什么兴趣爱好和本领"时，语言组织得不太流畅，还有些答非所问，他说"我想……"，教师回应说："看来你是一个有梦想的孩子，坚持自己的梦想，你一定会成功。"又有一个孩子在现场展示武术动作时，由于用力过猛摔倒在地，其他幼儿哄堂大笑，教师马上扶起孩子，对他说："武术是我们的国粹，既可以强身健体，又可以为国增光，但我们需要刻苦练习才能掌握高难度的动作和技术。你喜欢武术，我非常高兴，你们都是热爱祖国的好孩子，要想掌握武术还需刻苦练习，慢慢来，别着急。"）

师：我们班的小朋友都有着与别人不同的兴趣爱好，有的喜欢看动画片，有的喜欢画画，有的喜欢唱歌，有的喜欢旅游，有的喜欢搭积木……也有不同的本领，有的跳绳很棒，有的会游泳，有的会弹琴，有的会讲故事，有的会剪纸……在老师眼里，你们每个人都是独一无二的。

三、通过绘画和语言表达自己的独一无二

1. 请幼儿画一画，把自己觉得最与众不同的地方或最棒的方面画出来。

2. 将幼儿的作品呈现于展示板上，让幼儿互相观摩，互相介绍。

3. 请幼儿用一句响亮的话把自己觉得最与众不同的方面告诉大家。例如：我是一个有着一双小眼睛，但特别神气的小男孩；我是一个特别爱笑，笑起来有着一对可爱的小酒窝的小女孩……

4. 师幼共同创编散文诗《我是独一无二的》，激发幼儿的情感共鸣。

师：让我们把刚才大家总结出的自己那些独一无二的方面用一个接一个的方法连起来，编一首优美好听的散文诗吧。老师先来开一个头。（优美的乐曲响起。）

师：世界上有各种各样的人，就像花园中五颜六色的花，天空中形态各异的云，大海中色彩斑斓的鱼，每个人都是独一无二的。

启发幼儿以接龙的方式创编如下：

幼：我是独一无二的×××，我会唱歌，会画画。

幼：我是独一无二的×××，我会……

……

师、幼：我们每一个人在这个世界上都是独一无二的。

（教师通过引导幼儿接龙式地创编散文诗，鼓励幼儿将自己独一无二之处通过诗歌充满感情地朗诵出来，营造一种愉快的互动氛围，让幼儿进一步了解自己和同伴的特点，在诗歌美好的意境中感受到前所未有的自尊、自信，并以此作为本次活动特别的结束方式。）

师：希望你们都能保持自己独一无二的优点，好好地欣赏自己、爱自己，这样一定会让更多的人认识你、喜欢你，会有更多的人愿意和你做朋友。

活动延伸

1. 教师将活动中孩子们朗诵的录音和绘本《各种各样的人》一起投放到阅读区，供感兴趣的幼儿播放。

2. 家园配合，进一步帮助幼儿构建积极的自我意识。

（1）鼓励幼儿回家自制图画书《独一无二的我》，以便更完整地表达对自己的认识。

（2）与家长积极配合，在日常生活中对幼儿加强鼓励，正确评价幼儿。

导引

上述活动中老师的设计思路和引导策略可谓独具匠心，以下几个方面非常值得借鉴。

1. 活动目标符合幼儿自我意识发展的特点。大班幼儿的自我意识是在自我评价的基础上建立起来的，而教师认可、同伴接纳、社会比较是幼儿进行自我评价的主要依据。教师设计的第一条目标就是认识自我，建立自我认知，了解"独一无二"的含义，知道每个人都是独一无二的。第二条目标是从同伴的评价中发现自己的独一无二，体验到自豪感，从而学习自我接纳。第三条目标是展现自己的独一无二之处，学会自我评价。因此，这一活动设计的目标定位是准确的。

2. 设计了合理的教学环节，达成了活动目标。活动的第一环节是帮助幼儿建立正确的自我认知，知道每个人都是不同的，而自己也不同于别人。这为后面的体验打下了基础。由于幼儿更善于评价他人而不善于评价自己，幼儿的自我评价也是逐渐从轻信他人的评价发展到可以独立评价自己。为此，教师在第二环节设计了让同伴互相评价的环节，让幼儿认识到同伴眼中自己的独一无二之处，从而产生积极的自我体验。当幼儿去评价同伴或从同伴那里听到对自己的评价时，他们都是在学习建立自己的评价标准和评价体系，这也为第三环节的自我评价做好了铺垫。在第三环节中，教师给幼儿创造机会，用多种形式表达对自我的认识，而最后的散文诗接龙创编和朗诵可以说是点睛之笔，渲染了积极向上的氛围，增进了同伴之间的相互了解，强化了幼儿积极的自我体验，将整个活动推向了高潮。可以说，这是一个依据幼儿自我意识发展特点而设计的高质量的教育活动。

3. 教学过程中教师积极、智慧的应答提升了幼儿的自我评价。教师的儿童观、教育观是否正确直接影响教育活动的效果和师幼互动的质量。教师在教学活动中时常用亲切的话语表达对幼儿的接纳，用肯定的话语激励幼儿，用热情的话语感染幼儿。在活动过程中，老师真诚地对待每一个孩子，无论孩子回答得如何都耐心倾听，予以肯定和接纳，用自己的言行表明在老师眼里每个孩子都是独一无二的。在最后的散文诗接龙创编环节，老师记住了每个孩子现场自我评价的内容，并将其自然地编入诗歌中。当孩子们听到教师朗诵的诗歌中提及自己时，他们感受到了教师的深情和赞赏。想要让每个孩子都能在这样一种被肯定、接纳、鼓励、信任的环境中健康成长，就需要教师发自内心地相信每个孩子都是独一无二的个体，并采用适宜的教育方法。

中班社会活动：生气[①]

设计意图
中班幼儿的自我意识逐渐增强，他们渴望被尊重和认同，对周围的人和事都有了自己的看法，而且力图摆脱大人的约束。他们常常会因为"不合心意而不愉快"，有的会闷闷不乐，有的会歇斯底里发脾气。为了帮助幼儿识别生气的种种表现，幼儿园老师设计了这一活动。活动共分为三个环节：第一个环节，调动幼儿的视觉、听觉，帮助幼儿梳理和提升关于识别生气情绪的经验。第二个环节，引导幼儿了解每个人生气时不同的表现方式。通过日常事例，使幼儿了解生气与自己的愿望的关系，知道因不合理的要求得不到满足而生气是任性的表现。第三个环节，在游戏活动中，启发幼儿运用表情、动作、声音等方式表现自己的生气情绪。教师引导幼儿进一步思考，知道经常生气有害健康。

活动目标
1. 尝试从声音、表情、动作的变化中辨识生气情绪，知道生气是人们一种常见的心理表现。
2. 通过日常事件，了解生气与自己愿望之间的关系，知道不可任性生气。

活动重难点
了解生气与自己愿望之间的关系，知道不可任性生气。

活动准备
1. 表情图片，PPT课件（超市购物视频：爸爸不让孩子购买某一物品，孩子表现出哭闹状）。
2. 收集一些有关儿童生气的照片或图片。

---
① 金宇清. 中国福利会托儿所. 教学活动设计。

活动过程

一、观察图片和视频，辨识生气情绪

1. 观察图片，通过脸部表情识别生气情绪。

师：我带了一张图片，请你们仔细看看这个人的表情。你觉得他怎么了？（引导幼儿观察图片中人物的眼睛、眉毛、嘴巴等部位并进行表述。）

师：从他眉毛竖起、眼睛怒视、嘴巴紧抿的样子，可以看出他生气了。

2. 观看视频，从声音和动作的变化中识别生气情绪。

师：我还带了一段视频，是有关爸爸和孩子在超市里购物的事情。请你们仔细观看，看了之后告诉大家，你看到了什么？听到了什么？

师：爸爸不让孩子购买东西后，孩子怎么做的？

（引导幼儿表述视频中孩子的动作、声音等表现。）

师：从孩子的这些动作中，你觉得他怎么了？

师：从孩子大叫、大哭、摔东西的样子，可以看出他生气了。爸爸不答应给他买他想要的东西，他就大哭大叫，还摔东西。你们觉得他为这件事生气应该吗？

师：在这件事情上，爸爸做得有道理，可孩子还生气，这是任性的表现。我们不应该任性。

师：在生活中，人有时候会遇到一些让自己生气的事情，我们可以从一个人的表情、动作、说话的声音等看出他是不是生气了。

3. 寻找生气情绪的照片或图片。

师：你能从这些照片人物的表情和动作中看出谁生气了吗？（引导幼儿运用先前学过的辨识生气情绪的经验进行验证。）

师：在这些照片中你能不能看出来谁是有点生气了？谁是非常生气了？为什么？

二、联系周围生活，懂得每个人生气时有不同的表现

1. 说说爸爸妈妈生气时的样子。

师：你们见过爸爸妈妈生气吗？他们生气的时候是怎样的？

师：你见过周围的其他亲人和朋友生气的样子吗？他们生气时是怎样的？

师：原来，每个人生气时的表现都不一样。有的人生气会从他的声音、动作、表情中表露出来，而有的人生气不一定反映在声音、动作、表情上，要仔细观察才能看出来。

2. 说说自己生气时的样子。

师：你生气过吗？你生气时是怎样的？（幼儿自由讲述。）

3. 联系事件，说说自己任性时的样子。

（教师出示两张幼儿在生活中因任性而生气的照片，让幼儿边看边说出让自己生气的事情。事件一：天变冷了，女孩因妈妈不让她穿裙子而赖在床上不起来，大哭大叫。事件二：男孩因妈妈让他多弹一遍钢琴而甩手把琴谱扔掉。）

师：他们为什么生气？他们这样任性地大哭大叫、扔书，你们喜欢吗？为什么？你有什么话想对他们说吗？

师：每个人都会因为一些不合自己心意的事情而生气，不过我们要看看自己的想法和要求是不是合理。像天气变冷了，女孩还要穿裙子，妈妈不同意，她还要发脾气就不对了。我们可以冷静一下，把自己的想法说出来，再听听大人的想法，或许就不会生气了。

三、游戏：生气的照片

教师请3~4位幼儿通过表情、动作、声音模仿生气的样子，教师把它们拍下来。

四、总结并思考

师：生气是一种情绪，每个人都会有生气的时候。当一个人生气时，我们可以通过他的表情、动作和声音知道他在生多大的气。如果你看到一个人正在生气，可以去关心他。不过，我们不能因为一些小事就任性、乱发脾气。另外，老师还要请大家思考一个问题，你觉得经常生气对我们的健康有什么影响？

活动延伸

让孩子和爸爸妈妈一起记录自己一周里的生气事件，了解自己生气时的特点，通过回忆帮助幼儿建立事件和情绪反应之间的联系，为进一步开展情绪调适活动积累经验。

导引

该活动的目标设计充分结合了中班幼儿自我意识的发展特点，选取了幼儿生活中熟悉的经验作为活动内容，通过循序渐进的三个环节成功地引导幼儿认识了生气这种消极情绪。首先调动幼儿的视听觉梳理和提升了识别生气情绪的经验，接着通过日常事例，引导幼儿了解每个人生气时不同的表现方式以及生气与自己愿望的关系，知道因不合理的要求得不到满足而生气是任性的表现。最后在游戏中，教师启发幼儿运用表情、动作、声音等方式表现自己的生气情绪，并引导幼儿进一步思考，知道经常生气有害健康，让幼儿知道不可任性生气。整个活动过程中教师始终关注幼儿的独特体验，是一个优秀的幼儿自我体验教育活动。

大班社会性游戏：抢椅子[1]

设计意图

"抢椅子"游戏是一个传统游戏，游戏过程非常有趣，美中不足的是：游戏中必须淘汰抢不到椅子的人，对于幼儿来说被淘汰，尤其是第一次就被淘汰，心情不免失落。本次设计的游戏突破传统玩法，旨在让幼儿在游戏中不仅能愉悦地参与游戏，通过游戏分享他人的经验，而且能关注到同伴的情绪变化，并帮助同伴，与同伴一起参与游戏。这就需要幼儿有目标意识、合作意识、沟通能力、自我控制与调节能力等。游戏只淘汰椅子不淘汰人，但必须让幼儿尝试与同伴交流，动脑筋找到留下来的办法。通过这样的尝试，更充分地体现了《指南》的一个重要理念：珍惜童年的独特价值。即充分认识生活和游戏对幼儿成长的教育价值，把握蕴含其中的教育契机，让幼儿在一日生活中，在与同伴与成人的交往中感知体验、分享合作、享受快乐。

活动目标

1. 能关注游戏中同伴的情绪和需要，并想办法给予帮助。
2. 愉悦地与同伴一起游戏，并愿意用语言表达出自己在游戏中的感受。

活动内容

抢椅子。

---

[1] 张伟华. 介休市第六幼儿园. 教学活动设计.

活动重难点
在游戏中能发现同伴的情绪变化并给予帮助。

活动准备
有玩传统"抢椅子"游戏的经验；椅子、相机、多媒体设备、音乐《相信自己》。

活动过程

一、谈话导入

师：小朋友们好！今天我要和你们玩个游戏，初次见面，咱们先彼此认识一下，我做一个自我介绍。接下来你们也要简单地做个自我介绍，介绍的时候声音要响亮、清楚，要有礼貌。教师用聊家常的谈话方式进行自我介绍，融洽活动氛围，提出要求，利用自我介绍鼓励幼儿在集体面前大胆表现自己，增进同伴间的亲密感。

二、玩传统游戏"抢椅子"

师：谁玩过？谁来说说怎么玩？

师：开始游戏！（播放音乐《相信自己》）教师在幼儿玩的过程中，给抢到椅子开心的小朋友和没有抢到椅子伤心的小朋友拍照。游戏进行4～5轮。

小结：

1. 教师播放刚采集到的照片，引导幼儿讨论、说说自己的心情。
2. 师：怎么玩可以让好朋友不被淘汰？动脑筋想一想。
3. 教师和幼儿一起制定新游戏的规则。每一轮抢椅子结束后拿掉一把椅子，但幼儿人数不变。用相机抓拍幼儿在玩"抢椅子"游戏过程中表情的变化，利用多媒体设备展示在大屏幕上，幼儿通过观察照片中小朋友们游戏时不同的表情变化，并倾听同伴讲述自己的情绪和心情，体验同伴的感受。多媒体材料的运用，调动了幼儿的多感官参与，吸引了幼儿的注意力。

三、玩新游戏"抢椅子"

1. 一起玩新游戏。
2. 鼓励幼儿想办法与同伴沟通。
3. 在玩的过程中，教师用照相机捕捉幼儿与同伴沟通的画面，及时记录他们想到的办法。传统的玩法，使幼儿有了不同的感受，有了关注同伴情绪变化的意识；新的游戏又增加了难度，是对幼儿提出的新挑战。虽然幼儿还不能很熟练地想出办法来帮助被淘汰的幼儿，但在老师的提醒、鼓励、帮助下，渐入佳境。教师是一名指导者，更是一名参与者，抓拍幼儿在玩的过程中对同伴给予的帮助，回放镜头，鼓励幼儿讲一讲：你是想什么办法使你的同伴不被淘汰的，同时也关注没有椅子的幼儿是怎样与同伴协商留下来的。

四、活动小结

观看照片，请部分幼儿谈谈自己的感受。

分享：

1. 在玩的过程中，你被淘汰了吗？你是怎样做的？
2. 你抢到椅子了吗？看到没有抢到椅子的同伴你是怎样做的？说说你心里的感受。
3. 在今天的活动中，你对自己的表现满意吗？

导引

体验是幼儿重要的学习方式。在"抢椅子"游戏中,随着椅子的减少,每个幼儿都面临着被淘汰,幼儿在游戏中体验同伴的情绪变化,引发其想要去帮助别人的意愿,理解帮助别人也就是帮助自己。通过交流,增进对自己、对他人的认识。

拓展阅读

自我意识发展的途径

研究表明,个体自我意识发展的途径主要有以下4种。

1. 通过认识别人,把别人与自己加以对照来认识自己

人最初是以别人来反映自己的。个体往往把对他人的认识迁移到自己身上,像认识他人那样来"客观"地认识自己。例如,当看到别人对长者很有礼貌并受到大家称赞时,就会对照反思自己的言行,从而认识到自己平时对长者的态度。经过多次对比,就会促进个体对自我的认识,形成相应的自我概念。

2. 通过分析别人对自己的评价来认识自己

一个人对自己的认识,在很大程度上受他人评价的影响。这如同人对着镜子来认识自己的模样一样,儿童认识自己是把别人对自己的评价当作一面镜子来不断认识自我,包括自己的优点和缺点。由于人的活动范围比较大,经常从属于不同的团体,接触不同的人,每个团体、每个人对自己的评价就是一面镜子,可以通过不同的镜子来照出多个自我,这样个体就能较全面地认识自己,从而促使自我意识的不断发展。

3. 通过考察自己的言行和活动的成效来认识自己

自我意识是个体实践活动的反映。自己在实践活动中的表现和取得的成果也会成为一面镜子,通过这面镜子能反映出自己的体力、智能、情感、意志和品德等特性,从而使之成为自我认识、评价的对象。例如,一个学生在学习上或一项竞赛中取得了好成绩,他会从中体验到一种自信,对自己和自己的能力会有新的认识。

4. 通过自我监督与自我教育来完善自己

个体通过以上几个方面的途径,在不断反省自己的过程中发现现实自我与理想自我的差距,一方面通过自我监督来克制、约束自我,服从既定目标;另一方面通过自我教育按社会要求对客体自我自觉实施教育,以实现现实自我与理想自我的积极统一。总之,自我监督,着眼于"克制",而自我教育,着眼于"发展",二者共同承担自我意识的不断完善。

资料来源:邹晓燕. 学前儿童社会性发展与教育[M]. 北京:北京师范大学出版社,2015.

中班社会活动：我长大了[①]

活动目标
1. 了解自己不断成长的经历。
2. 产生对自身发展变化的兴趣。
3. 初步认识自己的长处和不足，增强自我意识。

活动重难点
活动重点：产生对自身发展变化的兴趣。
活动难点：初步认识自己的长处和不足。

活动准备
1. 幼儿已了解自己小时候和现在身体上的变化：生长发育上有哪些主要的变化。
2. 人手一张幼儿在婴儿时期的照片，以及表现自己主要优点的视频或图片。
3. 教师已了解和掌握幼儿主要的能力的发展状况。

活动过程
1. 通过照片展览，对比讲述，使幼儿了解自己小时候和现在的变化。
（1）带领幼儿参观照片展览，边看边问：照片上是谁？是什么时候的照片？
（2）请幼儿谈一谈："我们小时候是什么样子的，现在又是什么样子的？"（可以启发幼儿从外部的变化，如身高、体重等，也可以从学会的本领，如念儿歌、画画等方面来谈。）
（3）小结：你们长高了，变重了……更重要的是你们学会了各种各样的本领，学会了画画、顺着或倒着数数等，那么你觉得自己哪些本领学得最好？
2. 鼓励幼儿寻找自己的优点，并且愿意在集体面前展示出来。
（1）请幼儿说说自己的优点，并勇敢地在集体面前展示（通过视频展示或幼儿临场发挥）。
（2）小结：每个小朋友都说出了自己的优点，有的……有的……有的……并且能够勇敢地将自己的优点在集体面前展示出来。
3. 寻找自己的不足，鼓励幼儿今后继续努力。
（1）请幼儿谈谈自己在关心集体、参加体育活动、画画等方面还要向哪些小朋友学习。
（2）鼓励幼儿今后继续努力，争取不断进步。

活动延伸
鼓励幼儿回家告诉爸爸妈妈自己的长处和不足，请爸爸妈妈谈谈自己成长过程中的一些特别的事情。

导引
这是一个典型的自我认识教育活动案例。教师主要通过谈话和讲述法，帮助幼儿了解自己的成长，并开始认识自己的长处和不足。活动中教师的提问简单易懂，且紧扣幼儿的生活经验，幼儿在教师的引导下，对原本自己从未考虑过的一知半解的问题加深了认知，且产生对自身发展变化的兴趣，增强了自我意识。

[①] 泰州学院附属幼儿园教育活动案例。

大班社会活动：了解自己的情绪[①]

活动目标

1. 通过辨认几种常见的面部表情感知、判断人的情绪。
2. 知道良好的情绪使人健康，要学会调节自己的不良情绪。
3. 体验积极、主动与人交往的乐趣。

活动准备

1. 7个表情面具（大笑、微笑、厌恶、生气、哭泣、愤怒、害怕）。
2. 用大型图纸做一个脸谱转盘，在转盘的圆心放一根可随意旋转的指针。
3. "我的情绪"图表、托盘、水彩笔等。

活动过程

1. 视频导入，谈话引题。

（1）请幼儿带着问题观看教师事先录制好的小朋友在幼儿园的生活片断。

问题①："你看到了视频中小朋友的表情是什么样的？"

问题②："小朋友为什么在笑（哭、生气）？"

（2）谈话。

①引导幼儿从视频中人物的表情、动作出发，回答自己的观察结果。

②让幼儿调动已有生活经验，初步获得关于情绪的知识。

师："请你们想一想，平时在幼儿园中有什么高兴的事？有什么不高兴的事？遇到高兴的事，你的表情会怎样？遇到不高兴的事呢？"

（3）师小结：通过表情辨别可以判断他人的情绪。

2. 引导幼儿讨论将几个表情面具从良好情绪和不良情绪两个方面去归类，初步知道表情与情绪有一定关联以及不良情绪对人的影响。

师小结："情绪可分为'喜''怒''哀''乐'四种类型。'喜'和'乐'都属于良好的情绪，如微笑、大笑等，我们也可以说'心情好'；生气、哭泣等属于'怒'和'哀'的情绪。我们也可以说'心情不好'。"

3. 游戏：玩脸谱转盘。

（1）介绍玩法。

玩法：每次请1位小朋友上来玩转盘，转动指针，指针指到哪一处脸谱，这位小朋友就要试着做出这种脸谱的表情，判断出情绪大类（好的或不好的情绪），并说说自己对这种情绪的感受。

（2）幼儿操作，教师指导。

（3）幼儿根据图表分组讨论，初步懂得学习调节自己的不良情绪。

①引导幼儿讨论：情绪对人体身心健康的影响。

"图中你喜欢哪些情绪，不喜欢哪些情绪，为什么？"

知道不良的情绪不利于自己的身体健康，愉快的情绪有利于自己的身体健康。

"你在什么时候会哭、会愤怒？你想用什么方法使自己情绪变好呢？"

②请个别幼儿谈谈自己的感受。

③教师归纳小结：在不高兴或害怕、想哭的时候，我们可以把不高兴的原因讲给别

[①] 泰州学院附属幼儿园教育活动案例。

人听，或做一些自己喜欢的事情，比如去跑步、做游戏等，慢慢地就会把不高兴的事情给忘掉了。要经常对人微笑，主动和同伴玩耍，快快乐乐地学习、生活。这些好的情绪才有利于我们自己的身体健康。

4. 师幼共同复习"快乐舞"（幼儿已学过的舞蹈）。

体验良好的情绪带来的愉悦感受。在舞蹈中自然结束活动。

活动延伸

1. 布置表情日历栏，引导幼儿学习用脸谱娃娃进行表情日历的记录。
2. 开展"小小心理咨询师"的活动。

导引

这是一个典型的自我情感体验教育活动案例。目标设计紧扣大班幼儿自我体验发展的特点，活动过程循序渐进、环环相扣，从幼儿园日常生活入手，通过谈话、游戏等不同方式提高幼儿的情绪识别能力，使儿童知道良好的情绪使人身体健康，由衷地想要学会调节自己的不良情绪。

中班社会活动：做个好赢家[①]

活动目标

1. 体验输与赢这两种不同的情绪，能合理表达输与赢的情绪。
2. 获得胜利时能控制兴奋情绪，形成做个好赢家的意识。

活动重难点

活动重点：合理表达输与赢的情绪。

活动难点：获得胜利时能控制兴奋情绪。

活动准备

60厘米高的拱形门4个，沙包若干。

活动过程

1. 玩游戏"小马运粮"。

让幼儿分组钻过一个60厘米高的拱形门到达"磨坊"。背起一袋粮食（沙包）往回跑（途中掉下来，放上去继续跑），到"磨坊"后，拍第二个小朋友的手继续游戏。先运完的组获胜。

2. 讨论胜利或失败的感受。

（1）问赢的小朋友：当你胜利时，你是怎么做的？

（2）问输的小朋友：当赢的小朋友特别高兴的时候，你心里是怎样的感受？

让赢的小朋友发现当他赢了特别高兴的时候，输的小朋友心里很不舒服。让小朋友明白，当自己是赢家的时候，要学会控制自己的笑声和兴奋的情绪，要懂得理解别人的心情。

（3）讨论赢家该怎么做才能让输的人不难过？不应该做什么？

3. 重复游戏"小马运粮"。

再次观察输赢幼儿的情绪表现，并及时评价，肯定幼儿的合理表现。

---

① 泰州学院附属幼儿园教育活动案例。

导引

这是一个典型的自我调控教育活动案例。目标设计紧扣中班幼儿自我调控的实际水平，选择幼儿喜欢的游戏作为活动内容，在"小马运粮"的游戏中加深幼儿对输赢体验的实际感受。在教师的引导下使幼儿逐渐明了合理表达输赢情绪的重要性，并在重复游戏中提高情绪调控能力，较好地实现了活动目标。

讨论与思考

1. 如何理解学前儿童自我意识的内涵与意义？
2. 学前儿童自我意识的特点是什么？
3. 学前儿童自我意识教育活动的目标是什么？

实践探索

1. 材料分析

生气的时候

丽丽和豆豆是邻居。一天晚上，丽丽想让妈妈给自己讲故事，可妈妈正忙着，说："明天再讲吧。"丽丽不高兴了，她一声不响地走到墙角边噘着嘴生闷气。这时，豆豆正坐在自己家的电视机前，津津有味地看着动画片，爸爸走过来说："这会儿正在播放精彩的足球赛，不看太可惜了。"说着就把动画片换成了足球赛，豆豆生气了，他大哭大叫地跺着脚，最后哭得嗓子都哑了，还把桌子上的东西弄得很乱。

丽丽和豆豆的行为反映出什么问题？应该怎样通过教育活动预防和解决上述问题？

2. 活动设计

以小组合作的形式围绕"培养幼儿的自我意识"这一主题设计一份主题教育方案。

第六章 学前儿童社会认知的发展与教育

学习目标

1. 理解学前儿童社会认知的基本知识；
2. 掌握学前儿童社会认知教育活动的主要内容和实施要点；
3. 能合理设计并组织实施学前儿童社会认知教育活动。

问题导入

> 中班的明明在户外游戏开始前，经常不听老师讲解游戏规则，东张西望。在玩游戏的过程中，他总是搞不清楚游戏规则，还经常推人，破坏游戏规则。盥洗活动时，他也喜欢玩水，把水弄到其他小朋友的脸上，还时常插队。
>
> 问题：你从上述案例中发现了什么问题？针对明明及类似的情况，我们应该怎么开展教育活动？

第一节　学前儿童社会认知的发展概述

学前儿童对周围世界的认识与成人不同，他们有着自己特定的思路与逻辑结构，而这正是需要成人去探索和了解的学前儿童的社会认知。只有了解学前儿童的心理世界与社会认知发展的特点，才能更好地理解学前儿童，创设出他们所需要的环境，帮助他们形成正确的社会认知。

一、学前儿童社会认知的内涵

认知是人脑对客观事物的特性与联系的反应，是解释事物对人的意义与作用的心理活动，也是个体获得知识的过程。儿童认知发展有一个社会基础，儿童与一个有能力的成人间的交往对促进其社会技能的发展具有重要意义。儿童与成人交往并不是被动接受成人指导，而是积极主动地寻找、选择和组织成人及周围环境所提供的条件。

对社会认知的界定有许多种，通常我们比较倾向于将社会认知定义为是对人、自我、人际关系、社会群体、社会角色和规则的认知，以及对这些观点与社会行为的关系的认识与推论。从这个定义不难看出，社会认知在内容上主要涉及三个层面的认知活动：一是关于个体的认知，包括对自己和别人的各种心理活动（如感知、注意、记忆、思维、情感、动机、意向等）及思想观点、个性品质等的认识；二是关于人与人之间各种双边关系的认知，如对权威的服从、友谊、冲突、合作等关系的认知；三是对群体内部或群体之间各种社会关系的认知等，如对社会规则、职业、集体中不同角色等的认知。

拓展阅读

幼儿园社会认知教育的重要意义

儿童社会化包括两个密不可分的领域，一是社会认知，二是亲社会行为。社会认知是个体对他人、自我、社会关系、社会规则等社会客体和社会现象及其关系的感知、理解的心理活动。而亲社会行为是指帮助、安慰、分享、合作、同情等有利于社会和他人的行为。因此，在幼儿园教育教学中开设培养儿童社会认知和亲社会行为的课程，以此促进儿童的社会化进程，就显得尤为重要。

(一)社会认知与亲社会行为的关系

首先,社会认知的核心体现的是幼儿观点采择能力的发展,包括情绪情感认知、他人整体认知、社会关系认知与社会规则认知等。幼儿通过学习获得内化的行为准则,并用于自主调节社会行为,从而为其将来形成信念与行为品质奠定坚实基础。其次,社会认知与亲社会行为培养的关系是一体两面、密不可分的,即社会认知教育侧重行为准则的认知与判断,亲社会行为培养侧重主动使用这些准则去建构和形成良好的人与人、人与社会之间的关系。社会认知与亲社会行为的培养有助于促进幼儿个体社会化的成功,为幼儿成长为"体、智、德、美"全面发展的合格人才做准备。

(二)幼儿社会认知发展与其社会化进程的关系

由于幼儿的社会认知发展与其社会化进程都是以幼儿自我的发展为重要基础的,因此二者之间有着紧密联系。3~6岁是幼儿个性倾向开始萌芽的时期,在情绪情感认知方面,4岁幼儿经常用自己的情感需要代替他人的情感需要,而5~6岁幼儿已经能够从对方角度较为客观地体验他人的情绪情感。可见情绪情感认知的发展有助于促进幼儿的社会化进程。还有研究表明,4~5岁幼儿正处于思维的自我中心阶段,因此其认知判断与推理是以"我"的需要是否满足为标准的。"我"的需要既包括身体需要和物质利益,也开始包括心理与情感需要(如获得奖赏与肯定)。5~6岁幼儿则开始关注他人的物质利益与情感需要,在具有公正权威的重要他人的行为和语言指导下,他们能通过移情和体验习得社会公认的行为准则。这正是幼儿获得道德规则与习俗规则的认知发展基础。

总体来说,社会认知水平促进着幼儿的社会化进程,并遵循着幼儿与自身的关系—幼儿与他人的关系—幼儿与群体或集体的关系—幼儿与社会的关系这一基本的发展线索。

资料来源:廖贻. 幼儿园社会认知教育的重要性及其目标与内容[J]. 学前教育研究,2010(1).

二、学前儿童社会认知的发展特点

1. 儿童社会认知的发展是一个逐步区分认识社会性客体的过程

婴儿社会认知的发生是一个逐步区分认识社会性客体的过程,即区分认识人类客体与非人类客体、一个个体与另一个个体、自我与非我的过程。儿童出生不久就逐渐在不同方面表现出社会认知的萌芽。新生儿对人脸的偏爱即反映了儿童最早对人类客体与非人类客体的区分。而婴儿约4个月时能对经常照顾者与生人做出不同的反应,6个月时能进一步对特定抚养者形成依恋,标志着婴儿能将不同的个体区分开。婴儿在9~10个月时出现自我认知,则表明儿童能把自己看作一个不同于其他人的个体,能和认识其他人一样认识自己。

这一过程还表现在儿童对不同情绪情感、行为意图及社会规则的认识上。研究表明,婴儿能对成人的不同表情做出不同的反应,出生刚10个星期的婴儿对母亲高兴、生气、悲伤的面部表情即有不同的反应,能分别做出高兴、生气、伤心等表情。有关行为意图认知的研究表明,儿童很早就能辨别有意导致和偶然发生的事件。美国发展心理学家塞尔曼认为,在儿童观点采择能力的发展中,能否区分他人有意与无意行为是早期发展中的关键一步,之后儿童才能逐渐理解人们在同一行为中可能有多种意图。在此基础上,儿童发现对于同一事件自己和他人有不同的观点和反应,也就能区分自己和他人的观点。对社会规则认知的研究是关于儿童对道德规则和习俗规则的认识。研究发现，2岁儿童不能区分违背道德的行为与违背习俗的行为，3岁左右儿童开始能做出区分。

2. 儿童社会认知发展的核心体现是观点采择能力的发展

观点采择是指个体根据一定的信息对他人的内部心理状态（如观点、思想、情感等）的理解和推断。儿童认识自己和他人的能力是以对其观点的假设或采择为前提的，要认识一个人，就必须理解他的观点并了解他的思想感情、动机和意图等影响和决定其外部行为的内部因素。观点采择在儿童社会认知发展中处于核心地位，它是儿童把自己的观点和他人的观点区分并协调的能力。同时，儿童对不同观点的理解、认同和协调能力的发展标志着其摆脱自我中心思维方式以及认识社会关系方式的重新建构。

在儿童情绪情感认知的发展过程中，观点采择能力起着重要作用。移情是儿童观点采择能力在情绪情感认知发展中作用的集中体现。4岁儿童往往以自己的感受代替他人的感受，6岁儿童不仅能摆脱"自我中心"倾向，而且能较客观地、多维度地理解他人的情感体验，这是由于他们具备了一定的观点采择能力。

此外，对行为意图的认知、行为归因、他人整体认知以及友谊等社会关系的认知，也都需要对他人内部心理状态的理解、认同或采纳。对行为意图或原因的认知，实质上要求儿童能够从他人外在的行为推测其内在的动机，为此，儿童必须具备一定的观点采择能力。有关儿童对他人整体认知的研究表明，对他人心理特征、个性品质的认识比对其外表行为等具体特征的认识发展得晚，因为只有当儿童具备了一定的观点采择能力才能站在他人的角度体会、理解其感受、观点，推测其内部心理活动。同样，对友谊的许多研究发现，年幼儿童认识不到友谊的双向特性，仅把友谊看作满足单方面需要的手段，随着观点采择能力的发展，儿童逐渐能认识他人的心理与需要，于是知道朋友是可以相互理解、共享内在的思想和情感的。

3. 儿童社会认知各方面的发展是非同步、非等速的

儿童对自我、他人、社会关系、社会规则以及对人的情绪情感、行为意图、态度动机、个性品质等的认识并非同时开始，发展也是非等速的。其发生发展的总趋势是从认识他人到自我，再到相互关系；从认知情绪到行为，再到心理状态；从认知身体到心理然后再到社会。同一年龄的儿童各方面的发展水平也是不同的。

相关研究表明，儿童对他人的认知先于对自我的认知。婴儿4个月时就能将照顾者与其他人分开，而对主体"我"的认知是在9~10个月，客体"我"的认知是在15~24个月。儿童10岁左右时对他人的描述已基本完整，而自我认知达到这一水平则要到11~14岁。虽然儿童对他人和自我的认知是在人与人的相互关系中进行的，但儿童能明确认识到这种相互关系则在二者之后。有关儿童对社会关系（包括权威、朋友和友谊）认知的研究主要是对3岁后儿童进行的，并且已有研究发现，学前儿童常常认识不到权威和友谊等社会关系的相互性特点，即使能认识到也是很具体、表面的。4岁儿童认为应该服从权威，"因为他们是爸爸妈妈或老师"，早期儿童多数把友谊看作是一种"单向制约关系"，5~7岁儿童逐渐认识到朋友是玩伴，能互享物质上的东西，而要认识到朋友之间是"相互理解、相互支持、共享物质精神等各个方面"的关系，则要到11岁左右。

有研究发现，儿童在出生第一年就能区别他人的不同情绪，随着情绪概念的获得以及对情绪的理解，2.5~3岁儿童逐渐能理解对于同一种情绪反应不同的人有不同原因，并试图寻找这些原因；4岁时儿童对引起各种情绪的原因有了一定的看法。对人的行为的认知比对情绪要晚，对他人行为意图和原因的认识一般要到3岁后开始，4岁儿童能够对行为归因，但一般在5~6岁才能主动对他人的行为进行归因。同时，研究发现，4岁半左右儿童开始能摆脱自我中心，站在他人角度认识、理解他人的观点，8岁儿童开始更多地对他人个性品质、心理特征进行描述。

此外，研究发现，不管是对他人还是自我，儿童首先认识到的是身体特征，随着年龄的增长

逐渐认识到人的内部心理过程和品质，而对社会角色、社会群体等的认识较晚。学前儿童对社会制度的认识还很困难，一般要在学龄初期渐渐开始有所认识。

4. 儿童社会认知的发展具有认知发展的普遍规律，但不完全受认知发展的影响

社会认知是认知发展的一个方面，具有认知的普遍规律和特点。皮亚杰认为，认知他人的发展与其他方面认知的发展是平行的，反映认知能力发展的普遍规律。正是发展的各个阶段所形成的思维结构为儿童社会意识和道德意识的发展奠定了基础。从皮亚杰对思维发展阶段的划分出发，苏珊·哈特提出了儿童自我认知发展的四个阶段：①感觉运动自我（0~2岁）。这一阶段主要是自我感觉的发展，儿童从区别不同的人开始形成主体自我感觉和客体自我感觉。②前运算自我（2~6岁）。儿童意识到自己的性别、年龄、活动、所有物等具体属性，对自己的描述也通常是这些具体特征。③具体运算自我（6~13岁）。儿童开始描述自己的个性品质。④形式运算自我（12~15岁）。自我认知中涉及了他人如何看待自己，对自己的认知更加客观、全面。从儿童这一自我认知发展阶段中，我们可以看出其从具体到抽象、从片面到全面等一般认知发展所具有的特征。

然而，研究者还认为，儿童社会认知发展与一般认知发展并非完全平行，它并不完全受认知发展的影响。不少研究发现，儿童智商与其观点采择能力之间的相关系数一般是中等或偏下。儿童智商与其观点采择能力之间的相关性在学前期最高，在小学五年级最低。这说明儿童的社会认知受其一般认知的影响，年龄越小这种影响越大。当儿童的一般认知达到一定水平后，个体社会认知能力就更多地受社会、文化、教育等因素的影响和制约。例如：生活在不同国家、城市或农村的儿童其社会认知的发展有差异；家庭经济状况、父母受教育程度、同伴关系、社区氛围等都会对儿童的社会认知发展产生不同程度的影响。随着儿童的发展、其社会交往范围的扩大、社会经验的不断丰富，这些社会因素的影响作用也会日益增大、变得更加复杂。虽然一般认知水平对儿童的社会认知仍有影响，但其在社会认知发展中的作用在逐渐下降。

5. 儿童社会认知的发展水平与社会交往密切相关

儿童社会认知的对象既是社会性客体（人及社会关系），也是其生活的社会环境。儿童不仅是认知者，而且是积极的行为者，在与他人的社会交往、相互作用过程中认知社会。美国儿童与发展心理学教授霍夫曼认为，社会认知常常发生在有反馈机会的社会环境中，这就比儿童操作物理客体时更容易发现是否犯了错误；社会认知的主体和客体间的相似性也可以提高认知的准确性与效果。已有观察和实验研究均表明，儿童社会认知的发展与其社会交往存在着密切的关系。儿童的社会认知水平与交往机会有关；交往的需要和动机与儿童社会认知的水平有密切关系。儿童对他人、自我、社会关系和社会规则等的认知都是在交往过程中发生与得以实现的。并且，由于在社会认知的过程中往往需要观点采择能力的参与，而儿童只有通过交往中的有关信息才能理解、认识和推测他人的心理状态。

第二节 学前儿童社会认知的教育

一、学前儿童社会认知教育活动的内容

社会认知的内容由社会性客体及其相互关系所包括的内容所决定。在社会学中，社会性客体及其关系所包括的内容有：人与人际关系、社会环境、社会角色、社会规范和社会群体事件，学前儿童社会认知教育也应包含相应的内容。

1. 关于人际关系的认知

从我国国情出发，3~6岁儿童对人际关系的认知应该包括对父母长辈的关系、同伴关系和与周围人的关系的认知。人际关系是人们在生产或生活活动过程中所建立的一种社会关系，是人与人在交往中建立的心理上的直接联系。人一来到世上，便处于人际关系之中。形成与成人、与同伴良好的人际关系不是一件容易的事情。在人际交往前，儿童对于所要交往的人与自己的关系必须有所认识与理解，在这个前提下，儿童还要学习其中包含的社会规则，如与长辈交往必须遵循的社会规范——尊重长辈。只有在这些社会认知都成功发生的前提下，儿童的人际交往行为才会符合社会规范。因此，在学前期，帮助儿童认识人际交往中社会认知的那部分内容显得尤为重要。对同伴关系的认知是人际关系认知中的重要内容。在同伴关系的影响下，儿童能够很快地学习相应的符合社会文化的行为模式。通过与同伴的交往，儿童能够学习自己在群体中所扮演的角色，明晰该角色所承担的责任和享有的权益。

2. 关于社会环境的认知

学前儿童社会认知的另一个重要方面就是认识周围的世界，主要包括对家庭、社区、幼儿园、家乡、民族和国家以及世界其他国家的认知，这对于增强文化自信、发展社会主义先进文化、传承中华优秀传统文化均有重要意义。在设计教育活动时，应该遵循由近及远、从具体慢慢过渡到概括的原则。具体来说，与幼儿年龄相对应，要从对身边环境的认知开始，先是家庭、幼儿园，其次是社区、社区中的公共场所，再次是家乡。至于对国家、世界等概念的认知则要到学前后期才能进行。例如，为了让刚入园的小班幼儿尽快适应幼儿园的环境，可以进行一些相应的教学活动，首先让他们认识幼儿园的环境，幼儿只有认识了幼儿园的环境才能产生安全感，进而喜欢幼儿园。大班幼儿则可以对自己的家乡、民族和国家有个初步的认知，甚至能够认识世界上的主要国家及其特点。

3. 关于社会角色的认知

学前儿童社会领域的学习目的就是更好地促进社会化进程，社会化将一个自然人转化为一个适应社会文化、参与社会活动、履行社会角色的社会人。每个人都在自己的环境中扮演着多种社会角色，如母亲、女儿、幼儿园教师、家长、妻子等。美国社会学家特纳曾经对社会角色、自我意识与社会化的关系做过这样的论述：在社会角色的互动中，行动者总是以一种能够加强自己已有自我概念的方式来表现自己。自我意识和人格的形成与发展、社会角色的获得既是社会化的目的，又是社会化的重要内容。也许要让学前儿童完全理解社会角色的含义并不现实，但是可以选取幼儿能够理解的相关内容帮助他们积累相关经验。在学前期对儿童社会角色认知的教育可以从以下两个方面进行：对自己和他人在不同的社会环境中所表现的不同角色以及社会上不同职业的人的认知。例如，警察是幼儿非常羡慕的职业，但是幼儿对于警察的认知并不全面，很多幼儿将警察定义为是抓坏人的人，有的则认为罚款的人就是警察。因此，对于警察这个与日常生活密切联系的职业，有必要进行一番介绍，以便让幼儿正确认识警察在社会生活中所扮演的角色。

4. 关于社会规则的认知

社会规则是每个社会成员都必须理解与遵守的规范，是个体社会行为选择及定向的工具。在引导学前儿童理解并遵守规则的过程中，不仅有助于儿童自然萌发并认同文明、和谐等社会主义核心价值观，而且对提高全社会文明程度，推进公民道德建设工程大有裨益。儿童是未来社会的主人，必须了解社会规则并养成遵守社会规则的行为习惯，因此社会规则的认知是儿童社会性学习的重要内容，具体包括以下规则。①基本道德规则：即对是与非、对与错、爱和憎等道德问题的认知与判断。②文明礼貌行为规则：个体自身的素质和修养，人际交往与言谈举止的礼仪与规则等。③公共场所行为规则：公共卫生规则、公共交通规则、公共财产保护和爱惜规则等。④群体活动的规则：学习、游戏和生活等群体活动应遵守的规则，如排队、轮流、等待、礼让等。⑤安全规则：用以保护儿童安全的行为规则。

二、学前儿童社会认知教育的组织方法

（一）引导学前儿童观察认知对象

学前儿童对社会的认知，不是简单地接受成人的传递和要求，而是由被动接受变为主动吸收，并在充分了解社会环境和社会规范的基础上做出自己的判断、抉择，继而形成自己独立见解的过程。

在幼儿园的学习中，教师要引导学前儿童对新的认知对象，如社会环境和社会规范进行初步的认知。考虑到学前儿童的年龄及接受能力，只有让学前儿童亲身感受，他们才能更好地理解社会环境和规范，因此，在社会环境和社会规范的认知教育中，教师要充分发挥观察的重要作用，让学前儿童自己在细致的观察中理解新的认知对象。在外出参观时，教师应做好充足的准备，保证教学目标的有效实现和教学活动的顺利开展。例如，在"超市购物"活动中，教师带领幼儿在超市中进行实地观察和体验等。

（二）帮助学前儿童进行规则体验

社会规范的教育不单单是要学前儿童牢记社会规范准则，更重要的是使学前儿童将规则内化，真正适应社会规范、适应社会。

教师在对学前儿童进行社会规范教育时，要运用学前儿童感兴趣的形式，寓教于乐，让他们在轻松愉快的活动和氛围中接受并形成初步的规则意识。例如，教师把相关规范和要求渗透在富有情趣的儿歌中让幼儿学习，更易让幼儿接受，也使教学成效更加明显。

还可以采用行为练习法，创造一定的条件，组织学前儿童按正确的社会行为规范去实践。练习的行为主要有与人交往中的良好行为、符合社会规范的其他行为、劳动行为等。行为练习法的形式多样，教师可以创设特定的模拟情境让学前儿童进行行为练习，也可以在各种生活情境中组织学前儿童进行练习。

（三）鼓励学前儿童自由表达

教师只有引导学前儿童将自己对社会规范和社会环境的理解自由地表达出来（不只是"鹦鹉学舌"般的复述），才能真正了解学前儿童是否正确理解和掌握了这些知识。

教师与学前儿童进行对话是了解学前儿童对社会认知的掌握程度的有效方式和途径。例如，在参观超市的活动结束后，教师可组织幼儿一起讨论和交流心得体会，也可以向幼儿提问："你想在超市买什么东西？它是和哪些物品摆放在一起的？"。通过这种对话，可以使教师更加了解学前儿童学习的程度、水平，加深学前儿童对社会认知的理解。

三、幼儿园社会认知教育活动的实施要点

社会认知教育的途径有许多种，幼儿园教师可以在一日活动中将它们有机地结合起来加以运用。

（一）创设有利于开展社会认知教育的环境

幼儿园环境是幼儿园课程的一部分，极具教育价值。在社会领域的学习中，创设适宜的环境能大大提升学习效率。幼儿园可以设置娃娃家、医院、理发店、小商店、警察局、集市与餐馆等角色游戏区，让幼儿学习不同社会场所的规则，并通过角色扮演来认知不同的社会角色。教师还可以结合主题活动设立主题墙，通过照片、图片等介绍社会事件、家乡风貌等。对于重大的社会事件，教师可以让幼儿一起参与环境创设，让幼儿查找相关图片等，并将它们带到幼儿园与大家分享。

（二）通过游戏活动进行社会认知教育

　　游戏是幼儿十分喜爱的活动，尤其是角色游戏，是对幼儿园进行社会认知教育十分有效的途径。在角色游戏开始前，教师可以加强对社会中不同职业的讲解，例如，收银员除了收钱，还要帮助顾客检查商品、解答顾客的疑问等，对这些有关社会角色的知识，教师可以引导幼儿在角色游戏之前或者之后让幼儿进行讨论。教师在指导结构游戏、表演游戏的过程中，让幼儿从中学习相应的社会规范和行为准则，进而产生同情心、社会责任感，并逐步养成互相帮助的良好品德。教师还可以在设计游戏环节时，加入与社会规则一致的游戏规则。幼儿要顺利开展游戏，必须遵守游戏规则，要遵守规则，必须对规则有所认知。例如，在社会场所经常要等候，等候的时候不要靠近目标位置，要与目标位置保持适当的距离，以防在该位置上的人员产生不安全感。教师可以将这些社会规则引入游戏。在游戏中幼儿之间的相互作用有利于幼儿觉察他人的情绪，发现他人的行为，并由此推测他人的观点，从而更好地发展心理理论与观点采择能力。

（三）在一日活动中渗透社会认知的教育

　　学前儿童社会领域的学习本来就和儿童的日常生活紧密联系，与生活情境、社会场所等密不可分，因此在幼儿园一日活动或外出参观活动中有许多可以用来进行随机教育的情境。例如，带幼儿散步时，不光可以引导幼儿观察动植物，还可以告诉幼儿帮助整理草坪、修剪树枝的是园林工人，让幼儿认识一个新的职业。社会认知教育还可以和其他领域的教育活动相结合，在主题活动中渗透。例如，结合绘本进行有关幼儿心理活动特征的教育，教师让中班幼儿站在小红帽的角度来理解故事《小红帽》，而不是站在听故事的人的角度来体验。两者的视角是不一样的，作为听者，小朋友知道躺在外婆床上的是大灰狼，但是作为小红帽，她起先以为躺着的是外婆。教师借助语言活动可以很好地让幼儿学习观点采择，促进幼儿社会认知能力的发展。

拓展阅读

基于体验活动的幼儿社会认知能力提升的可行途径

　　《指南》中强调，教育应尊重幼儿的学习特点，而幼儿的思维以形象思维占优势，学习多以直接感知、亲身体验等方式来进行，基于此，有效提升幼儿认知能力的可行途径可分为以下几个方面。

　　（一）运动或身体活动

　　运动和身体活动能在大脑的结构及功能层面产生积极的影响，可以提高人类社会认知的可塑性，比较能够针对环境而做出社会认知的弹性改变，而且也能在反应错误或冲突之后注入较强的注意力以做行为表现的调整。这便是人们通常发现好动的孩子比较机灵、善于变通，而好静的孩子比较执着、认死理、较难沟通的原因。相关研究建议，5岁幼儿每天至少进行60分钟出汗性的体能活动，才能促进新陈代谢与骨骼肌肉的强健。由此可见，"运动"对于幼儿不仅能增进身体健康，更能提升社会认知能力。

　　（二）运用共享活动

　　共享活动，通常被称为合作分享活动，大多指幼儿与同伴间的合作与分享，在此主要强调的是教师与幼儿的共享，因为教师与幼儿的共享活动将是幼儿处于最近发展区时教师所采取的有效协助方式。为了促进学习，教师必须建立不同类型的协助及不同类型的共享活动。

教师可以两种不同的方式参加共享活动：一种是作为一个直接参与者，另一种是促进、规划和创造幼儿和其伙伴之间生成共享活动的机会。在幼儿园教室中，无论幼儿正在进行角落活动或是主题的团体讨论与分组活动，教师都有许多机会从事"教育对话"，可能是提供协助与暗示、示范正确的逻辑、引导思考的方向等，用来帮助幼儿建构自己的理解。教育对话的目的之一是让教师发觉儿童的理解程度以及什么样的协助对儿童是最有帮助的。

在学习的道路上，教师的责任是将路标及号志灯放在最有用且最重要的地方，并确保儿童不会错过最重要的转弯处。在这个过程中，教师扮演的角色是伙伴，教师带领团体讨论或共同参与幼儿之间的讨论，抛问题引导幼儿有更加深入的思考，这在主题讨论中比较常见，在角落活动中幼儿产生个别需求时也比较常用，借助教师的参与，提供线索让幼儿进行思考并进一步帮助提升解决问题的能力，将学习的任务交给幼儿。例如，在"妇女节"主题活动中，让幼儿通过自己的方式去了解妈妈的工作，收集相关的材料到幼儿园分享给老师和同伴。教师的另一个角色是规划者，借助规划学习情境、提供媒介物来间接参与共享活动，提供一个鼓励幼儿操作与思考的学习环境，将能支持幼儿的独立表现。

（三）扮演游戏

游戏能有效提升社会认知、社会情绪，促进良好的社会性行为的发展。真正的游戏有三个要素：①孩童创造一个幻想的情境；②担任与扮演角色；③遵从一套由特定角色所决定的规则。在游戏中，孩童自己给自己的行为限制。孩童必须去依附角色所要求的动作与行为。孩童在扮演游戏的过程中，会区分不同角色应有的行为模式，根据对方的反应调整行为，并抑制自己被无关因素吸引或诱惑，这时孩童必须展现较高阶层的自我规范，并具备更好的记忆能力。

在幼儿园的角落活动中，幼儿可依据自己的兴趣选择活动，戏剧性的扮演比较常见，除了在娃娃家的扮演游戏中出现各式各样的情境与故事情节之外，积木角也常见孩子因作品而发展出的角色扮演活动，在玩具分享时也是如此。角色扮演促进规则的内化，并自然约束行为，也能达到抑制控制的效果。角色扮演的过程中，教师需具备敏锐的观察能力，适时地给予支持或与幼儿讨论，延伸出新的或更深入的情境。例如，在"热闹的马路"游戏活动中，教师可带领"小交警"们学习尚未掌握的交通规则，并鼓励"小交警"们学以致用，到马路上（区角环境）实践。

（四）自我对话

自我对话结合说话与思考，当幼儿说话的同时，他们的思考更为主动。在成人身上也经常看见自我对话，我们会一边进行工作，一边自言自语地说出等会儿要做的步骤，以达到自我提醒的功效。在学校里，教师也会让幼儿复述简短句子以帮助记忆，例如："吃完点心要收碗、擦桌、刷牙""教室里轻轻走""明天要穿运动服"等。

曾有老师教导缺乏学习动力的孩子，以回答："让我想一想"取代"不知道"。借助自己口中说出："让我想一想"的同时，头脑也会同步下令开始针对问题进行思考，即使结果不一定令人满意，但是至少有了思考的过程，孩子不会以为只要说"不知道"就可以解决事情。许多时候成人对于幼儿的提醒会变得太琐碎、一厢情愿，最后流于"碎碎念"，成效不大，不如将重点让孩童复述一次，借助说话来帮助孩子思考并进一步内化。

资料来源：张怡雷. 在体验中增进幼儿社会认知［J］. 佳木斯职业学院学报，2016（5）.

第三节　学前儿童社会认知的教育活动示例与导引

小班活动：小猴排队

活动目标

1. 知道排队时不拥挤、不插队，学习正确的排队方法。
2. 感受排队给日常生活带来的便利。
3. 能专心地倾听，积极参与。

活动准备

1. 根据故事《猴子过河》自制挂图。
2. 准备材料：①猴子手偶1个；②幼儿生活中排队的照片（教师自拍班级幼儿在玩滑滑梯、接水、下楼时排队的照片）；③神奇摸箱3个（每只纸箱上留一个洞，大小以能伸进幼儿一只手为宜），小礼物3种，数量与幼儿人数相同。

活动过程

1. 看挂图，听故事《猴子过河》，了解猴子过不了河的原因。

（1）教师借助图片讲故事，边讲边引导幼儿观察图片内容。

（2）引发幼儿思考猴子过不了河的原因。

教师：猴子为什么过不了河呢？它们怎样才能又快又稳地过去呢？

2. 学习正确的排队方法，了解排队给生活带来的好处。

（1）观看生活中小朋友们排队的照片。

教师：小朋友们在幼儿园生活时，是不是也需要排队呢？

教师：我们平时是怎么排队的？为什么要排队呢？不排队会怎样？

（2）教师请一组小朋友练习排队，同时运用猴子木偶演示正确排队的方法：后来的人要站到队伍的最后面，不能插队。

教师小结：在生活中，我们经常需要排队，排队时要一个跟一个，后来的小朋友要站在队伍的最后面，这样我们做事才会又快又方便。

3. 练习排队的正确方法。

（1）出示神奇摸箱。

教师：小朋友们都很棒，学会了排队的本领，今天老师特意准备了礼物要送给小朋友们。礼物就藏在这3个神奇摸箱里，想一想，这么多人都去摸礼物会怎样呢？怎么样才会不拥挤呢？

（2）幼儿分别排成三队取礼物，每人可以分别摸三种礼物。教师加强观察，帮助个别幼儿掌握正确的排队方法。

教师小结：今天，小朋友知道了在人多时要排队的道理，也学会了排队的正确方法。希望你们在生活中能坚持按照正确的方法做个守规则的好孩子。

活动延伸

1. 在日常生活中，鼓励幼儿主动运用排队的方法，同时教师可以在洗手池等经常需要排队的场所贴上小脚印，表示这是第一个到的小朋友所站的位置，帮助幼儿养成自觉排队的习惯。

2. 父母带孩子去公共场合时，要引导孩子学会排队，自觉遵守社会秩序，做个讲文明的好孩子。

评析

1. 选择适宜小班幼儿年龄特点的故事导入，引发幼儿对现象原因的关注、讨论。

教育活动中，教师以故事和图片的方式引入，避免了枯燥的说教，将幼儿的关注点集中在了帮助小猴解决问题上，使话题讨论具有了趣味性和情境性，而问题的答案直接将幼儿指向了规则的讨论，有效地提升了课堂的效率，同时也使课堂气氛轻松、愉快。

2. 通过幼儿生活片段的展现，引发对自身行为的讨论。

小班幼儿的思维具有直觉行动性，对日常活动中无意识的行为不会深入地进行思考。而通过出示照片或视频，小班幼儿以一个旁观者的身份去观察自己和同伴的行为，客观审视自己。对现象进行讨论的过程，帮助幼儿清晰地提炼排队规则并为内化为自觉的意识打下了基础。

3. 鼓励幼儿主动运用习得的规则，在游戏情境下进行实践。

幼儿对排队规则的认识较为浅显，因此行为实践是鼓励幼儿主动运用获得经验的必要途径。教师设计了巧妙有趣的情境（只有一条小路可以到达神奇摸箱），幼儿为了快速地得到3种礼物，必须要学会与同伴共同活动，并且主动运用排队的规则。这一活动环节的设计促进了教学目标的达成。幼儿在获得礼物的同时，也体验到了运用排队规则的好处，有效地强化了规则意识。

附：

故事《猴子过河》

有一群小猴子来到河边，看见河对岸有一棵桃树，上面结满了又红又大的桃子。小猴子们都想吃到桃子，于是它们争先恐后地挤上了独木桥。独木桥太窄了，小猴子们被挤得东摇西晃，一只小猴子快被挤到河里去了，一只老猴子急忙说："快回来！要一个跟着一个排队过桥。"小猴子们听了老猴子的话，一个跟着一个排好队，又快又稳地过了桥，它们都吃到了又红又甜的桃子。

小班活动：端午节

活动目标

1. 感受端午节的文化气氛。
2. 知道吃粽子、划龙舟是端午节的传统习俗，了解端午节的来历。

活动准备

1. 幼儿吃过不同口味的粽子，见过不同形状的粽子。
2. 按幼儿数量准备粽子实物，《赛龙舟》视频。在娃娃家和手工区投放收集到的艾叶及粽子、香包等。

活动过程

1. 说一说：知道端午节快到了。

（1）教师出示粽子，启发幼儿回忆与粽子相关的经验。

（2）帮助幼儿了解端午节的节日名称。

2. 看一看，听一听：了解端午节习俗的来历。

（1）播放《赛龙舟》视频，了解龙舟与一般船样式和划船方式的不同。

(2) 再次播放《赛龙舟》视频，请幼儿模仿划船的动作，感受节日的氛围。
(3) 教师讲述故事《端午节的来历》。
3. 尝一尝：粽子真好吃。
(1) 引导幼儿观察粽子的形状。
(2) 引导幼儿说说粽子的味道。

评析

中华民族深厚的历史底蕴沉淀出许多内容丰富、寓意深刻的节日文化。作为幼儿教育工作者，要弘扬传统文化，让幼儿感受我国传统的民间节日。端午节对于小班幼儿来说相对较难理解，教师能在了解幼儿年龄水平和认知特点的基础上，抓住幼儿爱听故事、爱模仿的特点，将端午节的来历和端午节的风俗，通过听故事、看视频，调动起幼儿参与活动的兴趣和学习愿望，尤其是观看《赛龙舟》的视频，幼儿一下子就被画面及震天的鼓声吸引，跃跃欲试，竞相模仿，活动的效果比较好。

另外，教师在活动前后的处理细致到位。活动前，请幼儿品尝不同口味的粽子，为开展活动做好铺垫；在活动后，通过在娃娃家和手工区投放收集到的艾叶及粽子、香包等，创设适宜的情境，让幼儿在环境中进一步感受端午节的节日气氛。这都与活动中吃粽子、赛龙舟等环节相互呼应，使幼儿在味觉和肢体运动中加深对这个节日的印象。

附：

故事《端午节吃粽子的来历》

在古时候，有一个楚国人叫屈原，他很能干，也很热爱自己的国家。他帮助楚王治理国家，楚王很信任他。可是，有一些坏人不喜欢他，总是到楚王面前说他的坏话，渐渐地楚王就不相信屈原了，让他到很远很远的地方去，不准他回来。屈原非常担心自己的国家，每天都睡不好觉。当听到楚国都城被秦国占领的消息，屈原非常伤心，于是在农历五月初五这天，他来到汨罗江边，跳了下去。人们听说了就划着船去救他，还用竹叶和糯米包成粽子投入江中，让鱼吃饱了不要伤害屈原，可是还是没能救活屈原。后来，人们为了纪念屈原，把每年的农历五月初五称作端午节，划船救屈原的活动就变成了赛龙舟。此外，还有包粽子活动。

中班活动：马路上的"红绿灯"

活动目标

1. 通过做游戏，知道过马路时必须遵守交通规则。
2. 养成遵守纪律的习惯，初步掌握安全小常识，从而学会自我保护。

活动准备

幼儿日常生活中曾观察到的红绿灯标志的图片；用纸板做的红灯、绿灯、黄灯头饰各1个。

活动过程

1. 观看交通事故视频，引出主题："遵守交通安全规则"。

2. 认识交通标志，并通过儿歌内容的了解初步知道"红灯停，绿灯行，黄灯停一停"。

3. 游戏："过马路"（知道走斑马线）。

4. 游戏："我是快乐的小司机"（游戏中教师注意指导幼儿遵守交通规则等）。

5. 游戏完毕，幼儿与教师一起小结，对遵守交通规则的幼儿给予表扬和奖励，并要求幼儿把这些知识带回家和爸爸、妈妈一起分享。

6. 从活动中引出日常生活中我们必须注意的安全事项：进餐细嚼慢咽、走路看路、不随意跟陌生人走等。

7. 设计交通安全标志。

评析

交通规则是社会规则中最普通也是最贴近儿童生活的一种规则。儿童每天进出幼儿园，走在马路上，都要遵守交通规则。这不仅是社会教育的内容，也是健康教育中的一个重要组成部分。活动中融合游戏，可以让儿童在玩中了解并认识交通规则的重要性。活动联系实际生活，同时还融入了艺术领域的内容，活动环节丰富且有趣味性。

案例来源：周世华，王燕媚. 学前儿童社会教育［M］. 北京：高等教育出版社，2019.

中班活动：国旗飘飘

活动目标

1. 认识我国的国旗，初步思考并分析判断国旗的基本特征。
2. 知道国旗的组成元素代表的含义。
3. 有初步的热爱国旗的情感。

活动准备

1. 鲜红色、粉色、黄色、橘色等各种颜色的正方形和长方形的纸，红色的星星和黄色的星星，浆糊。
2. 歌曲《国旗多美丽》。

活动过程

1. 谈话引出主题。

师："小朋友们，你们都在什么地方见过我们国家的国旗吗？"

2. 制作国旗，引出疑问。

（1）师："你们真的认识我们国家的国旗，太棒了！现在就请你们每人选择一张纸来制作国旗。"教师为幼儿提供各种颜色、各种形状的纸，让每个幼儿自己选择一张纸，制作自己心中的国旗。

（2）将幼儿制作的国旗全部挂在黑板上。

师："老师有个疑问，我们的国旗只有一个模样，这里这么多不一样的国旗，到底哪一面才是真正的国旗呢？"

3. 探讨国旗的基本特征。

和幼儿一起思考、分析他们制作的国旗，从而认识我国国旗的基本特征。

（1）师："看着五颜六色的国旗，老师有一个问题，我们国家的国旗的旗面是什么颜色的？"请一个幼儿将黑板上颜色不是鲜红色的旗子全部取下。

师："为什么我们国家的国旗的旗面是鲜红色的，而不是其他颜色的？"

引导幼儿分析，国旗和我们身体里流动的血液颜色一样，让幼儿知道我们的国旗颜色代表无数先烈的鲜血，看到国旗就想到了这些流血牺牲的烈士们，因此我们要爱护国旗。

（2）师："这里有些什么形状的旗子？我们的国旗是什么形状的？"请一个小朋友把黑板上形状不是长方形的旗子取下来。

（3）师："这些旗子上的星星个数不一样，到底我们的国旗有几颗星星呢？"引导幼儿了解我国的国旗叫作五星红旗，旗面上有五颗星。

（4）师："那么五颗星星是怎样摆放的呢？"

出示真正的国旗，让幼儿观察五颗星星摆放的位置，进一步探讨我国国旗的基本特征。

4. 幼儿合作制作国旗。

（1）请幼儿重新选择纸张制作国旗。

（2）组织幼儿讨论应该如何爱护国旗。

活动延伸

师："我国的国旗里还有许多秘密，比如五颗星星各代表的是什么含义呀？请小朋友和爸爸妈妈一起探讨。此外，还有许多关于国旗的故事，请你们的爸爸妈妈讲给你们听。"

评析

爱祖国、爱家乡是幼儿园社会教育的重要组成部分。本次活动中，教师根据《纲要》的要求，结合幼儿的年龄特点，从情感教育入手，选择适合幼儿学习并能直接产生情感的教育内容，制定了明确、清晰的活动目标。

教师除了精心设计教学活动，还准备了丰富的活动材料。在实施活动的过程中，教师没有采用灌输式的教学，而是在活动一开始就让幼儿根据自己对国旗的认识制作国旗，幼儿拿着自己做的国旗，和教师出示的国旗进行比较，慢慢懂得国旗的组成元素以及元素之间的关系，最后在教师的引导下逐步了解国旗的内涵。整个活动充分体现了以幼儿为主体的理念，尊重幼儿的原有经验并不断引导幼儿在对比分析中获得新认识、积累新经验。整个社会领域的活动寓于制作红旗的操作活动中，生动且吸引幼儿的注意力，这是本次活动的亮点。

当然，国旗代表中国，在很多重要场合都要举行升旗仪式，比如奥运会开幕式，运动员比赛夺冠时，学校、幼儿园每周一升国旗，等等。教师可以请幼儿观看这些活动的视频来加深他们对国旗的认识，激发他们热爱祖国的情感。

大班活动：无烟城市

活动目标
1. 了解吸烟对人们健康的危害。
2. 了解吸烟对环境造成的危害，具有一定的环保意识。

活动准备
有关禁烟的视频和图片。

活动过程
1. 谈话活动，激发兴趣。
提问：你们身边有谁抽烟？你觉得抽烟好吗？为什么？
2. 观看视频，感受吸烟的危害。
（1）师：小朋友们，你们看到了什么？（"肺变黑，最后生病了"），是什么原因导致这样的事情发生的？（"吸烟"）
（2）教师小结：吸烟会损害自己的身体，危害他人的健康，还会污染环境。
3. 看图片，感受吸烟给环境造成的危害。
（1）教师出示医院图片，问：能在医院吸烟吗？（"不能，对病人恢复健康有影响"）
（2）教师出示加油站图片，问：这是我们城市的什么地方？加油站里能吸烟吗？（"不能，吸烟会引起汽油爆炸"）
（3）教师出示书店图片，问：你们喜欢城市的书店吗？（"喜欢"）书店里能吸烟吗？（"不能，会引起火灾"）
（4）出示幼儿园图片，问：这是什么地方？幼儿园里能吸烟吗？（"不能，会影响小朋友的健康成长"）
（5）小结：我们的城市多么美丽！吸烟会给我们的城市带来这么大的危害，我们应该怎么做呢？（"禁止吸烟"）
4. 鼓励幼儿以多种方式宣传禁烟。
师：我们该用什么方式告诉大家不要吸烟呢？（"制作禁烟标志""画出吸烟的危害""做小小广播员，宣传吸烟的危害"等）

活动延伸
鼓励幼儿向周围的人宣传香烟的危害，劝告身边的人戒烟、爱护环境。

评析
"无烟城市"这一教学活动的设计意图是让幼儿关注生活中的吸烟现象，懂得吸烟是一件有害身体健康的事情，也会给环境带来危害，让幼儿做生活中的有心人，向身边的人宣传吸烟的危害。

在活动设计中，教师通过谈话、看视频等多种教学手段，让幼儿了解吸烟危害身体健康，污染环境。教师依据教学中的关键点设计问题，引导幼儿联系生活，通过观察、思考、交谈获得有益的生活经验。

活动材料的准备也很充分、明确，因而较好地达成了预期目标。

建议：在活动过程的第四个环节，引导幼儿以小组的方式进行讨论，使幼儿在合作分享中获取宝贵的同伴交往经验，增强表述能力。

💡 **讨论与思考**

1. 如何理解学前儿童社会认知的内涵?
2. 学前儿童社会认知的发展特点是什么?
3. 幼儿园社会认知教育活动的实施要点有哪些?

⭐ **实践探索**

小组合作设计一份幼儿园社会认知教育活动方案。

第七章 学前儿童社会交往能力的发展与教育

学习目标

1. 了解幼儿社会交往的含义,理解并掌握幼儿社会交往的类型;
2. 了解同伴交往的发展模式与特点;
3. 掌握幼儿园社会交往教育的目标、内容和实施要点;
4. 能够运用相关理论与方法设计并实施有利于促进幼儿社会交往的教育活动。

问题导入

在某幼儿园小班的一个建构区内,明明和欢欢正在搭积木,两个人一边搭,一边互相交流着各自家里都有什么玩具,自己的爸爸妈妈都带着自己去过哪里玩,氛围欢快融洽。旁边的小虎看着他们很是羡慕,围绕着明明和欢欢跑来跑去,笑呵呵的。不一会儿,小虎趁着明明和欢欢不注意,把他们搭好的动物园给踢翻了,这下两个小朋友不乐意了,对着小虎就是一顿大喊,问他为什么要这样做,小虎见状委屈地大哭起来。

问题:假设你是该幼儿园小班的老师,你如何看待这一现象,会如何处理呢?让我们带着问题,一起来探究学前儿童的社会交往。

第一节 学前儿童社会交往的发展概述

学前儿童的社会交往是生长发育与个性发展的需要,是幼儿与周围人相互交流信息与情感的过程,是完成个体社会化的过程。社会交往能力是指能察觉他人情绪意向,有效地理解他人和善于同他人交际的能力。对于学龄前儿童,特别是进入幼儿园的3~6岁幼儿来说,社会交往则可以具体化为在生活、学习、游戏等活动中,与周围人的接触与交往中,呈现出的包括利他行为和助人行为在内的一切对社会有积极作用的行为。

一、学前儿童社会交往的意义

《纲要》中指出:"引导幼儿参加各种集体活动,体验与教师、同伴等共同生活的乐趣,帮助他们正确认识自己和他人,养成对他人、社会亲近、合作的态度,学习初步的人际交往技能。"同时还强调:"提供自由活动的机会,支持幼儿自主地选择、计划活动,鼓励他们通过多方面的努力解决问题,不轻易放弃克服困难的尝试。"

(一)学前儿童社会交往的含义

作为具有社会群居属性的人类个体来说,社会交往又可称作人际交往,是指在社会生活中,人们运用语言或非语言符号系统相互交流、沟通的过程,主要包括交往者、信息、人际认知、人际反应、人际关系以及交往背景等因素。学前儿童社会交往是指在其社会生活中,幼儿运用语言及非语言系统,在与同伴进行游戏、生活和学习等活动过程中,以及与成人接触、交流过程中,进行信息互换交流和情感沟通的过程。

(二)学前儿童社会交往发展的意义

社会交往对于幼儿来说具有重要的意义。社会交往是幼儿参与社会生活的基本方式,也是幼儿社会化的基本途径。与成人和同伴的交往,有助于幼儿情绪的宣泄,能够促进幼儿情绪情感的发展;同时在与人交往的过程中,幼儿可以不断丰富自己的知识与经验,学会评价自己并且完善自我,促进自己想象力和创造力的发展。此外,通过与成人和同伴的交往,幼儿可以在帮助他人或者获得他人帮助的过程中,学会换位思考,学会关心和帮助他人,促进幼儿人际交

往能力的发展。

1. 学前儿童社会交往是幼儿社会化的基本途径

社会交往是人类社会性技能的重要组成部分，也是个体社会化的起点和必经之路的基础和前提。幼儿出生以后，只有在与父母、同伴及社会其他成员交往的过程中，才能逐渐掌握交往技能、技巧，建立不同的人际网络关系，形成自己的社会支持系统。

2. 学前儿童社会交往有助于幼儿宣泄消极情绪，促进身心健康

社会交往在个体情绪情感上的最终目的是通过交往、交流情感，缺乏必要的交往会导致个体心理负荷过重，幼儿与幼儿之间的社会交往可以为其学习技能、交流经验、宣泄情绪、习得社会规则、完善人格提供充分的机会。良好的交往能力是建立良好人际关系的基础和前提。通过交往，幼儿可以结交好朋友，形成自己的交往群体，遇到不开心的事情，可以向伙伴倾诉，可以获得朋友的安慰和鼓励，给幼儿提供交往机会，可以使他们找到朋友倾诉、宣泄负面情绪，有利于其身心健康。

3. 学前儿童社会交往有助于幼儿思维和语言的发展

语言是人们进行交往的工具，思维是人们认识人与事物内在本质的能力。思维、语言与社会交往是相互影响、相互促进、密不可分的关系。随着年龄的增长，幼儿的语言也因在交往中受到锻炼而日益发展完善。久而久之，幼儿便学会在不同场景和不同朋友之间进行交谈的方式与技巧，形成自己独特的语言风格与思维特点。交往的过程，就是幼儿思维方式的外显过程。

4. 学前儿童社会交往使幼儿逐步完善自我，获得朋友，产生集体荣誉感

正是在与他人的相互作用中，幼儿才能根据自己与父母、老师、伙伴的交往经验，确立他们的自我，从而促进人格的健康发展。人难免遇到种种困难与挫折，通过社会交往，幼儿可以在遇到困难时寻求帮助，获得朋友的支持和克服困难的力量，同时也学会关心和帮助别人的生活。在幼儿的世界，交朋友是件令人激动的事。随着年龄的增长，家长的陪伴已经不能满足幼儿心理上的要求，幼儿的世界只有在其同龄人那里才会得到完整的展现。让幼儿学会交友，不仅是一个交际问题，也是幼儿成长不可缺少的学习方式。在集体中，幼儿需要考虑与集体的关系、与集体成员的相互关系，逐步学会合作、分享、谦让，使自己在集体中的地位得到稳固和加强，产生集体荣誉感。

二、学前儿童社会交往发展的影响因素

学前儿童社会交往行为的发展作为幼儿社会化的一个部分，它的发展如同幼儿个体的社会化一样，是贯穿于幼儿成长始终的。幼儿社会交往行为的发展是个体在与社会相互作用中成长变化的一个过程，它是在一定的社会与文化环境中发生的。这些社会与文化环境构成了影响幼儿社会交往行为发展的外部因素，与此同时，幼儿社会交往行为的发展也离不开幼儿自身的内部因素。

（一）学前儿童的自身因素

从幼儿自身的角度来看，他们的社会交往行为的发展主要受到认知能力、自控能力、性格特点等方面的影响。

1. 认知能力

根据皮亚杰的认知发展阶段理论，3~6岁幼儿的社会认知处于以自我为中心的阶段，还没有形成对他人外部特征完整且确切的认知，对观点的采择多以自我为中心。不过，这一时期幼儿的移情能力（指幼儿能够认识别人的情感，并且产生相同的情绪反应，体验别人情感的能力，包括认知和情感两种成分）已经有了初步的发展。一方面社会认知的自我中心性使得幼儿在这一阶段

会经常出现与同伴之间的争抢行为，另一方面移情能力的初步发展，又会使得幼儿在与同伴或成人发生矛盾后，经过特定的指导和疏导，能很快地感受到别人的情绪情感，可以在较短时间内重新发起交往行为。

📖 拓展阅读

霍夫曼移情与道德发展理论

马丁·L.霍夫曼是美国纽约大学著名的儿童与发展心理学教授，他在三十多年系统研究移情心理学的基础上，吸收了他人对移情心理学研究的大量成果，在对儿童亲社会道德发展和实践做了比较全面、系统的阐述之后，提出了一个重要理论：移情是打开社会道德发展之门的钥匙。

移情是心理学的概念，心理学家一般从两个方面来界定移情：①移情是对另一个人的内在状态的认知觉察，内在状态是指他的思想、感受、知觉和意图；②移情是对另一个人产生同感的情感反应。霍夫曼的移情道德发展理论就是以第二种心理学界定为理论依据的，认为人们通过感受他人的心情从而理解他人，最终产生关爱他人的道德情感，他所关注的焦点是移情忧伤，因为他认为亲社会道德行为通常包含帮助某个不愉快、痛苦、危险或其他形式的忧伤之中的人。

那么移情是如何产生的呢？霍夫曼给出了5种唤醒移情的机制：①模拟状态，亚当·斯密曾经对模拟状态做过非常直观的描述，他举出了一个很简单的例子来说明这种状态：当我们看到一个攻击动作正准备打在另一个人的腿上的时候，我们会自然地缩回自己的腿。这就包含两个步骤：首先观察者自动地模仿他人的表情，然后他人的表情发生变化的时候，观察者的神经肌肉方面的组织会引起传入反馈，这种反馈就会在观察者身上产生与受害者的情感相匹配的感受。②经典条件反射，这个比较适用于比较亲近的人，尤其是儿童和父母之间的情感交流，当儿童看到母亲忧伤的时候，也会产生同样的忧伤，于是就会反思自己的行为。③直接联想，是指当看见他人遇到困境的时候，会想象相同的事情发生在自己的身上，于是产生对他人的同情。④间接联想，这是通过语言为媒介的道德移情，因为人的情绪很多时候是通过语言进行交流的，语言所特有的东西不是其自然属性，而是它所代表的含义，这种含义能够使观察者对受害者的面部表情、内部情绪产生联想；同时语言媒介还可以使观察者想象自己处在受害者的位置，从而产生道德移情。⑤角色选取，这是一种较高水平的移情机制，它是以高级水平的认知加工为前提的，角色选取通常有两种方式，一种是以自我为中心的角色选取，另一种是以他人为中心的角色选取。前者是把自己当作他人去感受他人的处境，而后者是直接想象他人的处境。霍夫曼认为，以自我为中心的角色选取会比以他人为中心的角色选取获得更多的移情情感，也更有利于做出帮助他人的行为。

霍夫曼认为道德移情的唤醒机制只能够表明人们会受到处于困难中的人们的影响，但是具体会是一些什么样的影响呢？霍夫曼给出了4种道德移情的类型：①移情愤怒，当一个人使他人陷入危险或者困难的时候，观察者的注意力就会从受害者的身上转移到肇事者身上，观察者会对肇事者感到愤怒，因为他会同情受害者，或者是因为他对受害者产生了移情。②同情忧伤，这是在移情忧伤的基础上发展而来的，当受害者的痛苦或不幸是由于自然原因或者某些人力无法控制的原因，如火灾、水灾等导致的时候，移情忧伤就会转化为同情忧伤，这种同情忧伤就会促使人们去帮助受害者。③以移情为基础的内疚，这种移情发生的原因是移情观察者感受到对受害者应该提供帮助，但是由于害怕受到牵连或者其他一些主观原因而没有对受害者提供帮助，从而导致受害者的忧伤继续发生的时候，他们就会产生内疚。霍夫曼认为以移情为基础的内疚是一种亲社会行为，他以生活中的一些小事为例，证明了那些没有对受害者提供帮助的人事后都会对自己的行为感到自责。这样一种对未采取行动的预期内疚会时刻提醒人们在面对他人的危机时要及时提供帮助，否则事后就会受到良心的谴责。④以移情为基础的不公正感。这种移情感受的出发点是观察者对受害者有一定了解，他会对受害者是否应该遭受痛苦做出推断，而这种推断则是以受害者的个人品格或者民族群体以及社会阶级为基础的。比如，当观察者和受害者是属于同一个民族或者阶级的时候往往更容易产生不公平感的移情。

霍夫曼在承认世界上没有放之四海而皆准的道德法则的同时，重点提出西方社会的普遍的道德原则："关爱"与"公正"，这也是他的移情道德发展理论中的核心原则。移情性的悲伤同关爱有着直接的联系，霍夫曼甚至认为在一些特定的情境下关爱更像是移情忧伤的自然延伸，因为正是人们感受到了他人的悲伤才会对他人产生应有的关爱。而移情同公正之间的相关性表现得不是特别明显，移情往往会影响惩戒的公正性，比如在法庭上，陪审团的成员可能会为辩护人的辩护而动容，这样势必会影响司法的公正性，但是霍夫曼又认为移情对分配的公正性有着很大的帮助，一个具有移情能力的人往往在分配的时候不仅仅考虑个人的得失而是会把他人的利益也考虑进来，这样就使得人们不得不考虑不同分配系统对弱势群体以及辛勤劳动者产生的作用，从而有利于分配的公正性。

霍夫曼的道德移情发展理论实质上就是将一个社会紧密联系在一起，他的出发点是人与人之间应该相互理解、相互关心，虽然这样一种出发点未必是真实的，但是他所阐释的移情产生的机制、道德移情的类型以及道德移情的原则对我国道德教育仍然有一定的借鉴意义。

2. 自控能力

幼儿的自控能力主要包括对动作和运动的控制、对认知活动的控制以及对情绪情感的控制。从有关研究可以看出，处在学龄前的幼儿的控制能力还是比较弱的，但3~5岁的幼儿其自我控制能力随着其年龄的增长而呈现上升趋势，4岁左右这一方面的表现则最为明显。在这一时期，从生理的影响角度来看，女孩的自控能力要高于男孩。自控能力的高低，会直接影响到幼儿与同伴之间的交往，同伴交往中经常出现的分享、合作、谦让等行为，都与幼儿对自我认知活动和情绪情感的控制力有关。

3. 性格特点

在人际交往中，性格有着至关重要的作用。不良的人格特征容易给人以不良评价、不愉快的感受甚至一种危险感，因而会影响幼儿的人际交往，如为人虚伪、自私自利、不尊重人、嫉妒、猜疑、自卑、骄傲、孤独、固执等。对于学龄前儿童来说，性格活泼开朗、亲切可人的幼儿往往比性格孤僻或冲动暴躁的幼儿更能得到老师和同伴的喜爱。

（二）外部因素

1. 家庭环境

家庭是幼儿生活成长的最基础的环境。在这其中，父母的言行、教养方式以及对幼儿社会交往的态度、要求和行为，还有家庭的情感氛围等，这些虽是生活的细节，但是都会被幼儿看到和感受到，对幼儿有着直接的影响。例如，父母之间的相处方式，父母对待老人的态度与方式，父母对幼儿自己的态度，在遇到矛盾或冲突时，家庭成员的处理方式，等等，都会给幼儿带来潜移默化的影响。家庭环境直接影响到幼儿在与同伴遇到冲突时会倾向于采用何种方式。

2. 幼儿园环境

幼儿园是幼儿生活成长的主要场所。在这一环境里，对幼儿社会交往行为的影响主要来自教师以及同伴。教师在幼儿的心里具有很高的权威性。教师的言行同样对幼儿有着直接的影响，在幼儿园中，我们经常会观察到，如果一个班级的老师平时与人说话的方式是温和亲切的，对待班级里的小朋友是和蔼可亲的，这个班级的小朋友们慢慢地也会学习这种与人相处、交往的方式，甚至会把这种影响带回到家庭里。

3. 社会环境

从社会环境来看，对幼儿影响最大的还是大众传播媒介，它是社会传递文化和渗透道德价值观的主要途径。随着人们生活水平的提高，越来越多的幼儿早早地接触到电脑、手机等网络媒介，观看动画片、短视频、游戏视频等，在不知不觉中影响着幼儿的社会交往观念和具体行为。例如，幼儿会学着动画片里的"好朋友一起玩"，进而在生活中发展分享行为，也会学着电视里一些不文明的交往语言，还有一些因交往过程中产生矛盾而引起的攻击行为。

三、学前儿童社会交往的特点

3~6岁的幼儿在交往范围逐渐扩大的同时，其交往对象也不断增多，这一时期幼儿的交往态度和交往能力也有了很大的发展，交往范围和交往内容更加广泛和丰富。3岁起，幼儿开始走出家庭，跨入幼儿园，会发现自己的某些愿望和行为与别人不一样，甚至常常会受到外界的限制和干涉。在与其他幼儿相处的过程中，逐渐学会与同伴合作、分享、协商，如怎么处理拒绝与接受、支配与服从以及竞争与合作的关系等。不同年龄的学前儿童在社会交往方面具有以下特点。

（一）3岁左右幼儿的社会交往特点

3岁的幼儿进入幼儿园，虽然人际交往的范围已经由父母和其他亲人之间扩大到同伴，但是他们在游戏中的交往常常是非社会性的，他们很愿意与同龄的小朋友玩耍，但他们之间的交往通常是没有什么联系的，彼此之间互不打扰，各玩各的，这一时期的游戏形式多以独自游戏或平行游戏为主。因此，小班幼儿人际交往教育的侧重点是培养幼儿喜欢、乐意与成人和同伴交往的态度。

（二）4岁左右幼儿的社会交往特点

4岁的幼儿已经具有具体形象性思维的特点，自我意识也有了一定的发展，他们与同伴的交往进一步加强，但同时竞争意识逐渐发展，争吵和告状成为该年龄段幼儿典型的行为。同伴之间的联合游戏也逐渐增多，并且成为主要的游戏形式。在游戏中，幼儿之间的交往呈现多种形式，不仅有语言形式的交流，同时会有动作和行为的交往；有的幼儿能够主动寻找自己的游戏玩伴，形成良好的游戏氛围，而在游戏中的争吵行为也逐渐增多。但是，这种争吵是幼儿心理接触的撞击，在争吵和告状中幼儿能够学会对服从和坚持的选择，最终获得合作、协调的能力，并且这一时期幼儿合作的时间明显变长。因此，中班幼儿人际交往教育的侧重点在于帮助幼儿学习交往的技能。

（三）5岁以后幼儿的社会交往特点

5~6岁的幼儿抽象思维开始萌芽，独立性增强，自我意识得到很大限度的发展，在与成人、同伴的交往中，不仅掌握了一定的社会交往技能，而且习得了一定的人际交往规则。5岁以后，同伴之间的合作游戏开始发展，同伴之间交往的主动性和能动性也在不断增强。在幼儿的社交游戏中，合作游戏是幼儿游戏的最高水平。在游戏中，幼儿在共同制定游戏规则的要求的制约下，同伴之间有分工有合作，拥有共同的游戏目的和计划，他们愿意为完成游戏而共同努力。因此，大班幼儿人际交往教育的侧重点是在小班、中班两层内容的强化培养的基础上，培养幼儿人际交往的规则。

四、学前儿童社会交往的主要类型

学前儿童生活生长的范围一般在家庭与幼儿园中，交往的主体主要为家长、同伴和教师等，依据交往主体的不同来划分，学前儿童社会交往的主要类型有亲子交往、同伴交往、师幼交往以及与社会其他人员的交往。

（一）亲子交往

亲子交往是指父母与子女的交往，包括隔代交往。从社会交往发生的时间顺序上来看，亲子交往是幼儿最早发生的交往类型，父母是幼儿最早的社会交往对象。良好的亲子关系和幸福的童年家庭生活，是幼儿健康成长的基础。家庭结构与社会经济地位以及父母的教养方式，都会影响到亲子交往的质量。

（二）同伴交往

同伴交往是指年龄相同或相近的幼儿之间的一种共同活动并相互协作的交往，或者主要指同龄人之间或心理发展水平相近的个体之间在交往过程中建立和发展起来的一种人际关系。幼儿进入幼儿园之后，开始生活在一个相对稳定的同伴互动环境中，这种环境的相对稳定与独立性，为幼儿提供了探索各种新的人际关系的途径。一般来说，同伴交往的发展模式会随着年龄增长和身心各项发展水平的发展而发生变化。

（三）师幼交往

师幼交往是指教师与幼儿之间的交往，包括教师与幼儿之间的各种交流、互动，还有隐性层面的情感沟通、教育引导等。师幼交往有着较深的教育理念背景。良好的师幼关系的建立，前提是教师要树立科学的、正确的儿童观与教育观。师幼关系相对于亲子关系、同伴关系，有其特殊性，即"教育关系"，但是长期以来，师幼关系呈现出以教师为主导的趋势，教师过分强调关系中的"教育性"，与幼儿的交往多集中在幼儿园传统教育活动中，交往的方式以一对多为主。有研究表明，在幼儿园的师幼交往中，由教师开启的师幼互动事件占69%，而幼儿作为主动发起者的占31%。在师幼交往中，教师与幼儿还没有达到真正意义上的平等对话关系，我们所一直倡导的以幼儿为主体的教育观还没有得到全面落实。

（四）与社会其他人员的交往

与社会其他人员的交往，主要是指幼儿与除去父母家人、教师、同伴的交往类型。幼儿与社会其他人员的交往范围取决于其生活的活动范围，一般包括公共场所的工作人员以及父母、同伴、教师的辐射关系网内的人员，交往的内容相对来说比较浅显。

五、学前儿童同伴交往

同伴关系对儿童社会性发展和社会适应发挥不可替代的作用。儿童在同伴交往中，可以把从父母和老师处习得的社会技能付诸实践，使其个体认知、情绪和社交行为方面得以发展。因此，本节内容将对学前儿童社会交往中的同伴交往做较为详尽的叙述。

（一）同伴交往的主要模式

20世纪20年代，美国心理学家帕顿（M.B. Parten）从游戏的角度，侧面说明了幼儿同伴交往的发展变化过程。帕顿运用时间取样法研究了2~5岁儿童在游戏中表现出的社会参与行为，根据观察记录的结果将儿童的社会游戏分为了六类：非游戏行为、旁观游戏、独自游戏、平行游戏、联合游戏与合作游戏。儿童在不同的游戏水平下，相应地呈现出区别较为明显的同伴交往行为。

非游戏行为：0~2岁的幼儿对于游戏还没有清晰的认识，表现出的行为是无所事事的闲逛或跟随成人走动，还称不上是游戏。旁观游戏：2岁开始幼儿有兴趣旁观他人进行游戏，自己则不会参与到游戏之中。独自游戏：2岁半开始幼儿能独自进行游戏，但专注于自己的游戏活动，即使旁边有同伴也不会发生交集，仿佛没有意识到其他孩子的存在。平行游戏：2岁半到3岁开始幼儿渐渐地在游戏时会受到旁边同伴的影响，时常会选择与旁人一样的玩具、材料、玩法，但依旧专注于自己的游戏之中。联合游戏：3岁半到4岁以上，幼儿可以与小伙伴交换玩具、一起玩游戏了，但是还没有明确的游戏目的和组织分工意识。合作游戏：4岁半以后，幼儿逐渐有了与其他伙伴分工、合作进行游戏的意识和能力，有了预期的目标和日渐稳定的游戏主题。

后期有专家学者在探讨儿童社会性发展的基础上，提出了幼儿同伴交往和友谊的发展阶段，如表7-1所示。

表7-1　幼儿同伴交往和友谊的发展阶段

年龄	特点
0~6个月	触摸并看着另一婴儿，以哭泣来回应其他婴儿的哭声
>6~12个月	• 尝试通过观察、触摸、喊叫或挥手来影响另一婴儿 • 通常以友好的方式与另一婴儿互动，但有时候会拍打或推搡
>1~2岁	• 开始采用互补的行为，比如轮流玩、互换角色等 • 这一阶段出现了更多社交活动，开始进行想象游戏
>2~3岁	• 在游戏以及其他社交互动中，开始具有交流意图，如邀请另一儿童一起玩或表示到时间该互换角色了 • 开始更喜爱和同伴一起玩，而不是成人的陪伴 • 开始进行复杂的合作活动或戏剧的表演，开始喜欢同性别的玩伴
4~5岁	• 能与同伴分享更多，期望将游戏中获得的兴奋和享受最大化 • 游戏时间更持久，更乐于接受除主角之外的其他角色

续表

年龄	特点
6~7岁	• 达到想象游戏的顶峰，喜欢和同性玩伴一起玩的倾向更加稳定 • 友谊的主要目标是进行合作和一起游戏

（二）学前儿童同伴关系发展的特点

1. 学前儿童同伴关系发展的年龄特点

幼儿同伴交往能力的内部结构可分解为4个维度：社交主动性、亲社会性、语言与非语言能力以及社交障碍。①社交主动性，指幼儿在同伴交往过程中能主动发起交往，参与到同伴的交往互动中；②亲社会性，指幼儿在同伴交往中表现出关心、友善、合作、分享等正向社会行为；③语言和非语言能力，指幼儿在同伴交往中会运用各种语言或非语言形式进行交往的能力水平；④社交障碍，指幼儿在同伴交往中出现困难、害怕、抗拒等消极行为。

研究表明，幼儿同伴交往能力无论在哪一维度上都是随着年龄的增长逐步提高的。学前儿童同伴交往的能力水平，发展最快的是小班到中班阶段，大班幼儿与中班幼儿的同伴交往能力则无显著差异。这主要是因为幼儿在社会环境和教育的影响下，随着交往经验的增多和心理发展水平的逐渐提高，不断实现去自我中心化，社会认知能力也不断提高，使得同伴交往能力有了较大的发展。不少研究者认为，幼儿同伴交往能力的发展存在关键期。通过研究也证实了关键期的存在，并进一步发现小班到中班年龄段是幼儿同伴交往能力发展的关键期。

2. 学前儿童同伴关系发展的性别特点

在前面的章节中，我们也讨论过学前儿童的自身因素对社会交往的影响，包括气质、性别等。在学龄前儿童同伴交往过程中，特别是在像幼儿园这样相对固定的交往场所，同伴交往中的性别特点表现得更为突出。首先，在选择玩伴方面，随着年龄的增长，学前儿童会越来越倾向于同性别的伙伴；其次，不同性别的群体，同伴交往互动的情境也不相同。在男孩群体中，他们的游戏互动情境倾向于竞争性，即追求勇敢与力量的比拼，如男孩喜欢担当"消防员""警察""队长"等角色，而且他们想象的玩具模型有类似于"很厉害的骑士"等具有强大能力的形象。相比较之下，女孩群体的游戏互动情境倾向于合作性。维持同伴互动关系的稳定、相互之间寻求安全感等情感的满足，是女孩同伴文化中最显著的性别特征。女孩之间主要通过合作分享共同游戏，如她们会扮演类似于"小兔子"和"宝宝"等生活中较为安静、温暖型的角色，并且她们更热衷于采用语言形式进行比较与分享，通过倾听与表达的方式向同伴呈现出来。

（三）学前儿童同伴关系的类型

处于同伴群体及同伴关系中的学前儿童，可分为以下几种类型。

1. 受欢迎型儿童

受欢迎型儿童通常会得到较多的正提名和较少的负提名。他们情绪稳定，反应敏捷，活动的强度和速度适中，在交往中积极主动。这些儿童喜欢与人交往，而且善于交往，经常表现出友好、积极的交往行为，因而受到大多数同伴的喜爱。受欢迎型儿童是人们推崇的，他们良好的同伴关系为其自身的成长、成功铺平了道路，这些儿童大都倾向于成为优秀的社会问题处理者、有效的协调者和对他人的支持者。

2. 被拒绝型儿童

被拒绝型儿童通常会得到较少的正提名，却有较多的负提名。这些儿童情绪不稳定，爱冲动，其活动的强度较大，速度较快，特别好动，较外向，注意力易分散，坚持性差。他们喜欢和小伙伴们交往，却不会交往。在与同伴的交往中活跃、主动，但经常采取不友好的交往方式，如抢玩具、随意改变游戏规则等，因而经常被同伴排斥、拒绝。被拒绝型幼儿容易在今后的生活中遇到严重的适应问题，表现出更多的敌意、批评、攻击性，更容易活动过度和过分离群，产生强烈的孤独感。

3. 被忽视型儿童

被忽视型儿童通常会得到很少的正提名和负提名。与其他学前儿童不同的是，这些儿童不大喜欢与他人交往，他们平时很安静，常常独处或独自活动，在交往中表现出退缩或畏缩，很少表现出主动、友好的行为，也很少表现出不友好、攻击性行为。因而既没有多少同伴喜欢他们，也没有什么同伴会很讨厌他们。这类学前儿童通常比较听话，在平时生活与交往中暴露的问题不明显，不易引起教师和同伴的注意，往往也成为被教师忽视的群体。这些被同伴和教师忽视的儿童缺乏与他人积极情感的交流，对他人反应冷漠，对班级活动也缺乏兴趣，行为也会变得愈加退缩。

4. 矛盾型儿童

矛盾型儿童通常得到的正提名和负提名均较多。指的是那些被某些同伴喜爱，同时又被另一些同伴讨厌的儿童，也称"有争议的儿童"。这些儿童一方面能力较强，性格较活跃，能领导大家进行游戏，在某个团体中有一定的权威地位；另一方面有时候会压制同伴，行为有时会具有破坏性，从而引起一些同伴的反感。

5. 一般型儿童

一般型儿童通常会得到平均的正提名与负提名。他们在同伴提名中不会获得极端的分数（最喜欢或最不喜欢）。这些学前儿童在同伴群体中处于中间的位置，既不是特别主动、友好，也不是特别被动、惹人讨厌；同伴们大多不是特别喜爱、接纳他们，也不会特别拒绝、忽视他们。这类学前儿童能够参与同伴交流、游戏，但表现不是很突出。

📖 拓展阅读

同伴提名法

同伴提名法是一种社会测量法。社会测量法是由美国社会学家、心理学家莫雷诺提出的，它有许多种不同的形式，同伴提名法是其中最基本、最主要的一种。同伴提名法的基本实施方法是让被试根据某种心理品质或行为特征的描述，从同伴团体中找出最符合这些描述特征的人。比如，研究者以"喜欢"或"不喜欢"为标准，让幼儿说出班上他最喜欢或最不喜欢的三个小朋友，然后对研究结果进行一定的技术处理并解释。提名法测量的基本原理认为，儿童同伴之间的相互选择，反映着他们之间心理上的联系。肯定的选择意味着接纳，否定的选择意味着排斥。一个人在积极标准（如喜欢）上被同伴提名次数越多，就说明他被同伴接纳的程度越高，反之，一个人在消极标准（如不喜欢）上被同伴提名越多，就说明他被同伴排斥的程度越高。也就是说，同伴之间在一定标准上所进行的肯定性或否定性选择，实际上反映着同伴之间的人际关系状况。因此，通过分析同伴的选择结果，就可以定量地测量儿童同伴间的关系。具体来说，同伴提名法在幼儿同伴交往研究中主要有3个方面的作用：①了解幼儿同伴群体的整体人际交往状况、结构；②了解幼儿同伴群体中每一个幼儿的人际关系状况及其在同伴群体中的地位；③根据其提名结果将幼儿划分为不同的社交类型，如受欢迎型、被拒绝型、被忽视型、矛盾型、一般型等，并结合其他方法研究各类儿童所具有的特征。

第二节 学前儿童社会交往的教育

一、幼儿园社会交往教育活动的目标

（一）学前儿童社会交往目标

社会交往主要涉及幼儿在与他人交往过程中逐渐学会的交往技能，以及对新环境和陌生人的适应能力，包括与同伴和成人的交往，在集体生活中的交往以及掌握相应的社会交往技能等，根据各年龄段幼儿社会性发展特征及《指南》中对各年龄阶段幼儿社会教育提出的具体要求，按照由易到难、由具体到抽象的规律，可将社会交往各年龄段目标设置如下。

1. 小班（3～4岁）幼儿社会交往的教育目标

①在群体生活方面，对群体生活有兴趣，逐步适应幼儿园的集体生活，情绪稳定、愉快、喜欢上幼儿园。

②在关心尊重他人方面，长辈说话时能认真倾听，并能听从长辈的要求，身边的人生病或不开心时能表示同情，在成人提醒下能做到不打扰别人，初步学会日常生活中的礼貌用语。

③在与人交往方面，愿意和小朋友一起游戏，愿意与熟悉的长辈一起活动。

④在与同伴友好相处方面，想加入同伴的游戏时，能友好地提出请求；在成人指导下，不争抢、独霸玩具，与同伴发生冲突时，能听从成人的劝解。

2. 中班（4～5岁）幼儿社会交往的教育目标

①在群体生活方面，愿意并主动参加群体活动，愿意与家长一起参加社区的一些群体活动。

②在关心尊重他人方面，会用礼貌的方式向长辈表达自己的要求和想法，能注意到别人的情绪，并有关心、体贴的表现，爱父母，能体会到父母为养育自己所付出的辛劳。

③在与人交往方面，喜欢和小朋友一起游戏，有经常一起玩的小伙伴，喜欢和长辈交谈，有事愿意告诉长辈。

④在与同伴友好相处方面，会运用介绍自己、交换玩具等简单技巧加入同伴游戏，对大家都喜欢的东西懂得轮流、分享，与同伴发生冲突时，能在他人帮助下和平解决；活动时愿意接受同伴的意见和建议，不欺负弱小。

3. 大班（5～6岁）幼儿社会交往的教育目标

①在群体生活方面，在群体活动中积极、快乐，认识小学，对小学生活有好奇和向往。

②在关心尊重他人方面，能有礼貌地与人交往，能关注别人的情绪和需要，并能给予力所能及的帮助，尊重为大家提供服务的人，珍惜他们的劳动成果，接纳、尊重与自己的生活方式或习惯不同的人。

③在与人交往方面，有自己的好朋友，也喜欢结交新朋友，有问题愿意向别人请教、有高兴的或有趣的事愿意与大家分享。

④在与同伴友好相处方面，能想办法吸引同伴和自己一起游戏，活动时能与同伴分工合作，遇到困难一起克服，与同伴发生冲突时，能独立协商解决，知道别人的想法有时和自己不一样，能倾听和接受别人的意见，不能接受时会说明理由，不欺负别人，也会采取适当方式保护自己。

（二）幼儿园社会交往教育活动目标制定的原则

1. 目标涵盖要全面

目标涵盖要全面，具体包括认知、动作技能和情感三个维度（图7-1）。

认知维度	动作技能维度	情感维度
交往规则的认知（人际交往规范的认知、待人接物的礼仪，懂得相互理解、尊重与支持，平等、合作、分享、协商、包容、忍让、妥协、诚实守信等）、幼儿观点采择、自我认识等社会认知能力的发展等	归属感、责任感、同情心和自尊心，理解、尊重和赞赏他人等积极的态度	分享、关心、同情、合作等积极的亲社会行为

图7-1　幼儿园社会交往教育活动的目标维度

2. 目标适合幼儿发展需求

教育活动目标制定的最终目的不是为了让幼儿去完成，而应该是通过目标更好地促进幼儿社会交往能力的发展与提高。教师在制定目标时，应该提前在一日生活、游戏环节、晨练、体育锻炼等方面关注本班幼儿之间的人际交往现状，注意观察幼儿之间是否经常发生矛盾，幼儿和教师的交往状态如何等，在此基础上制定出符合本班幼儿发展特点和水平的社会交往教育活动目标。

二、学前儿童社会交往能力的培养途径

一般而言，幼儿园社会交往教育活动的实施主要是通过专门的社会交往教育活动、区域活动、生活活动和社区活动等有机地渗透、融合在幼儿的一日生活之中，利用多样化的教学方式和方法，通过幼儿和外界的相互作用实现的。

（一）专门的社会交往教育活动

专门的社会交往教育活动是指教师依据《纲要》和《指南》的相关要求，根据幼儿教育目的，遵循本班幼儿身心发展规律，有目的、有计划地利用故事、儿歌、讲述、谈话、表演等方式，向幼儿介绍有关人际交往常识、人际交往技能等，指导幼儿与成人和同伴友好交往，建立良好的人际交往意识和情感，最终以促进幼儿人际交往能力提升为目的的教育活动。例如，通过"不同的面部表情"的集体教育活动，帮助幼儿识别与人交往过程中的基本表情，感受交往过程中的基本情感，并培养幼儿敏锐地识别他人感受的能力。通过《小蚂蚁搬家》的故事，让幼儿理解合作的含义，知道合作能把事情做得更好的道理，懂得团结与合作的好处，培养幼儿之间团结友爱、互助合作的品质，并使幼儿能够学会合作的方法。

（二）生活活动

教师对幼儿的教育必须要遵循其身心发展的特定规律，无论是成人还是幼儿，生活中发生的一切社会交往是大量的、真实的和自然的。对幼儿的社会交往教育可以渗透在幼儿在园的一日生活的方方面面。例如，如厕、盥洗、喝水时能否自觉排队；当同伴遇到困难时是否能够主动伸出援助之手，用动作、语言去帮助他，或者请成人来帮助同伴克服困难。生活活动还给幼儿提供了自由与同伴交往的空间和平台，一些简单的交往语言（如"谢谢""请""对不起"），以及交往技巧都可以在生活活动中自然获得。

（三）区域活动

区域活动与生活活动最大的区别在于规则的体现，在幼儿进行区域活动时，需要面对各种各

样的规则，这里的规则有区域间游戏、活动的显性规则，也有为了让区域活动顺利进行下去的隐性交往规则，如要爱惜自己的作品，也不能去破坏别人的作品；对于一些有难度的活动，必须要请求别人的帮助，一起合作完成等。教师要在幼儿社会性发展水平的"最近发展区"内选择并设计适合本班幼儿年龄特点的、有益于发展幼儿社会交往的游戏内容和种类，将合作、轮流与等待、解决冲突、遵守规则等人际交往技能渗透到游戏中去，做到寓教于乐，使幼儿在游戏中学会人际交往的技能与方法，并能够体验交往给自己带来的成功与快乐，产生进一步交往的内在动机。

（四）社区活动

学前儿童的社会交往，除了父母、老师、同伴，还包括社会其他人员，由于幼儿年龄和出行范围的限制，与社会其他人员的接触、交往，社区环境和社区活动可以起到很大的作用。为扩大幼儿的交往范围，幼儿园可以突破关门办园的传统封闭模式，充分开发和利用社区里的人力资源和物质资源，为幼儿的人际交往提供更加广阔的空间，使幼儿能在一个更大的范围内与父母、教师、同伴以外的其他社会成员进行交往。在园外的社会交往实践中，幼儿要学会如何与人相处，如何与人沟通；将幼儿园所学的有关人际交往的知识和方法运用到社区活动中，如到邻近的超市购物、到公园游览、到附近的消防队参观；在重阳节、端午节等节日慰问敬老院的老奶奶和老爷爷等。

三、幼儿园社会交往教育活动的组织方法

（一）为幼儿创设交往的空间，支持幼儿间的交往

《纲要》指出，幼儿与成人、同伴之间的共同生活、交往、探索、游戏等，是其社会学习的重要途径。教育者应为幼儿提供人际间相互交往和共同活动的机会和条件，并加以指导。教师要根据幼儿的兴趣和发展的需要，以玩具和游戏为主要媒介，为幼儿提供与同伴相互交往的平台，发挥班级区域活动和自由活动的积极作用，为幼儿创设交往的空间，让幼儿在快乐的活动中体验、培养与同伴交往的技能。

（二）设计多种活动组织形式

集体活动是幼儿园教师在开展组织幼儿社会交往教育活动比较常用的一种方法，当教师运用童话、动画和图书等向幼儿传递人际交往方面的认知经验时，可以选择集体活动。小组活动是开展幼儿同伴交往教育活动的很好的形式，教师可以在幼儿已经掌握了一定的同伴交往的技巧的基础上，鼓励幼儿以小组为单位，进行各项活动和游戏，为幼儿提供锻炼同伴交往技巧，提高交往能力，感受交往乐趣的平台和机会。幼儿早晨刚入园之后、晚上离园之前以及在一日生活中的自由游戏环节，是针对社会交往，对幼儿进行个别指导的最佳时机。

（三）设计具体的人际交往情境

由于特定的社会历史发展特点，目前有很多幼儿都是独生子女，在拥有丰富充足的玩具、图书等物质条件的同时，也少了很多同龄玩伴。进入幼儿园之后，教师应创设能引起幼儿的兴趣和注意的情境，如朗诵诗歌、观看动画片、看图片、听故事、做游戏、猜谜语等，从而引发幼儿参与的兴趣，让幼儿在轻松、友好、快乐的交往氛围中积极与人交往。

（四）运用社会领域中特殊的教育方法

1. 榜样示范法

社会学习理论代表人物班杜拉认为，除了以偶然强化为中介的直接学习以外，通过对榜样行

为的观察和模仿来学习也是幼儿习得社会行为的重要途径。幼儿的思维特点具有直观形象性，谈话、说理等方法虽然对促进其社会性发展有一定的效果，但是亲眼看见实际行为的发生更能发挥作用。

教师的权威性和幼儿的向师性决定了教师成为幼儿心中的榜样和主要模仿对象。亲切的、温柔的、公正的教师更容易被幼儿所喜爱，其一言一行也更容易成为幼儿学习的榜样。幼儿通过观察教师如何解决社会冲突、承认错误、产生共情和承担情感风险来学习适宜的社会交往行为。

有能力的同伴也是幼儿的学习榜样和模仿的重要对象。但是，同伴模仿存在很大的风险，幼儿自身无法判断行为的适宜性，同伴积极或消极的交往行为，在与人交往过程中，采用的正向的或负向的方法都有可能被幼儿模仿。因此，教师可以通过以下几种方式树立同伴榜样：①明确描述幼儿的某种行为（如谦让、分享等），并说明此种行为的可接受性；②表扬和赞赏幼儿的亲社会行为，并具体说明表扬的原因；③通过情景故事再现适宜行为的发生场景，明确榜样行为。

2. 角色扮演法

创设现实生活中的某些情境，让幼儿扮演一定的社会角色，使幼儿表现出角色所需要的行为规范，模仿社会生活中人们的行为准则，学习他们待人接物的态度，体验他们的情感。在培养幼儿与社会其他人员的交往技巧中，角色扮演法是比较适宜的办法。

3. 移情训练法

用共情体验的方法对幼儿进行社会教育，通过一些形式使幼儿能够理解和体验别人的情绪，并且在以后遇到他人有相似的情绪时能够主动理解和分享。

教师可以将幼儿生活中的事件以讲故事或情境表演等方式展现出来，引导幼儿设身处地地站在他人的位置上考虑问题，使幼儿分享和理解他人的情绪、情感体验，从而产生情感共鸣；教师还可以把社会生活中的某些场景和状态展示给幼儿。

第三节　学前儿童社会交往的教育活动示例与导引

小班活动：玩具分享日[①]

活动思路

现代独生子女家庭的孩子，常常因缺少玩伴而不懂得与同伴交往，拥有很多玩具却不懂得与人分享。在这一点上，年龄越小的幼儿表现得越突出。日常生活和学习中，教师发现孩子们因为玩具而出现争吵的现象很多。究其原因，认为是孩子们还不懂得怎样与小伙伴协商，缺乏与小伙伴交往的经验。

众所周知，幼儿良好的行为习惯的形成不是一蹴而就的，需要长期潜移默化的内化过程。因而在活动中教师与孩子们一起搭建了一个持续性交往的平台，诞生了"玩具分享日"这个具有延续性的交往活动。

活动目标

1. 愿意与同伴交往，体验与同伴分享玩具的快乐。
2. 学会用征询的语言与同伴交换玩具。
3. 懂得与同伴礼貌交往能给别人带来快乐的道理。

[①] 此案例来自湖北省武汉市武汉大学幼儿园二分园。

活动准备

材料准备：幼儿选择一件或两件自己喜欢的玩具带到幼儿园；教师撰写一封给家长的信，请家长知晓并融入这个活动中。（给家长的信附后）

经验准备：幼儿对自己的玩具有一定的了解，能进行简单的介绍。

活动过程

1. 体验交往。

（1）幼儿自由地玩自己带来的玩具，并与同桌小朋友自由交换自己的玩具。

（2）教师不做任何提示，让小朋友随意交换玩具。

"看到小伙伴有这么多好玩的玩具，你们想玩一玩吗？现在你们去找小伙伴交换玩具吧！如果成功地交换到别人的玩具，就取一个'笑脸'小贴片贴在自己的身上。"

2. 说说想想（玩具放在凳子下）。

（1）让幼儿说说自己交换到的玩具，说说是如何交换的，并向小伙伴演示。

"你换了几件玩具？（数数身上的小贴片）你是怎样换到这么多玩具的呢？"

分析：在活动过程中，有的小朋友身上的小贴片的数量不少，但通过交流和演示发现，有的小朋友是用语言交流来达到交换的目的，而有的小朋友是用肢体语言来达到交换的目的，如用玩具去碰碰其他小朋友，或直接向同伴展示玩具等。因而在演示的过程中，教师应指导幼儿努力用语言来表达自己的想法。

"你身上的小贴片很少，遇到了什么困难吗？你是怎样做的呢？""哪个小朋友能帮助他？"（请能干的小朋友来与他合作演示）

分析：获得小贴片数量比较少的幼儿，大多是性格比较内向或胆子比较小的孩子，在此环节中要考虑孩子的心理特点，教师的语言评价要多体现鼓励性和帮助性，保持孩子与同伴交往的积极性。

（2）师生讨论：想与别人分享玩具时，应该怎么做呢？

小结：与别人分享玩具时，先要有礼貌地向他询问，征得对方同意后才能拿，并要有礼貌地说谢谢。

分析：师生共同归纳出这样几句征询语：

"我玩你的玩具，好吗？"

"我和你换着玩，可以吗？"

"我想玩你的玩具，你同意吗？"

"这个玩具是怎么玩的，你教我好吗？"

"我们一起玩，好不好？"

"你想不想玩我的玩具，我们换着玩吧？"

3. 分享时光。

（1）幼儿练习用新的经验去获得分享玩具的机会。教师告诉幼儿，如果别人使用的礼貌语让你觉得很快乐，你就奖励他一个小贴片（另一种颜色的贴片，与上一种不同）。

（2）教师也参与到分享游戏中，在游戏中给个别幼儿隐性的指导和鼓励性评价。

（3）集体交流。让幼儿说说分享游戏给自己带来的感受。询问幼儿以后还想玩这样的游戏吗？（共同商定"玩具分享日"的时间）

分析：讨论过程中，老师参考了小朋友们提出的不同建议，确定了"玩具分享日"的时间：周一、周三的早餐后，周五的晚餐后，周五可将玩具带回家。

4. 爱护玩具

师：带来的玩具能否整天拿在自己手上？为什么？

教师引导幼儿观察4张照片，说说图片中的小朋友是怎样放置玩具的（分类放置、轻拿轻放）。

请小朋友按照照片的标志（如毛绒玩具、小车玩具、其他玩具等），将自己带来的玩具分类放到不同的篓子中。体验一起玩的快乐。

活动延伸

园内延伸：在"玩具分享日"活动中进一步引导幼儿尝试与同伴一起玩玩具，积累与周围人礼貌交往的经验。

家庭延伸：在家庭生活中，家长继续关注孩子分享意识的培养，帮助孩子积累与周围人礼貌交往的经验。

评析

幼儿社会性方面的学习需要在具体情境中进行，并在实际生活中进一步运用，从而获得社会性的良好发展。在这个活动中，教师充分践行了这个教学理念，为孩子们创设了一个很好的交往体验空间，通过师生之间、生生之间的相互学习、相互评价，让孩子们获得了与他人交往的经验与技能。在对活动的组织中，教师充分体现出"心中有目标，眼里有孩子"的教育特点。教师教态亲切、温情，让孩子们如沐春风。活动设计符合幼儿的年龄特点和社会性发展的需要，目标明确、层次清晰，尤其是小贴片这个小道具的运用非常巧妙。教学过程流畅自然，体现"教者有心，学者无意"的教育境界。

附：

给家长的一封信

亲爱的家长：

你们好！学习与人分享事物，是孩子踏入群体的第一步，也是培养孩子良好人际关系的方式，玩具是孩子最亲密的伙伴，也是他们最感兴趣的事物，基于此，我们希望通过玩具分享的活动培养幼儿的分享意识，近段时间我们将会和孩子们一起商定一个长久性的"玩具分享日"活动，让孩子们在分享玩具、体验交往中获得持续性的发展。请您协助孩子选择一两种孩子比较喜欢的玩具，带到幼儿园，让孩子们学习礼貌交往、体验分享的快乐。

谢谢您的支持！

××老师

中班活动：我的同伴

活动思路

幼儿无论在园还是在家，无时无刻都会和同伴联系。同伴关系是学前儿童成长过程中不可缺少的关系，因此设计此活动非常重要。

活动目标
1. 了解同伴的含义，正确认识自己和他人。
2. 学会初步的人际交往技能，乐意与同伴交往。
3. 体验与同伴交往的乐趣。

活动重点
了解同伴的含义，正确认识自己和他人。

活动难点
学会初步的人际交往技能。

活动准备
多媒体动画，教具。

活动过程

一、动画导入

师：今天老师给小朋友们带来了一部好看的动画片。（播放蚂蚁搬运食物的动画片）

师：小蚂蚁们在干什么？想一想，如果只有一只小蚂蚁能完成任务吗？

鼓励幼儿自由讨论并回答问题。

二、关于"同伴"的探讨

1. 讨论视频里团结的小蚂蚁。

师：小蚂蚁刚刚是怎么样把食物运回家的？（引导幼儿说出"同伴合作"等关键词）

2. 引导幼儿回忆自身经验。

师：你们有没有和自己的同伴一起完成一件事的经历？（和幼儿一起回忆与同伴交往的经验）

3. 幼儿齐搬桌子。

老师要求小朋友分成三组，和自己的同伴一起合作搬桌子，摆放教具，一起布置教室的环境。

4. 师幼交流讨论。

教师提问，幼儿讨论思考并回答关于同伴与合作的含义等相关问题：

（1）你刚才和谁一起完成的任务？为什么选择和他交往合作？

（2）你觉得自己和同伴有什么区别？关系又是怎么样的？

（3）你觉得什么样的人能称为同伴？

（4）你喜欢和你的同伴一起交往吗？

5. 自由结伴，交流讲述。

（1）我的同伴是谁？

（2）我们是怎样成为同伴的？

（3）我们在一起发生的最有趣或记忆最深的一件事是什么？

6. 鼓励幼儿上台讲述"我的同伴"，教师小结。

活动延伸
延伸课堂中出现的"同伴""交流""合作"等相关概念。

师：外面天气真好，拉上你们的同伴，一起到操场玩接力游戏吧！

评析
幼儿几乎每天都和小伙伴们在一起玩耍，但有的时候并不能确切地知道"同伴"的意义，通过蚂蚁搬运食物以及讨论自己和同伴一起共同经历的事情，可以让幼儿更直观地感受到"同伴"这一社会关系中所蕴含的合作、互帮互助、关心等情感要素。

大班活动：我们的新小组

活动思路

小组是幼儿园每个班级内由若干幼儿组成的一个个小的活动或学习群体。在小组中，幼儿可以形成集体的意识，萌发集体的荣誉感，跨出自我的小天地，习得与他人交往的方法和经验，发展团结互助、合作支持的良好品质。小组在幼儿园的各项活动进行中对幼儿的成长发展起着很重要的作用。

以往班级小组的建构者通常是教师，教师根据班级的情况、幼儿的能力水平、人数比例等因素，将幼儿分为不同的小组，而幼儿只是接受教师的分配和安排，被动地组成若干小组。在这个过程中，教师是活动的主导者、发布指令的"统帅"，而幼儿则是被动者、接受指令的"战士"。这样的小组是教师的小组，而作为小组真正的主人——幼儿却没有发挥出自己的作用和价值。为了将小组主人的身份还给幼儿，发挥其在小组建构活动中的主动性、积极性，使小组真正成为幼儿自己的小组，教师尝试放手让幼儿来建构新小组，满足他们自主的需要，发挥选组活动对于幼儿成长的作用和价值。从长远来看，对儿童自主性的培养也有助于培育创新文化、营造创新氛围，有利于国家和民族长远发展。

活动目标

1. 能根据自己的意愿自由结伴，组成新的小组，体验自选小组的乐趣。
2. 能积极与同伴协商解决选组活动中出现的问题，感受解决问题后的喜悦。

活动准备

1. 幼儿已有分组的经历和一定的选组经验。
2. 记录单、笔。

活动过程

1. 感受小组活动的意义，激发自选小组的兴趣。

（1）介绍自己的小组。

师：你是哪个小组的小朋友？你们小组里有几个人？

（2）说说曾经用过的小组组名。

师：除了现在的小组，我们以前还有过哪些小组？

师：为什么从小班到大班隔一段时间就要换小组呢？每次换组后，你有什么感受？

（3）介绍自选小组活动的内容。

师：以前的小组是大家和老师共同选择的，现在你们长大了，今天来尝试建构新小组，好吗？

2. 自由结伴组成新小组。

（1）幼儿自由结伴组成新小组。

（2）组合好的小组可搬椅子坐到桌边。

3. 讨论选组过程中出现的问题及解决方式。

（1）师：新小组的组员选好了吗？你们遇到了哪些困难和问题？（教师着重引导幼儿

在小组人数和性别比例两方面明确选组标准，如每组6人，男女小朋友各一半）

（2）师：如果小组的人数和男女小朋友的人数不太符合标准，怎么办？（引导幼儿通过猜拳、主动退让、点兵点将等方法公平地解决）

4. 根据讨论的选组标准和解决问题的方法，请小朋友尝试对新的小组进行调整。

5. 商量新组名，体验与新组员组成新小组的快乐。

（1）商量新组名，提出商量的规则。

师：已经组成小组的小朋友，接下来我们要做些什么呢？（起组名）每个人都有提出想法的权利，而且最终的小组名字要得到全组成员的同意。比一比，哪个小组的组名最有趣、最响亮。

（2）幼儿以小组为单位，商量组名。

（3）介绍自己小组的新组名和遇到的问题。

师：谁来介绍一下自己小组的新组名？你们在商量组名时遇到了哪些问题？是用什么方法解决的？

（4）教师以简笔画的方式在纸上记录下各小组的新组名并展示在黑板上。

（5）感受有了新小组、新伙伴和新组名的快乐。

师：今天小朋友们表现得真棒！自己组成了新的小组，有了新的小组伙伴和响亮的新组名，还一起动脑筋想出了许多好办法，解决了选组中遇到的问题，真了不起！接下来就让我们和新的小组成员开开心心地活动吧！

评析

1. 利用幼儿已有经验引导幼儿讨论和尝试，让幼儿成为活动的主人。

选组与分组是每个学期班级常规管理内容之一，一直以来大多数教师都沿袭着以教师为主导，以幼儿性别、性格、能力互补等为分组依据的传统做法，但对为什么要这样分组，意义是什么，幼儿获得了什么，分组能否为幼儿提供自主的空间和机会，让幼儿成为活动的主人，考虑得不够充分。为此，本活动通过有效的活动方式和方法，帮助幼儿提取以往经验，并主动建构自己的知识体系，努力让其获得自主感和成就感。例如：教师发现以往选组活动中的问题，对固有模式进行调整，放手让幼儿自主讨论、自由组合、反复尝试，鼓励幼儿寻找解决问题的方法和策略，并验证这些策略的有效性……幼儿主动参与、自主选择等主体意识逐步产生，久而久之，将形成受益终生的意识品质。

2. 运用同伴资源，引导幼儿感受和体验自主活动。

幼儿原有经验是教育活动中的宝贵资源，将这些经验集中在一起进行交流和分享，可以使幼儿从中获得一些新的经验。本活动关注经历、感受、体验的教育价值，让幼儿在同伴间相互碰撞、相互协商的过程中丰富自己的选组经验，拓展自己解决问题的能力，以此促进幼儿合作、交往、自律和解决问题等能力的发展。例如：当幼儿发现人数不等、性别比例不当时，能够结合自己日常活动中的感受和经验，说出自己的看法和意见，从而集中分析问题产生的原因和适合的人数比例；当出现不太公平的调整方式时，幼儿群策群力，想出多种公平合理的方法。由于这些方法和策略均来自幼儿，所以幼儿在遵守和执行时就不会产生异议。此外，幼儿通过自选小组，得以体验自主活动的宽松，获得尊重、接纳、满足、自主和自信的主体精神感受。与此同时，幼儿不仅能够体验到规则的公正和互惠互利，还可以通过同伴间的互相交流、互相学习，建构自己的知识经验体系，体验与同伴共同活动的乐趣。

💡 讨论与思考

1. 学前儿童社会发展的影响因素有哪些？
2. 学前儿童社会交往的主要类型有哪些？
3. 根据同伴提名法，处于同伴关系中的幼儿可以分为哪些类型？
4. 教师可以通过哪些途径培养学前儿童的社会交往能力？

⭐ 实践探索

以"会用礼貌的方式向长辈表达自己的要求和想法"为教育活动目标，设计一个中班幼儿社会交往能力发展的教育活动。

第八章 学前儿童亲社会行为的发展与教育

学习目标

1. 了解学前儿童亲社会行为的有关概念及意义；
2. 知道学前儿童亲社会行为的主要类型及发展特点；
3. 了解学前儿童主要社会行为问题的含义及类型；
4. 能够运用相关理论与方法设计并实施有利于促进幼儿亲社会行为的教育活动。

问题导入

午睡醒来后，大班的孩子们大部分都在椅子上坐着，幼儿园的老师们一边给幼儿整理衣服和头发，一边催促未睡醒的小朋友快点起床，并让他们自己穿好衣服和鞋子。有些已经整理好衣服和头发的幼儿在自由玩闹。幼儿兰兰坐在椅子上，辫子还没有扎好，衣服也没有整理好，自己正在使劲地穿鞋子，她费了好大的劲儿也没有穿上，看起来有点着急了。这时，幼儿乐乐走过来说："兰兰，别着急，我给你穿吧。"说着就动手了，但最后还是没有穿好，两个人都有点着急了。这时，王老师走过来，说："乐乐，你去排队。"说着蹲下来给兰兰穿鞋子。

问题：你如何看待案例中乐乐和王老师的行为？

第一节 学前儿童亲社会行为的发展概述

一、学前儿童亲社会行为的含义

亲社会行为，是指能够善意地帮助和支持他人，或使他人受益的行为。执行者在执行这些行为时一般不期望得到外部回报。社会行为是人与人之间形成和维持良好关系的重要基础，受到人类社会的积极肯定和鼓励。

二、学前儿童亲社会行为发展的意义

亲社会行为是个体社会化过程中的重要行为，对于个体的健康发展以及社会适应具有重要的作用。

具有亲社会行为的儿童可以从对他人的帮助中获得满足感和成就感。在做出亲社会行为后，幼儿往往会得到他人的感谢，这种亲社会行为的结果既可以使他们的能力感与价值感同时获得满足，还可以帮助幼儿形成健康的自我意识。而具有合作和助人品质的幼儿，常常会使自己的社交活动获得最大限度的成功，这种成功会激发幼儿的自信心和自我效能感，从而形成一个良性循环。

亲社会行为可以促进儿童对自我行为的调节。幼儿生活周围的亲社会行为可以成为其自我行为的榜样，在对身边亲社会行为的观察中，幼儿可以获取对自己有用的信息。特别是当幼儿成为亲社会行为的受益者时，如由分享得到友谊，或接受了其他同伴的帮助等，他们通常会更仔细地观察和考虑这种行为是如何实施的，进而对自我的行为进行调节。

亲社会行为可以帮助儿童形成积极的群体意识。成人鼓励幼儿加入采取合作、分享、助人行为的群体比那些不注重这些价值观念的群体，其成员之间的互动更加友好，而且群体的效率更高。

三、学前儿童亲社会行为的类型

学前儿童的亲社会行为主要有分享、合作、安慰、谦让等。

（一）分享

分享行为是人类亲社会行为的一种重要体现，学会分享，培养幼儿的分享意识，对于幼儿社会性的发展具有重要价值，是我国幼儿园社会领域教育的重要内容。

1. 分享行为的含义

分享行为指幼儿主动、自愿与同伴共享某种资源，并从中获得愉悦体验和心理满足的一种社会行为。主动、自愿与他人共享和内心产生愉悦的情感体验是幼儿分享行为的重要特征。分享行为的最终结果是资源的双方真正共有，而非把资源的所有权简单地转让给另一方。幼儿的分享行为主要包括分享玩具、食物、机会和空间等。

2. 分享行为的发生前提

分享行为的发生受多种因素的影响，如幼儿的年龄特点、性别特征，以及期望拥有某种资源的意愿等，还有成人的指导和环境、资源。其中，幼儿意识到自己所拥有的"稀缺"资源，以及别人对拥有该资源的期待，可视为分享行为发生的重要前提。

对于步入幼儿园生活情境中的学前儿童来说，自己可以拥有并且同时满足别人对其期待的资源包括幼儿园共有的资源，如班级内的玩具、图书，室外大型运动器械，除了使用这些资源的机会和占有的空间之外，还包括幼儿从家里带来的玩具、图书、动植物及它们的使用权。

3. 分享行为的特点

皮亚杰在1932年所做的观察记录中发现，8～12个月的婴儿已具有分享倾向。还有研究者对12个月的婴儿进行观察，发现婴儿会把物品、玩具放在成人的手上或腿上，然后继续操纵这个物体，这被认为是分享行为的萌芽。但由于婴幼儿自我意识水平比较低，许多研究者认为他们不可能具备真正意义上的亲社会行为。普遍被研究者接受的观点是：儿童在2～3岁才会表现出亲社会行为。总体来说，儿童的分享行为会随着年龄的增长而日渐成熟，而关于分享意识和分享行为的发展有没有性别差异尚无定论。

4. 分享行为的功能

分享行为是幼儿在克服以自我为中心的心理的基础上，把快乐分享给其他人、与他人共享自己的东西的行为。这种行为对提高幼儿自身素质、解决人际冲突、建设和谐的班级环境都有重要的价值。分享行为可以帮助个体突破"自我"的限制，接受他人与"我"可以共有某物的事实。分享行为是个体社会化的重要指标，是儿童社会性成长趋于成熟的重要标志。

同时，人类个体通过分享可以获得他人和群体的认可和喜爱。分享行为可以为幼儿赢得同伴交往的机会，获得同伴的友善。分享行为发生的过程中，行为的双方主体都可以获得积极的情感体验，有助于同伴之间更加友好、亲密。

> **拓展阅读**
>
> #### 幼儿"伪分享"现象
>
> 所谓"伪分享"教育，顾名思义，即背离了分享本质的教育。在此种教育中，儿童被迫舍弃自身利益，完全让渡自己的所有权，内心也无法产生真正的愉悦体验，可以清楚地看出这种教育中人为的痕迹、外在的教化力量过重，忽视了幼儿心理发展特点、权利、意愿和情感。
>
> 在当今幼儿园实施的分享教育活动中，《我是彩虹鱼》是教师经常会拿来教育幼儿懂

得分享、学会分享的经典文本。

该绘本讲述了这样一个故事：一条彩虹鱼有着彩虹般闪闪发光的鳞片，由此吸引了很多鱼都想和它做朋友，可是彩虹鱼太骄傲了，根本不理别人。渐渐地，其他鱼不再邀请它一起玩了。彩虹鱼觉得很孤单，也不快乐。在章鱼奶奶的指点下，彩虹鱼将自己漂亮的鳞片全部分给了周围的鱼儿，虽然它身上不再有闪闪发光的鳞片，但却收获了友谊、幸福和快乐。长期以来，人们对这个故事所蕴含的"教育儿童学会分享"的寓意没有产生质疑，但在笔者看来，彩虹鱼做出的恰恰是一种"伪分享"行为，教师以这个故事为载体对儿童实施的分享教育自然就是一种"伪分享"教育。因为对照前文我们对分享特征的分析，不难发现彩虹鱼用自己身上宝贵的鳞片换取友谊的行为，违背了分享所强调的"与他人共享资源"的本质，从某种程度上讲，彩虹鱼的这种行为甚至带有贿赂的意味，因为鳞片的所有权发生了完全的让渡，由此换来的友谊和快乐显然不是因为与他人共同享有美好而珍贵的东西而生成的，而是从根本上完全舍弃了自己的利益、一味去满足他人要求的结果。这种做法看起来可以帮助孩子学习关爱他人，却将孩子自己剥离出了被关爱、被尊重的范围。爱别人的前提是自爱，一个人如果不懂得爱惜和尊重自己，是很难推己及人地去考虑他人需要的，他能给予别人的关爱与帮助往往只会是情景性的、有前提的，由此必然带有鲜明而强烈的功利色彩。从这一意义而言，我们认为彩虹鱼的做法与"交换"更为接近。如果把这种行为当作分享的经典案例，对幼儿进行分享教育无疑是不合适的。然而值得警惕的是，在我们的教育实践中，类似的教育行为却屡见不鲜，其产生的危害是隐秘而深刻的，因为幼儿的分享行为一旦成为一种"伪分享"行为，就会表现出一些负向功能，如分享不再是目的，而成为获得某种利益或者权力的工具与手段。和别人分享食物，为的是获得玩别人玩具的机会；和别人分享玩具，为的是能获得小朋友的亲近以及老师的称赞。与之相反，分享最重要的特征恰恰是它的非功利性，如果幼儿习惯于为得到某种利益而付出，那么他的内在动机———由分享带来的愉悦感就很难达到，从而也就不会做出真正的分享行为。在这种"伪分享"教育下，幼儿容易丧失自我。成人常常利用过度的表扬和奖励方式"贿赂"孩子，诱使孩子做出分享行为的做法是不太可能引发孩子主动自愿的分享行为的。对于这一现象，马斯洛认为并非由于人性之中有着什么牢不可破的虚伪、矫饰的恶性，而在于人们早在儿童时期就习惯了在外界的强迫与限制下做出并非自己甘情愿做出的种种美德行为。

在现实生活中，我们时常看到成人强迫孩子把自己的心爱之物让给别人。这种物品所有权或使用权的完全让渡，其实并不具有分享的意义，而更多属于"奉献"或"牺牲"。如果成人总是让幼儿无条件地以出让自己物品所有权和使用权的方式与别人分享，长大以后，他们可能会因为自己在年幼时物权没有得到尊重，而不懂得如何尊重别人的所有权，很难区分自己的和别人的，也就不容易遵守社会有关个人财产所有权的法律规定。而儿童之所以做出这种并非出于自愿的分享行为，完全是迫于成人的权威和压力。由此可见，在现实生活中，成人往往过于刻意追求分享行为本身，而忽视了孩子的心理需求、个人权利和内心体验，也就有可能伤害孩子的情感，影响孩子的身心健康。长此以往，孩子容易压抑自我，不能自由表达自己的心声，而更在意别人的感受，缺乏自信和自我意识，分享对这些孩子来说由此成为一件十分痛苦的事情。

资料来源：嵇珺，刘晶波. 幼儿分享教育的价值与实践改进[J]. 学前教育研究，2011（12）.

（二）合作

社会属性是人的本质属性之一。人类个体要在社会中生存和发展就必须与他人合作。合作是一种社会互动和学习的主要形式与途径，是幼儿社会性发展的重要内容，是否具备良好的合作意识及能力将决定幼儿能否顺利融入同伴群体之中。

1. 合作行为的含义

合作行为是指幼儿在与同伴互动过程中，两个或两个以上幼儿为了达到共同的目标与同伴相互配合和协调，试图实现共同目标的行为过程。需要指出的是，群体数量和合作行为并不是对等关系，只有在拥有共同目标并为之付出群体行动时，合作行为才有可能发生。

2. 合作行为的发生和发展

学者梁欣洁通过观察法和访谈法对幼儿园幼儿合作行为进行质性研究，归纳出不同年龄阶段幼儿合作行为的发展特点。小班幼儿合作水平较低，目标不明确，动机不太确定；合作过程缺乏同伴协商，需要成人给予引导和帮助；行动策略单一；合作的时间相对较短。中班幼儿已经具备了一定的合作能力，合作动机强，合作行为比小班幼儿多；合作过程中逐渐产生"小领袖"；合作策略增多，能用多种分工策略协调小组内部矛盾。大班幼儿合作意识逐渐增强，合作动机强烈，但幼儿合作行为发展不明显；合作过程可能出现任务分工与协商结果不一致的情况；合作策略多样化，合作行为的发生受同伴关系的影响。

3. 合作行为的类型

综合已有研究，以下从合作行为的策略和水平两个方面对同伴合作行为类型进行划分。

（1）单向-控制型合作行为和双向-分享型合作行为

根据同伴合作中的运用策略，可以将同伴合作行为分为单向-控制型合作行为和双向-分享型合作行为。

单向-控制型合作行为是指在合作过程中，幼儿通过命令指挥、威胁利诱策略企图改变对方的意愿和行为，或者使用主动搭讪、请求策略主动调整自己的观点和行为，以实现合作的意图和目标。

双向-分享型合作行为是指幼儿在合作过程中，能够考虑到合作双方，使用能够同时满足双方利益或者分工协作的策略达到合作的意图和目标。如遇到材料不够时，幼儿能够进行分享或者交换，以确保双方利益的满足，实现既定目标。

（2）意向性合作、目标化合作、适应性协同和组织化合作

根据同伴合作水平，可以将同伴合作行为分为意向性合作、目标化合作、适应性协同和组织化合作。

意向性合作中的幼儿均表现出明显的合作愿望或意向，但合作意图不明，目标不明确，没有具体的合作行为，幼儿之间仍是一种独立平行的关系。确切地说，还称不上是一种合作行为。

在目标化合作过程中，幼儿的语言交流具有明显的针对性和计划性，产生了明确的合作意图和统一的合作目标，并围绕合作目标解决一些相关问题，但是组织性较差。

适应性协同指合作双方具有了适应性相互反应，行为协调，体现出一定的序列性，语言交流明显具有针对性和计划性；已经显示出初步的合作技能，能领会对方的意图，并按照一定的程序去行动，做到相互配合，协调一致。

组织化合作指幼儿之间相互配合，以集体目标为中心，明确分工，合作进程显示出一定的组织性，这类合作是较高水平的同伴合作。

（三）安慰

安慰是人类的一种经常发生的行为，也是人类社会生活所必需的。安慰行为的出现首先是觉

察到了别人的消极情绪状态，如烦恼、忧伤、痛苦等；其次，要使他人摆脱消极情绪状态需要一定的安慰技能。

安慰是幼儿的亲社会行为之一，指幼儿觉察到他人处于烦恼、哭泣、忧伤、气愤等消极情绪状态时，试图通过安慰动作、安慰物品或安慰语言改变其消极情绪状态的行为。安慰行为对个体发展具有重要意义。安慰作为典型的亲社会行为之一，是个体社会性发展良好的一个重要指标，它的形成为幼儿今后很好地适应社会和获得自我发展创造了条件。

有研究表明，幼儿很早就表现出安慰行为的倾向，随着年龄的增长，幼儿不断接受各种社会强化，安慰行为呈逐渐增加的趋势。许多18～24个月的幼儿，想安慰别人时，轻轻拍打对方，拥抱对方，给对方玩具，或者用迂回的方法设法安慰别人。他们会说一些表示同情的话，提出一些解决问题的办法，还会为别人鼓劲儿、加油，一种办法无效时，还会再换一种办法。有研究发现，在儿童出生的第二年初，当他人表现出明显的难过时，儿童不仅能够以相似的情绪表现出哭泣的反应，而且还会为对方提供如拥抱或轻轻拍打的行为。在第二年中期，儿童的这种行为不仅在频率上增加了，而且在表达方式上也更丰富了，如给哭闹的婴儿一个奶瓶或寻找看护人等。

在幼儿园中，随着幼儿年龄的增长，身心健康水平的不断提高，安慰行为时常发生，如本章导入案例中乐乐的行为。除了同伴之间的安慰行为，幼儿指向教师而发生的安慰行为也是需要重视的。教师向幼儿袒露心声，分享自己的情绪情感，在很多时候更能激发幼儿的安慰行为，如看到老师伤心难过的表情，幼儿会主动递上纸巾，询问："老师，你怎么了？"有些主动的幼儿，还会给老师拥抱等。

（四）谦让

谦让是独具我国民族文化色彩的亲社会行为。幼儿间的谦让行为通常指幼儿在与同伴互动过程中，当互动双方因某种共同喜爱或需要的物品、角色、空间、位置等资源发生冲突时，一方主动满足或优先满足对方意愿的亲社会行为。

按照不同的划分标准，可将幼儿谦让行为划分出以下几种类型。

1. 功利型谦让和非功利型谦让

根据幼儿做出谦让行为的目的或动机，可以将幼儿谦让行为分为功利型谦让和非功利型谦让。

功利型谦让是指谦让行为的主体做出谦让行为是有其他目的或者动机的，如为了得到老师的赞许或同伴的认可等。功利型谦让主要有以下几种情况：获得奖励或避免惩罚，以维护自己在老师心中的形象；维护自己在同伴心中的形象；满足自己最初的意愿。功利型谦让在本质上是一种"伪谦让"。

非功利型谦让行为是指谦让行为的主体没有其他目的或动机，是发自内心的真心实意的谦让。

2. 物质资源的谦让和非物质资源的谦让

根据幼儿谦让的主题，可以将谦让行为分为物质资源的谦让和非物资源的谦让。幼儿谦让行为的主题是一个谦让行为事件的核心，反映了谦让行为的施动者与受动者的共同利益或意愿，也反映了谦让的施动者所谦让的资源。

物质资源谦让是指幼儿之间的谦让涉及物质的使用或占有，如物品。

非物质资源谦让，是指幼儿之间的谦让涉及物质以外的其他资源的使用和占有，如角色、空间、机会、玩伴和权利等。

谦让行为和分享行为作为幼儿社会性发展过程中重要的亲社会行为，其对于幼儿的作用不言而喻，但教师也应该关注到其功能中隐藏的负面性。谦让和分享在本质上都是幼儿对抗"自我"的一种体现。过度地强调谦让一方会使得行为的发起方忽视自身的感受和权利，引发一些主观上的"伪分享""伪谦让"行为，同时也会使得行为的接收方理所应当地得到自己想要的东西，从而加剧其自我中心意识。

四、学前儿童亲社会行为的发展特点

1. 学前儿童的亲社会行为随着年龄的增长而增多

幼儿不断社会化的过程，是他们社会认知水平提高和社会交往技能增多的共同作用。亲社会行为的发展是社会适应能力的综合体现。有关研究表明，儿童间合作性规则游戏的开展和顺利进行有赖于他们一定水平的合作意识、自制能力等。中、小班儿童的合作意识、自制能力较差，游戏多为无共同目的的玩耍，合作性的规则游戏较少。大班儿童的合作意识不断增强，社会技能不断提高，儿童之间的合作游戏也随之迅速增多，从而使得他们之间的合作行为增多，进而表现为大班儿童亲社会行为水平的提高。

2. 在自然情景中，学前儿童亲社会行为大多是成人诱导和指示下产生的，自发的亲社会行为较少

由于心理发展水平的限制，学龄前儿童的"自我中心"意识还未完全褪去，越小的幼儿，自我中心意识越强烈，而社会所期望的亲社会行为中，如合作、分享、礼让等，都要求儿童要把别人适当放在更重要的位置，这与儿童的身心发展规律实际上是不符合的，所以很多家长和老师都会发现，幼儿的亲社会行为需要去提醒，很多时候还需要多次的提醒或强化，在没有成人在场的自然情境下，学前儿童更倾向于利己行为。

3. 学前儿童在园的亲社会行为中大多数是指向同伴的，指向教师和无明确的指向对象的亲社会行为较少

对于幼儿来说，小伙伴是最友好轻松的存在，他们更愿意对同伴付出自己的真实情感，展现更友好的一面。随着年龄的增长和性别意识的不断觉醒，中大班的幼儿会更倾向于对同性同伴呈现亲社会行为。分享玩具、食物、互相帮助、克服困难、安慰、抚慰等亲社会行为，大部分出现在与自己亲近的同伴群体中。

4. 在儿童亲社会行为中，发生频率最多的是合作行为，其次为分享行为和助人行为，安慰行为最少

有研究结果表明，从总体上看，学前儿童的各种亲社会行为之间存在显著差异，合作行为发生的频率最高，占亲社会行为的53.2%，其次为分享行为和助人行为，分别占19.8%和18.4%，公德行为和安慰行为较少，仅占4%和4.6%。

5. 学前儿童的亲社会行为观念和行为一致性不高

特别是对于年龄较小的小班幼儿，当老师以集体谈话的形式提问时，往往会出现幼儿的亲社会行为观念和实际行为不太一致的情况。幼儿都知道亲社会行为是值得提倡、值得自己去做的，并多数会表示自己能够做到，但正如上文所说，当在自然情境下的时候，幼儿很容易忘记自己说过的话，行为更趋向内心的真实想法。

五、学前儿童亲社会行为教育活动

（一）组织主题活动，丰富幼儿亲社会行为的感知体验

教师可以在幼儿理解周围生活的基础上展开系列主题活动，将与亲社会行为相关的内容有机地结合起来。例如：在"我爱……"的主题活动下，小班可以通过诗歌《原来是你》、故事《好孩子》、歌曲《不再麻烦好妈妈》、绘画《我的爸爸妈妈》等，让幼儿理解父母的工作，感受父

母工作的认真、劳动的辛苦、父母的劳动给他人带来的好处，以及父母工作之余还要操劳家务、关心照顾孩子，为一家人的幸福生活而付出的劳动；中班可以通过情境表演《爸爸妈妈下班回家》使幼儿懂得尊敬父母，听父母的话，自己会做的事自己做，协助父母做一些力所能及的事；大班可以将主题活动的范围扩大，由爱父母拓展到爱老师、爱同伴、爱周围的人、爱幼儿园、爱集体、爱社会等。

（二）促进同伴交往，唤起幼儿亲社会行为的情感共鸣

交往既是人的个体需要，也是现代社会对个体的要求。同伴关系是幼儿生活中的重要社会关系，它对于幼儿心理发展起着不可替代的重要作用。幼儿只有在与同伴的互动过程中，才会理解到他人的观点和需要，学会了解别人、约束自己，学会付出、接受、同情和友爱。教师可以有针对性地组织教育活动，如"大带小"的幼儿园混龄活动，为很多独生子女创造一种类似兄弟姐妹在一起的角色扮演机会，让幼儿在生活、劳动、学习、游戏、交际等方面互相体贴、互相模仿、共同努力、共同分享，从而唤起其亲社会行为的感情共鸣。年长的大班的哥哥姐姐因为集体荣誉感或竞争意识的作用，他们会表现出较高水平的自觉性和意志行为，并逐渐协调自己与他人的不同认识，学会理解和协助他人。这也为年幼的小中班的弟弟妹妹提供了榜样。例如，在"新年"庆祝会中，平行班的幼儿带来了形形色色的糖果、糕点、水果、饮料，集中在一起布置成"文化美食节"。各班都有幼儿自由扮演经理、柜长、礼仪小姐、服务员、顾客等角色，相互邀请。在活动中学会使用"欢迎您""请坐""欢迎下次再来"等礼貌用语，学会招待客人的基本方法。请客人吃东西，看节目表演，学做小主人，幼儿在这个丰富多彩的活动中，懂得与同伴交往不能只顾自己的利益和需要，还应照顾他人的利益和需要，做到心中有他人，从而提高幼儿乐群、亲友、合作、共享等亲社会行为的发展水平。

（三）渗透日常生活，提升幼儿亲社会行为的意志水平

《纲要》中指出："社会领域的教育具有潜移默化的作用，幼儿社会态度、情感、意志、行为的培养，尤其应渗透在一日生活的各个环节之中。"日常生活活动都是自然的、随意的，像浇灌花草一样，慢慢在幼儿的心中渗透。"渗透"方式最易被幼儿接受和认同，能激发幼儿亲社会行为的情趣，增强亲社会行为的意识，形成亲社会行为的习惯。例如，针对幼儿对担任"值日生"由刚开始的兴趣浓、热情高，到一段时间后就不再积极认真、缺乏责任感的情况，教师可以利用晨间时间改选值日生，通过换位沟通逐步进行渗透，萌发幼儿的责任感。

（四）密切家园合作，构筑幼儿亲社会行为的发展平台

幼儿亲社会行为的培养，离不开家长的理解和支持，家园需要密切配合，形成合力，共同构筑幼儿亲社会行为的发展平台。

教师可以在幼儿园开展的亲子活动中，邀请家长来园和幼儿一起唱歌、跳舞、画画、运动，扮演角色等，鼓励家长参与到幼儿的正常生活活动和游戏中，在这些活动中为幼儿创设产生亲社会行为的机会。例如，在"我为爸爸妈妈露一手"活动中，教师鼓励幼儿亲手剥橘子、夹花生给爸爸妈妈吃，还为爸爸妈妈送上一句祝福的话，让家长在活动中感受到了幼儿的进步和成长，对幼儿亲社会行为的培养有了更深的体会，同时，幼儿因为家长现场的认同和赞赏，也会进一步认同自己和同伴的亲社会行为，帮助其后续的亲社会行为的发展。家长也可以在家庭生活中，将幼儿的亲社会行为（如帮助父母打扫卫生，对弟弟妹妹关心爱护等）以拍照、录像的形式记录下来，分享给教师，教师进一步分享给幼儿的同伴，强化幼儿的亲社会行为。

第二节 学前儿童社会行为的问题与教育

一、学前儿童社会行为问题的含义

（一）行为问题

行为问题是指个人表现出的影响、伤害自身或他人、妨碍个体获得新知识、新技能以及社会关系发展的行为。行为问题在人类的社会交往中存在的类型有很多，如退缩、乱发脾气、经常攻击别人，还包括一些不良的行为和学习习惯。

（二）学前儿童社会行为问题

幼儿的成长就是其不断从"自然人"过渡到"社会人"的过程，学前期是一个人社会行为发展的关键环节，是个体社会化的最初阶段，是个性实际形成的奠基阶段，也是身心各方面快速发展的时期，在学龄期造成的任何发展上的偏差，都会给幼儿后期的发展和教育带来一定的困难。

学前儿童的行为问题是指发生在幼儿期的行为障碍或行为异常，是在幼儿期反复出现的反社会性、攻击性或对立性行为。行为问题会妨碍幼儿个体的情感发展、社会交往和学习能力。需要指出的是，学前儿童社会行为涵盖的内容很多，幼儿在这方面的行为也体现在某个方面，需要注意的是，教师绝不能因为幼儿某个方面的行为问题轻易地给他们扣上"问题儿童"的帽子。

二、学前儿童常见社会行为问题的表现及成因

（一）说谎行为

说谎行为在心理学上的解释是：为达到个人的某种目的，以欺骗的方式歪曲事实真相的一种不良行为。在学前儿童身上，经常表现为说的话与事实不符，编造出各种各样的话来骗人的一种行为。说谎行为可分为无意说谎和有意说谎。

无意说谎是幼儿时期的一个正常的心理现象，它主要是由于幼儿记忆、想象、联想、判断上出现错误而说出与事实不符的话，这类说谎是无意识和不自觉的行为，与幼儿的道德品质无关。

有意说谎则是幼儿在完全有认知能力的前提下，说出的与事实不符的各种话语，引起幼儿有意说谎的原因主要有以下几种。

1. 幼儿为了掩盖自己的错误，避免受罚而说谎

这种观点来自伯特兰·罗素的"恐惧说"。家长对幼儿设定各种要求和规范，尤其是当幼儿犯错的时候，对其严加责备，训斥打骂。而这时幼儿已有了自我防御的意识，所以慢慢地当幼儿犯错的时候，害怕成人的批评与纠正，内心就会受到一种压迫感，产生紧张、恐惧心理，从而不知不觉地开始说谎。在这种情况下，说谎是幼儿认为可以逃避惩罚的一种方式。例如，幼儿把新买的玩具弄坏了，因害怕被责骂，于是家长询问的时候就说是隔壁的小伙伴弄坏的。

2. 幼儿为了满足自身的虚荣心而说谎

当下社会，很多幼儿都是独生子女，他们在父母长辈的过度关心下长大，从小得到过多的溺爱和称赞，因此以自我为中心的现象严重，总认为自己比别人好，在虚荣心的驱使下，幼儿容易有意说谎。例如，隔壁的小伙伴有个很好玩的玩具，大家都羡慕不已，有的幼儿就会跟别人说："我家也有一个这样的玩具，而且比这个更好玩。"

3. 幼儿为了取悦他人，得到奖励和表扬而说谎

很多家长为了鼓励幼儿良好的社会行为，喜欢用物质奖励来刺激幼儿。所以幼儿就会编造一

些谎言来满足自己对奖品的渴望。例如，妈妈对幼儿说："如果你在幼儿园表现得好，这个星期就带你去游乐园。"实际上幼儿在幼儿园里调皮捣蛋，但是他对妈妈说："老师表扬我了，说我是好孩子。"

4. 成人有意无意间流露出的一些不诚实的行为

幼儿喜欢模仿成人，尤其是教师和家长，他们是孩子心中的权威人物，所以他们的一举一动都会影响幼儿的发展。例如，有些家长因为孩子不想去上学或者是为了带孩子出去旅游，就向学校请假说孩子感冒了不能去幼儿园。类似的行为，容易在不知不觉中影响幼儿的认知，并使其加以模仿。

案例分析

故事一： 3岁的程程上小班时，妈妈在回家的路上问程程："你今天有没有午睡呀？"程程很自然地回答："睡了，而且我还尿床了！"妈妈心里疑惑：怎么没听老师提起呀。于是再次确认："你真的尿床了？裤子和床湿了吗？"程程坚定地回答："我不骗人，我真的尿床了，床湿了，但我的裤裤没有湿。"于是妈妈向老师询问具体情况，老师马上检查了孩子的床，说："他没有尿床呀，我记得今天中午他表现得很好，早早就睡了。"听到消息的妈妈无奈地质问程程："老师说你没有尿床，你为什么要撒谎说尿床了？"然而程程不再做出回应，跑去玩自己的玩具了。

故事二： 4岁的程程上中班啦！一个夏日的周末，程程和爸爸两个人在家，程程问："爸爸，今天真是太热了，我能从冰箱里拿一支雪糕吃吗？""不行哦！"爸爸边忙边回应，"妈妈不让你吃雪糕。""妈妈又不在家，你别告诉她就行啦……"最后耐不住程程的软磨硬泡，爸爸答应了。正当程程美滋滋地享受清凉时，妈妈回来了，程程赶紧放下雪糕，跑到妈妈面前说："妈妈，我说我不吃雪糕，爸爸说天气热非要让我吃，你说我要是拉肚子了怎么办？爸爸真坏！"此时爸爸放下手中的工作，惊讶地抬起头："你什么时候学会说谎骗人了？"

故事三： 中班区域活动开始前，程程选择了去图书区看绘本，小朋友们也都有了自己的游戏计划。区域活动进行到一半，突然美工区传来一阵嘈杂声，原来是有几个小朋友在抢一块蓝色橡皮泥，其中一个小朋友正是程程。刘老师问："程程，你不是选择在图书区看书吗，怎么跑到美工区啦？"程程回答："是秦老师让我过来的！而且老师，这块橡皮泥是我从家里带来的！""程程，这块橡皮泥是幼儿园的，并不是你从家里带过来的，大家要一起玩。"老师回应道。程程这才噘着小嘴松开了手。过后，班级的两位老师沟通时，秦老师表示非常震惊："我没有让他来美工区，是他自己过来的啊！这孩子怎么说谎呢？"

思考： 案例中的程程分别在三个故事场景中出现了说谎行为，请分析一下程程说谎的原因。

（二）攻击性行为

攻击性是一种导致人或动物身体或情感受伤害，或者是导致财物损坏或毁坏的行为。它可能是言语上的也可能是身体上的，例如拍、抓、掐、踢、吐、咬、威胁、羞辱、攻击、辱骂、欺负、毁坏和破坏等，都属于攻击性行为。

1. 学前儿童攻击性行为的类型

根据不同的标准，幼儿攻击性行为可分为以下几种类型。

（1）工具性攻击和敌意性攻击

根据行为的动机不同，美国心理学家哈图普（W.Hartup）把攻击性行为分为工具性攻击和敌意性攻击。其中工具性攻击行为是指学前儿童为了获得某个物品而做出抢夺、推搡等动作，如一个幼儿为了得到玩具而把另一个幼儿推倒。这类攻击性行为不是故意给对方造成伤害，而是为了争夺某个物品，把攻击作为手段或工具。而敌意性攻击行为与其他攻击性行为不同，是在学前儿童深思熟虑之后，直接的、有目的地攻击别人。

（2）反应性攻击和主动性攻击

根据行为的起因不同，攻击性行为可分为反应性攻击和主动性攻击。反应性攻击是对威胁、伤害或挫折的反应，是行为者在受到他人的推搡、辱骂等行为后做出的愤怒的、敌意的攻击性行为，如一个幼儿对殴打或辱骂过他的同伴采取敌意的、报复性的行为。主动性攻击指行动者在未受到伤害的情况下主动发起的攻击性行为，主要为了获得物品、社会权利或欺负。

2. 学前儿童攻击性行为产生的原因

（1）个体因素

气质类型是学前儿童产生攻击性行为的主要个体因素。

吵闹、活跃、注意力不集中，很难适应周围的变化的幼儿，一般比那些气质水平相对成熟的幼儿更具有攻击性。这种气质类型的幼儿更容易倾向于通过打、摸、抢同伴的东西和同伴进行身体接触，容易导致攻击性行为的出现。

（2）环境因素

家庭层面的环境因素包括父母的教养方式和成人对幼儿的直接指导。

高度攻击性幼儿大多数来自专制型和放纵型的家庭。专制型教养方式的家长在教育孩子时通常采取专制政策，在家中儿童事事都要听从家长，服从家长的指挥，如有相悖则会受到打骂。这类儿童当在幼儿园中有能力掌控他人时，便会通过与父母同样的攻击性行为来释放自己的压力。而放纵型教养方式的家长则对儿童习惯听之任之，导致幼儿当自己的愿望或要求得不到满足时，就会大吵大闹，产生抵触情绪，滋生攻击性行为。

另外，一些成人实际上在引导儿童使用攻击性行为来解决问题。这种引导会对儿童的行为产生重大影响。例如，在一个以6~16岁儿童为对象的实验研究中发现，75%的儿童使用攻击性行为是为了顺从成人的期望。"打回去""不要屈服""不要做个胆小鬼"是这些孩子家长常用的言论。

当学前儿童身处在幼儿园环境时，同伴之间的模仿，一次攻击性行为带来的情感性满足以及由于攻击性行为带来的意外关注等，都有可能激发和强化幼儿的攻击性行为。

（3）大众传媒

孩子们容易通过大众传媒看到攻击性的范例，其中一个重要的来源就是在电视上看到的内容。根据相关调查发现，3~11岁的孩子平均每周会看21~28小时的电视，他们既会看儿童节目，同样也会看成人节目。关于电视节目中的暴力对观看者影响的研究表明，电视暴力对孩子的发展和学习有不良的影响。

攻击性行为常常伴随着激烈的身体接触，极有可能对攻击性行为事件的双方造成不可估量的身体和心理伤害。因此，在幼儿园教育情境中，攻击性行为是不被允许并且被教师极力制止的行为。但是，这并不意味着幼儿的攻击性行为没有任何社会性价值，同伴之间的冲突不仅有助于幼儿了解如何有效地发动和终止相互攻击，而且这些经验还为幼儿提供了有关社会秩序的信息，其中包括社会成员与他们所拥有的物品之间关系的信息。

> 拓展阅读

瑞士伯尔尼反校园欺凌项目

一、伯尔尼反校园欺凌项目的产生背景

校园欺凌的大多数特征在幼儿园阶段已经初露端倪，对幼儿也具有同样的负面影响。研究表明，幼儿园受欺凌者的抑郁情绪在进入小学两年内仍有所增加。目前一些国家开展了幼儿园和小学低年级反欺凌项目研究，并取得了较好的干预效果。瑞士伯尔尼反校园欺凌项目作为其中的典型代表，主要通过会议/模块学习的方式加强对校园欺凌的干预。

伯尔尼反校园欺凌项目主要基于教师的不同需求，为教师提供干预欺凌的知识储备，提高教师处理欺凌事件的自信心；保障教师在欺凌干预中的核心地位，提升教师干预校园欺凌的积极性，加强教师之间的同伴支持，成立学校欺凌防治小组，让教师在学习中相互支持和监督；提升教师对欺凌的敏感性，形成保护被欺凌者的意识，在欺凌萌芽阶段及时识别并干预欺凌，增加与欺凌者和被欺凌者的交流，增强防治校园欺凌的能力。

二、伯尔尼反校园欺凌项目的主要内容

伯尔尼反校园欺凌项目主要通过会议学习的方式提升教师干预技能。

会议一：宣传教育推广

会议主要向教师阐释校园欺凌的基本内涵、特点等，并询问教师所在学校的欺凌情况，特别是被欺凌者的情况，培养教师识别校园欺凌的能力，做到"及早发现，及时干预"。在会议结束时为教师分配一项观察幼儿行为的任务，与教师讨论不同的干预方法，给予教师自由选择方法的权利，让教师做好观察记录，并准备与学生家长的见面会。

会议二：提高教师对儿童欺凌行为的敏感性认知

会议要求教师汇报干预情况，讨论制定的规则、纪律等对儿童发展的价值意义。会议的重点是发现学生在班级的被欺凌情况、与儿童共同拟定行为准则并在班级中试行。

会议三：利用行为代码

会议致力于提升儿童对规则的理解水平，保障教师合理运用奖惩措施。考虑到儿童的认知局限以及学生更愿意遵守执行师生共同讨论拟定的行为规范，参与干预项目的幼儿园教师多采取儿童参与规则绘制的方式加深儿童对行为规范的理解。但教师也面临如何有效化解儿童主动报告欺凌行为与举报违规行为之间的矛盾问题，很多教师担心如果鼓励儿童举报违反规则的欺凌行为，可能会在班级内形成儿童打小报告的文化氛围的风险。在第三次会议召开之前，要求所有教师完成召开家长会的任务。会议主要讨论对被欺凌者与欺凌者的刻板印象、教师对攻击性行为的处理方式、教师的中介角色作用、教师不愿意使用否定性语言与惩戒措施的问题；明确下一阶段任务是记录儿童违反行为准则的行为，加强对班级被欺凌者和欺凌者的援助；专家就教师提出的干预问题给予解答。

会议四：提升儿童的责任意识

会议重点是提升未参与欺凌儿童和旁观者的责任意识。在会议中，教师阐述消极欺凌者、积极欺凌者的人格特点和行为方式；探讨调查发现的欺凌参与者和未参与者的特征；强调提升儿童的共情、非侵略性和良好社交技能；要求教师在这段时间重点关注未

参与欺凌的儿童，教给学生预防校园欺凌的一些方法。

会议五：强化被欺凌者的自我保护意识

会议主要介绍学龄前儿童运动发育和身体意识的情况，调查儿童对自我力量的认知、同龄人对受欺凌者和欺凌者的力量认识情况，讨论儿童实际力量和预想力量的差距，特别强调通过身体锻炼和游戏的方式帮助儿童制定行为规范，以增加被欺凌者自我力量和能力的认知，提升儿童对校园欺凌的认识水平。此外，会议要求教师以提升儿童自我保护意识为目标，自主选择干预方法并持续至下次会议。

会议六：巩固特有的预防目标

会议主要讨论教师在上次会议中制定的目标及他们遇到的问题，让教师更进一步培训参与欺凌儿童和没参与欺凌儿童的同情心和身体保护意识；了解儿童在幼儿园发现/经历的欺凌情况；明确教师对待欺凌者、被欺凌者的态度以及期望。将教师反馈较多的问题在下一次会议中再集中讨论，以更好地满足教师需求。

会议七："开放式"讨论

按照大多数教师的意愿，再次讨论当儿童违犯规则时采取的惩戒方法以及技能指导。多数教师表示在促进儿童情感认知以及社会技能方面做了大量工作；表达了对儿童行为严格要求与宽缓处理的困惑，担心对儿童的消极行为可能给予了不必要的积极强化等问题。在这次会议中，教师们进一步明确了在学期结束时想要达到的目标。

会议八：方案反馈和未来展望

会议主要让教师总结开展的干预计划。多数教师表示虽然实施过程中遇到了很多挑战，甚至有些已经超越了他们的能力范围，但总体情况较为满意，干预中的讨论、监督、指导使教师获得了对自我干预能力的清晰认知。

三、伯尔尼反校园欺凌项目的实施

伯尔尼反校园欺凌项目主要采用教师培训的方式，要求教师参加反欺凌主题会议/模块学习，增加教师干预欺凌的自信心和积极性，注重专家和教师、教师和家长之间的合作，引导教师做好家校沟通工作，帮助学生树立防治校园欺凌的理念，积极抵制校园欺凌，灵活处理各种欺凌问题。

资料来源：曹文，张香兰. 瑞士伯尔尼反校园欺凌项目研究[J]. 预防青少年犯罪研究，2020(6). 有删改。

（三）违规行为

在学前儿童的社会化过程中，违规行为是一种常见的现象。很多幼儿园教师也反映，不管是刚刚入园的小班幼儿，还是已经熟悉了幼儿园生活环境的大班幼儿，不能遵守班级内的各项常规是很常见的问题。很多老师还会因为没有掌握恰当的处理办法，疲于应付，耗费大量的时间在督促幼儿遵守规则上。其实，皮亚杰对幼儿实践规则的研究表明，处于学前期的儿童还没有形成对规则较稳定的理解，多数时候幼儿的真实想法是规则怎么样都行，帮助幼儿建立规则意识需要通过自然的后果体验来慢慢建立。对于这一阶段的幼儿来说，只有亲身体验了、没有遵守规则给自己带来的切身的不愉快的感觉之后，他们才更容易理解什么是规则，为什么要遵守规则。

除了说谎、攻击性行为、违规之外，一些学者认为退缩行为、嫉妒行为、自私行为、焦虑行为等都属于学前儿童在特定的发展水平下，容易出现的社会行为问题。但是正如上文中提及的，学前儿童社会行为涵盖的内容有很多，幼儿在这方面的行为通常也只是体现在某个方面，作为教育工作者，既不能不管不问，也不能以偏概全，伤害到幼儿的自尊心。

三、学前儿童社会行为问题的指导

学龄前的儿童出现的社会行为问题，会影响到其正常地与周围人的社会交往，从而可能带来一系列的身心健康问题。所以，教师必须选择恰当有效的方法进行干预和指导，以促进幼儿健康快乐地成长。

（一）强化法

心理学上将强化分为正强化和负强化。

正强化是指当幼儿出现与期望的心理与目标行为时，或者在一种符合要求的良好行为后，采取奖励，立即强化，从而增强这种行为出现的频率。

负强化是指当个体表现出所期望的良好行为时，减少或消除他不喜欢的刺激或情境，以促进他以后这种良好行为的出现。例如，当幼儿与同伴产生冲突时，不再动手打人，而是用协商的方法去解决，这时父母撤销了之前不让他吃糖果的惩罚行为。

（二）自然后果法

法国的启蒙思想家卢梭说过："我们不能为了惩罚孩子而惩罚孩子，应当使他们觉得这些惩罚正是他们不良行为的自然后果。"按照自然后果法，当幼儿出现社会性行为问题时，成人不给予幼儿过多的批评，而是让幼儿自己承受行为过失或者错误直接造成的后果，使他们在感受到这种后果带来的不方便或者心理上的不愉快后，自觉弥补过失，纠正错误。例如，幼儿因为经常说谎，而交不到朋友，只能孤单玩耍后，慢慢地改掉了爱说谎的习惯。

（三）代币法

代币法又称标记奖励法，是在幼儿出现期望行为时，立即给予一种"标记"或代币加以强化，然后再累积起来一定数量的"标记"或代币换取各种奖赏的方法。例如，一次助人行为奖励一个小红花，集满5个小红花可以得到一本自己喜欢看的绘本。需要注意的是，这里换取的奖赏，一定要是幼儿真正想要的、能获得快乐的奖赏。

（四）榜样示范法

榜样示范法是儿童通过对模仿对象行为的观察学习，达到增强正常行为、消除问题行为的方法。班杜拉指出，模仿学习可以在没有模型也没有奖励的情况下发生，个体仅仅通过观察其他人的行为反应，就可以达到模仿学习的目的。成人可以有意地在幼儿面前通过播放视频、举例子，树立明确的可学习的行为榜样，帮助幼儿克服一些行为问题。

第三节　学前儿童亲社会行为的教育活动示例与导引

小班活动：学会分享[1]

活动思路

分享行为在小班幼儿中已有初步表现，但多数幼儿的分享行为尚处于萌芽期，有时则是在"规则"的约束下发生的。有些家长向幼儿园老师反映，孩子在家比较小气，自己的东西从来不让别人玩，好吃的东西也不给别人分享。因此，根据这种情况，教师在班上开展了这一活动。

活动目标

1. 学会分享并能体验分享的快乐，加深同伴间的友谊。
2. 学会使用礼貌用语与人交流。

活动准备

每位幼儿自带玩具1~2个。

活动过程

1. 观看情境表演，并向幼儿提出观看要求。

情境表演：一名幼儿自己在家玩玩具，玩了一会儿就不想玩了，说："没有朋友和我一起玩，真没意思。"说着做出一副很不高兴的样子。

教师和幼儿一起观看表演。教师边看表演，边注意观察个别幼儿的表现。

2. 组织幼儿讨论下面的问题。

①刚才的小朋友在干什么？他一个人玩玩具的感受如何？你是怎么看出来的？

②为什么他有许多玩具还是不高兴呢？

③如果是你，你会怎么玩儿？

（为了让幼儿充分讨论，教师可以就重点问题引导幼儿讨论回答。）

3. 再次组织幼儿观看情境表演。

这次幼儿观看的情境表演根据上面讨论的内容进行。

4. 比较两次情境表演的内容。

请幼儿说说两次情境表演的内容，了解与别人一起分享玩具会更加快乐。

5. 幼儿玩玩具。

让幼儿拿出自己带来的玩具自由玩耍。教师细心观察幼儿之间的交流，尽量不去打扰他们，对个别不愿和别人一起玩或比较内向的幼儿耐心引导，使他们尝试与别人一起玩。

6. 结束活动。

①收拾玩具。教师提醒幼儿把玩过的玩具放回原处，养成良好的习惯。

②请个别幼儿谈谈刚才是怎样玩玩具的？

③教师进行简单小结：今天与好朋友一起玩玩具，感觉怎么样？你们喜欢这样玩吗？针对幼儿的回答再次进行小结，注意要以表扬和鼓励为主。

活动延伸

1. 家园合作，让家长在家里有意识地引导孩子与同伴一起玩玩具。

---

[1] 此案例来自江苏省连云港市东海县幼儿园。

2. 在后续的区角活动中，继续培养幼儿的分享行为。

教师自评：活动过程中孩子们能主动与别人交流，从开始玩玩具到结束活动，孩子们之间没有发生争执。幼儿对这一活动很感兴趣，他们玩得非常投入，就连平时最不爱讲话的孩子也因想轮流玩玩具而与小伙伴主动沟通。在请幼儿谈玩玩具的心情时，他们说："和好朋友一起玩玩具心里非常开心！""下次我们还要这样玩！"另外，这一活动也深受家长的欢迎。

评析

这次活动的设计很有现实意义，目标的制定符合小班幼儿的特点。分享行为是幼儿将自己的物品与别人一同使用，并体验与同伴一起快乐地游戏的行为。培养幼儿的分享观念，有利于其人格的完善和良好的人际关系的形成与发展，有利于促进幼儿道德品质的发展。该活动采用创设情境的方式，能够吸引幼儿参与游戏，发挥幼儿的主动性，激发幼儿的兴趣。

中班活动：快乐岛[①]

活动思路

幼儿园教师在教学活动中发现，很多的孩子合作意识和能力比较薄弱，他们往往以"自我为中心"，而《纲要》在社会领域的内容和要求中明确指出，应引导幼儿参加各种集体活动，体验与教师、同伴共同生活的乐趣，帮助他们正确认识自己和他人，养成对他人、社会亲近、合作的态度，学习初步的人际交往技能。因此，教师以报纸为载体，通过不断改变报纸大小与数量的方法，让幼儿尝试与同伴合作站在报纸上的各种方法，从而体验合作的重要性。

活动目标

1. 乐意与同伴合作游戏，体验合作的重要性。
2. 能动脑筋想出与同伴站在报纸上的各种方法，感受抱、贴、靠、叠等亲密动作。

活动准备

材料准备：小海龟胸饰若干、海龟妈妈头饰1个、一段海浪音乐、一段适合海龟在水里表演的音乐，报纸若干（其中一张大报纸由若干小报纸拼凑而成，刚好能容纳所有幼儿）。

环境准备：将活动场地布置成海洋，有海星、海草、贝壳、珊瑚等。

活动过程

1. 活动导入。

师幼讨论：教师和幼儿扮演"小海龟"的角色进入活动室，共同围坐在地上。

小朋友们，在海里我们可能会遇到哪些危险的事情呢？（大鲨鱼、大鲸鱼……）

听，是海浪来了！我们应该怎么办？（播放海浪音乐，可适当做动作。）

教师鼓励幼儿利用平时积累的经验大胆想象，畅所欲言。

[①] 此案例来自浙江省湖州市安吉县孝丰镇中心幼儿园。

2. 集体合作游戏。

教师呈现海洋里常见的几种海洋生物，吸引幼儿的注意力：

孩子们，跟着妈妈一起到海洋里玩儿吧！（播放海浪音乐）听，海浪来了，快到妈妈这里来吧！（师幼第一次集体合作站在大报纸上）

妈妈来看看，宝贝们的小脚是否都稳稳地站在岛上了？真棒，每个人都安全了，这是一个快乐岛，大家只有双脚都站在岛上，互相抱紧，才不会被海浪卷走！

分析：教师引导幼儿知道，只有大家互相抱紧，双脚都站在岛上才安全。

风平浪静了，海龟妈妈第二次带着小海龟们到海里玩。（游一游、吹泡泡、搓一搓、转个圈等）

（播放海浪音乐）哟，海浪又来了，快想办法躲到岛上来！（将大报纸折小一点，但还是能容纳所有幼儿，师幼第二次集体合作站到变小的"快乐岛"上）你们发现快乐岛有什么变化吗？（变小了）对呀，海浪来了，快乐岛变小了，那我们该怎么办？

分析：教师再次引导幼儿知道，要躲过海浪，必须抱得更紧，从而引出各种合作的方法。

小结：海浪来了，快乐岛变小了，所以我们要抱得更紧了，可以2个人、3个人抱得紧紧的。只要我们大家紧紧地团结在一起，海浪就会被吓跑。

3. 小组合作游戏。

看，退潮了，跟妈妈去玩捉迷藏吧！（这次教师抽去大报纸，将8张小报纸分散放在另一边）如果更大的海浪来了，快乐岛就要被淹没了，我们该怎么办？遇到海浪时，你们可以小组合作，稳稳地站在岛上，那儿有许多小的快乐岛，但是每个小岛上都要有小海龟。

（播放海浪音乐）小海龟第三次合作躲到8个快乐岛上。

看！他们是一前一后抱着站的；他们不一样哦，是3个人前后贴着站的！其实遇到危险，我们2个或3个好朋友一起紧紧地抱着、贴着，稳稳地站在小岛上，海浪也拿我们没办法了。

海面恢复平静了，宝贝们肚子也饿了，我们去寻找食物吧。（拿掉2张小报纸）（播放海浪音乐）小海龟第四次合作，分别躲到6个快乐岛上。

瞧，他们是3个人面对面紧紧地抱在一起的；他们是肩搭肩贴着的；还有踮起脚尖站着叠在一起的。真是一群爱动脑筋的孩子！这样以后我们遇到再大的海浪也不怕，快跟妈妈继续往前走吧！

分析：教师总结各种站的方法，如贴、抱、叠等，引导幼儿懂得只要互相合作，才不会被海浪卷走的道理。

小海龟们第五次到海里玩。（再拿掉2张小报纸）

如果再有海浪，快乐岛就变得更少了，需要更多的好朋友互相合作，稳稳地站到一个岛上。

（播放海浪音乐）小海龟们第五次合作，分别躲到4个快乐岛上。

看，他用的是抱起另一只小海龟的方法，真不错！

快看，他们是4只小海龟紧紧地前后叠在一起。哇，这只小海龟力气真大！

分析：教师及时关注和小结幼儿使用的各种站的方法。

4. 活动小结。

海面又恢复平静了，宝贝们坐到妈妈身边来吧！（师幼围坐在一起）

小结：今天，小海龟们跟着妈妈学了一个新的本领，遇到海浪，我们能够2个、3个、4个或大家一起紧紧地抱在一起、贴在一起、靠在一起。这样，不论以后遇到再大的危险，我们都可以互相合作、互相帮助，团结在一起来战胜困难。

教师自评：整个活动，让幼儿以小海龟的角色贯穿始终，有一定的吸引力，使幼儿理解和体验到合作的重要性，活动过程中互动的气氛很好，孩子们能够大胆思考问题，共同合作解决困难。

评析

幼儿的身心健康发展是教师的教学目标。在这次活动中，教师引导幼儿从无意识的合作到协商的合作，使幼儿初步认识到合作的重要性，为解决问题创造了机会，促进了幼儿的身心健康发展。活动以角色和情景贯穿，激发了幼儿参与活动的兴趣，有利于目标的达成，活动过程能够充分体现目标的完成进程，层次分明。从活动过程中可以发现许多的环节涉及"以团结解决问题"的内容，下次教师可以制定相关的目标，随着报纸的减少，让幼儿自行想办法应对。

大班活动：不要欺负我[1]

活动思路

幼儿阶段是社会性发展的关键时期。《指南》中对于大班在社会性发展方面的要求有：与同伴发生冲突时能自己协商解决；知道别人的想法有时和自己不一样，能倾听和接受别人的意见，不能接受时会说明理由；不欺负别人，也不允许别人欺负自己。本次活动根据以上要求，结合具体情境，指导幼儿在被人欺负时应该如何解决问题。

活动目标

1. 知道被欺负、误解、辱骂应该勇敢面对。
2. 知道被欺负、误解、辱骂时应采取的一些应对方法，如据理力争表达自己愤怒的情绪、和对方沟通或寻求大人的帮助。
3. 产生维护自己不被侵犯的意识。

活动准备

1. 图片1：一个小朋友被另一个小朋友推倒在地，但没有哭泣的照片（教师配音："哎哟，好疼呀！你为什么推我？我要去告诉老师！"）；一个小朋友被另一个小朋友推倒在地并在哭泣的照片。

2. 图片2：一个小朋友站在倒下的积木前并在哭泣的照片。（教师配音："这不是我弄坏的！我走过来的时候它已经坏了！"）

3. 图片3：一个小朋友尿湿了裤子正在被几个小朋友嘲笑，但没有哭泣的照片（教师配音："哼，你们笑什么！我今天只是水喝多了，平时我从来不尿湿裤子的！"）；一个小朋友尿湿了裤子，正在被几个小朋友嘲笑，忍不住哭泣的照片。

4. 视频1：

（一个老师扮演小白兔，另一个老师扮演大灰狼。）

[1] 此案例来自上海市黄浦瞿溪路幼儿园。

小白兔：今天是个好天气，我要去森林里采蘑菇。

大灰狼：哈哈，那里有只小白兔，我要把它抓起来，煮了吃！（做大灰狼扑向小白兔的动作，小白兔发抖。）

小白兔：嘿！你给我走开！（小白兔用尽力气踢了大灰狼一脚，快速地逃跑了。）

5. 视频2：

（场景：幼儿园教室里，一群小朋友围着小龙。）

一群幼儿：老师，小龙又把学校的东西带回家了。

小龙：我没有！

一群幼儿：我看到你放进口袋里了，你是小偷！

小龙：这不是学校的，我口袋里的是我自己带来的，不信你可以去问我妈妈，你们不要瞎说！

活动过程

（一）情境导入，激发兴趣

1. 播放视频1。

教师提问：大灰狼扑向小白兔的时候，小白兔的心情是怎么样的？它是怎么做的？

教师小结：小白兔害怕地发抖了，但是它还是用力地踢了大灰狼。

教师提问：如果你是小白兔，你会怎么做？

教师小结：当我们被人欺负时，我们要勇敢面对。

2. 播放视频2。

教师提问：视频里发生了什么？小龙说了什么？

教师小结：当我们被人误解、被辱骂时，我们也要勇敢面对。

（二）学习方法，解决问题

过渡：孩子们，要想不被人欺负，我们首先要做到勇敢面对。除了这个方法，还有什么好办法可以不被人欺负呢？

1. 出示图片1。

教师提问：（1）图片里发生了什么？

（2）被推倒的小朋友是怎么说的？

教师小结：一个小朋友被推到了但是他没有哭，他选择去告诉老师。

2. 出示图片2。

教师提问：（1）图片里小朋友的表情有什么不一样？

（2）你喜欢哪个小朋友？

教师小结：一个小朋友在哭，另一个小朋友不害怕，大胆地为自己解释。

3. 出示图片3。

教师提问：（1）他们在笑什么？

（2）你觉得这样做对吗？

教师小结：嘲笑别人是不对的，我们应该第一时间去帮助别人。当自己被嘲笑时，我们可以合理表达自己的愤怒情绪。

（三）集体讨论，培养意识

教师提问：（1）在日常生活中你欺负过小朋友吗？

（2）如果你被欺负了，你会怎么做？

教师小结：在日常生活中，我们应该保护好自己，在自己不被欺负的情况下，也不能去欺负其他小朋友，同学之间应该相亲相爱，像一家人一样。

评析

欺负他人属于亲社会行为的反面——反社会行为，欺负、攻击他人是幼儿阶段典型的反社会行为。教师不仅要教导幼儿欺负他人是不对的行为，并在出现这种行为时严厉制止，还要教会幼儿在受到他人欺负时保护好自己，在有能力的情况下帮助他人。该活动通过故事情境引发幼儿的兴趣，并通过图片和视频案例教会幼儿在受到欺负时具体的反抗方式，最后通过讨论增强了幼儿不被侵犯的意识，并且进一步延伸为在同伴受到欺负时要伸出援手，发展了幼儿的同情心以及助人行为等亲社会行为。以攻击性行为入手，通过与正确的亲社会行为对比加深了幼儿对亲社会行为的印象，并且学会如何正确应对反社会行为，相比单纯的亲社会行为活动，该活动更有利于幼儿社会性的发展。

幼儿园主题活动：苏菲生气了
（作者：王琳　王冬梅　李丹）

活动思路

幼儿园应密切关心幼儿的情绪感受，高度重视其不良情绪的疏导。为了帮助幼儿认识负面情绪，并初步学习怎样摆脱生气的情绪，本次活动借助绘本《苏菲生气了》予以综合设计推进。

活动目标

1. 学会认识到生气原来是普遍现象，也是正常的。
2. 懂得生气是一种不良的情绪，体验摆脱生气后的快乐。
3. 分享几种简单、积极、有益于帮助他人和自己摆脱生气的好办法。
4. 养成积极宣泄情绪的意识和习惯。

基本结构

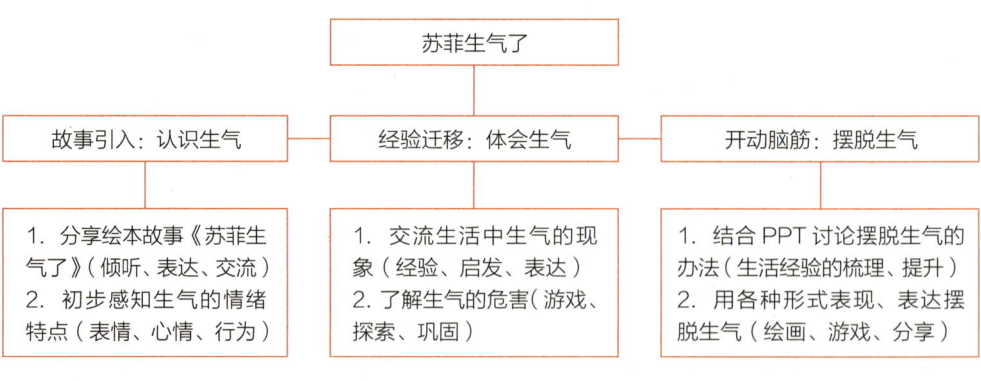

整合准备

活动名称	领域类别	活动准备
苏菲生气了	综合活动	绘本PPT《苏菲生气了》，背景音乐，纸、彩笔，折纸飞机的正方形彩纸（数量与幼儿人数相等）
哭脸和笑脸	科学	自制娃娃脸若干，脸部形状有圆形和椭圆形两种，脸部表情有哭脸和笑脸两种，颜色有红、黄两种
做我的心情"树"	艺术	剪刀、水彩笔、环境创设"树"
心情跳舞娃	艺术	音乐《幸福拍手歌》《二泉映月》
心情预报	语言、社会	纸箱做的电视机、话筒；猴子木偶；操作图片：狮子躺在床上的场景，小鸟、小羊、小青蛙、小鸡、小鸭；小动物心情图若干
折心情纸飞机	游戏	欢快的音乐和垫子，小兔子胸饰、萝卜、蘑菇玩具
心情与表情	语言、科学	PPT课件、表情卡、背景音乐《表情歌》
我的心情我做主	健康	小竹梯若干、轮胎若干、空地一片
看得见的情绪	语言、艺术	①6个情绪脸谱（兴奋、高兴、悲伤、愤怒、害怕、烦恼） ②做有6个情绪脸谱的大色子 ③情绪温度计若干
游戏主题馆	游戏活动	纸飞机若干

附注：幼儿教师应提前与家长交流，在家长关注幼儿的情绪的同时，有意识地让幼儿观察家人、故事角色，帮助幼儿了解人们摆脱不良情绪的简单方法。

1. 通过阅读绘本引出"生气"的活动主题。

师：小朋友们，今天大家看上去都很开心，老师看到小朋友们这么开心，老师也很开心。可是我今天给大家带来一个故事，名字叫《苏菲生气了》。故事中的这位苏菲小朋友很生气，很不开心。苏菲是怎么了呢？发生什么事情了呢？小朋友们在哪里看出来的呢？

师：苏菲抱着玩具大猩猩玩得正起劲的时候，姐姐把大猩猩抢走了，苏菲不给，妈妈却让她把大猩猩给姐姐，她从家跑出来去了哪里，看到了什么？她心情怎么样了？苏菲后来怎么样了呢？苏菲很生气，她生气的时候是怎样做的？

幼儿回答，教师小结：妈妈说该轮到姐姐玩大猩猩了，可是苏菲不想给，最后姐姐拿走了大猩猩，所以她很生气，很愤怒，她简直像火山一样爆发，然后她跑出了家门。苏菲跑出家门后，跑啊跑，苏菲感觉到很委屈，有一阵儿甚至哭了起来。慢慢地她放慢了脚步，她看着眼前美丽的景色：各种形状的岩石，漂亮的山毛榉树，绿绿的小草，听着树上的小鸟儿"哩哩哩"地叫着，心情开始慢慢地好了起来。她又来到一棵粗壮可是不太高的山毛榉树前，爬上去。微风吹拂着她的头发、面孔，看着蓝蓝的河水，苏菲感觉自己不再那么生气了，还慢慢开心起来。她慢慢地从树上下来，朝着家的方向走去。回到家她忘记了一切不开心的事情，还把自己看到的美丽景色画成了一幅非常漂亮的图画。

2. 引导幼儿交流经验，谈谈生活中人们生气的现象。

师：小朋友们，你们有没有像苏菲一样，遇到过一些十分生气的事情？都是一些什么事情呢？

幼儿回答，教师小结。

师：哦，原来生活中小朋友们也遇到过许多生气的事情。你们看见过别人生气的事情吗？生气后是怎样的？

幼儿回答，教师小结：原来生活中许多事情会让自己感到不满意、生气。这些事情有的是和学习有关的，有的是和小朋友玩玩具有关，也有的是和爸爸妈妈不答应自己的要求有关。其实啊，大家都会遇到生气的事情，爸爸妈妈、老师也一样会遇到。

3. 了解生气的危害和摆脱生气的必要性。

师：小朋友们，一个人生气并不可怕，但总是生气，这样好吗？为什么？幼儿结合自己的经验回答。

教师小结：原来生气会有这么多的坏处呢。

借助气球观摩理解气球充气与释放的过程。

师：小朋友们，我们看到气球会因为吹气而变大，当气球里的气太多了最后就会爆炸。我们的身体就像这个气球一样，气球本来是好好的，但是碰到不高兴的事就生气，遇到不满意的事就生气，身体里的气就会越来越多，再生气下去的话，我们的身体也会像气球一样。最后会怎么样呢？

幼儿回答：气球就爆炸了。

师：是啊！气球爆炸了。那我们的身体呢？我们的身体也会受不了，会很不舒服的。那我们应该怎么办才好呢？有什么办法可以把我们身体里的"气"一点点赶走？这样我们的身体会比较舒服，也会更加健康。故事里的苏菲是怎样做的呢？幼儿回答，教师小结。

4. 结合PPT讨论摆脱生气的办法。

结合PPT了解苏菲生气后心情是怎样好起来的。

师：苏菲生气的时候像火山爆发一样，真的很愤怒。可是后来她是怎么做的呢？她在外面做了什么？慢慢地她的心情怎么样了？

幼儿回答，教师小结。

苏菲遇到生气的事情是跑出去，看看花草树木、听听鸟叫、吹吹微风，自己的心情就好了许多。小朋友们小组讨论，说说自己知道的能够摆脱生气的好办法。

小朋友们，你们知道有什么办法可以让小朋友不生气了吗？你会怎样帮助别人摆脱生气和愤怒？好好想一想，说一说可以用什么样的方法并快速地把它画下来，一会儿和大家一起分享一下吧！

幼儿在组里交流并分享摆脱生气的办法，绘画，教师小结。

5. 集中分享、交流摆脱生气的办法。

请各小组代表在集体面前介绍摆脱生气的好办法，并结合绘画作品进行交流。

选择几幅绘画比较好的摆脱生气的好办法进行表演，让幼儿体会这个好办法的益处。

拓展练习：小朋友们帮助苏菲想了这么多好办法，原来大家有比苏菲还好的办法来摆脱生气。那以后小朋友们生气了知道怎样去做了，可以怎样让自己的心情更快地好起来。老师也有自己的好办法，老师的办法是，生气的时候画画、折飞机，或者写字、听歌。这样画完了，折好了，写完了，听着好听的歌曲，心情就会变好，以后再生气、不开心的时候我们就可以使用这些办法了。

活动延伸
教师组织幼儿带上纸飞机到户外，把"生气""愤怒"丢得远远的，体验放松的快乐。

评析
本次主题活动以幼儿对情绪管理的主题绘本欣赏的经验为契机，结合生活体验式环境创设开展了多种多样的游戏活动，引导幼儿用语言、动作、表情、创作等方式表达自己对情绪的理解和感受，并在生活中进行观察与发现，体验生气的危害并进行情绪管控，初步知道如何排解不良情绪。

讨论与思考

1. 简述学前儿童亲社会行为和学前儿童社会行为问题的含义。
2. 亲社会行为对于学前儿童来说，具有哪些积极意义？
3. 学前儿童亲社会行为的具体类型有哪些？
4. 教师可以通过哪些途径和方式来促进学前儿童亲社会行为的发展？
5. 常见的学前儿童社会行为问题有哪些？
6. 教师和家长可以采用哪些教育方法帮助学前儿童矫正社会行为问题？

实践探索

利用教育见习机会，观察某幼儿园班级幼儿一日活动中都出现了哪些亲社会行为和社会行为问题，班级教师分别采取了哪些干预措施，并做出自己的思考和评价。

第九章 学前儿童归属感的发展与教育

学习目标

① 了解归属感的内涵和意义;

② 掌握学前儿童归属感发展的年龄特征;

③ 在学习学前儿童归属感典型教育活动的基础上,能针对不同年龄段的归属感设计教育活动。

问题导入

幼儿园开学了,3岁的果果也开始进入到幼儿园生活。果果在家开朗,能说会道,有时候还有小大人般的"老练沉稳",但是在幼儿园的表现却不算太好,进入幼儿园不久的果果没有什么规则意识,什么东西都喜欢抢先,不排队;玩游戏也显得与众不同,他不听从老师的指挥,只玩自己喜欢玩的。果果也不习惯午休,他在别人进行午休时,总想找小朋友和他一起玩。因此,他的行为总是被老师要求纠正。

问题:你从果果的例子中看到了什么问题?这样下去对他会有什么样的影响?针对果果及类似的情况,我们应该怎么开展教育活动?

第一节 学前儿童归属感的发展概述

心理学家阿德勒说过,人们终其一生,都在寻找一种价值感和归属感。归属感是儿童社会性情感中的重要情感类型之一,对于幼儿的心理健康发展和亲社会行为有着十分深远的影响。《指南》提出,幼儿应具备"初步的归属感"。对于步入幼儿园的3~6岁幼儿来说,初步的归属感的获得主要是使幼儿感觉到自己是集体或幼儿园的重要一员、被他人接受、被他人认为有价值以及与他人成为一个整体的一种情感,对自己所处群体在思想上、感情上和心理上的认同和投入,愿意承担作为集体一员的各项责任和义务及乐于参与集体活动。幼儿的归属感不仅包括他们进入幼儿园新环境时产生的心理感受,还包括其在家庭、社区和社会中的融入感,涉及不同范围和不同层级的情感递进。

一、归属感的内涵

(一)归属感的概念界定

归属感是指个体认同所在的群体(团体)并感觉自己也被群体认可和接纳而产生的一种隶属于这个群体、与这个群体休戚相关的感觉。心理学家马斯洛提出的著名的"需要层次理论"中,认为归属和爱的需要是人的重要心理需要,只有满足了这一需要,才有可能进入下一层次的需要——自我实现。而归属感也是人类其他社会性情感(如安全感、信任感)的基础。归属感既包括对人(父母、家人)的归属感,也包括对群体的归属感,还包括对自然、对生活环境的归属感。幼儿的归属感主要指幼儿对同伴、教师及所在班集体的需要,是幼儿希望自己被同伴、被教师认同和接纳的一种心理需要。理解幼儿归属感,可以从认知、情感、行为三个维度出发,在认知上体现为了解、理解群体;在情感上体现为愿意参与、喜欢参与群体活动;在行为上体现为参与活动、投入活动、遵守规则。

(二)幼儿获得归属感的意义

人是一种社会性动物,必须归属于一定的群体才能获得心理的满足,这既是群体存在的重要意义,也是群体的重要功能。归属感对于个体的成长和发展具有十分重要的意义,个体对所属团体产生归属感之后,就能自觉地以所属团体的规范来约束自己的行为,在团体中接受信息、经验和情感，把自己看作是团体中的一个成员。有研究结果显示，幼儿归属感的建立一方面与其心理健康水平的提升、学习动机的激发、不良行为的遏制等存在正相关，另一方面对幼儿适应班级、幼儿园以及与之良性互动有重大影响。归属感的获得往往会使幼儿主动投入班级活动，愉快来园。归属感对幼儿来说，是一种需要。

1. 归属感可使幼儿具有安全感和舒适感

人类在漫长的历史发展进程中，逐步演变为具有社会情感的高级动物，包括归属感、安全感、信任感在内的社会情感，无时无刻不在影响着人类的社会行为。"需要层次理论"强调人类需求的渐进性和层次性，获得归属感之后，幼儿在某一群体中会更快、更容易地获得更高一层的安全感以及被信任和被爱围绕的舒适感。有研究显示，缺乏归属感会增加一个人患抑郁症的风险。对于处于身心快速发展的幼儿来说，归属感的获得首先是给幼儿提供心理健康的屏障，对于幼儿的后期心理发展和生理发育有着重要影响。

2. 归属感可使人增强责任感和成就感

《指南》也指出："家庭、幼儿园和社会应共同努力，为幼儿创设温暖、关爱、平等的家庭和集体生活氛围，建立良好的亲子关系、师生关系和同伴关系，让幼儿在积极健康的人际关系中获得安全感和信任感，发展自信和自尊，在良好的社会环境及文化的熏陶中学会遵守规则，形成基本的认同感和归属感。"对于幼儿而言，缺乏归属感除了会给他们带来心理上的伤害和影响外，也会使他们表现出不适当的行为，从而影响自己和周围人的互动。

3. 归属感可使人形成爱的情感和爱国情怀

爱家乡、爱祖国的积极情感需要幼儿从学会爱集体开始，幼儿获得归属感，是培养幼儿产生热爱家乡、热爱民族、热爱祖国的情感的坚实基础。如果一个幼儿缺乏归属感，那么他就很难对他人产生积极的社会情感，很难融入周围的群体，进而也会导致其表现出诸如孤僻、不合群的异常行为。良好的归属感是公民意识的开端，随着儿童的成长，归属感教育对社会文明进步的推动作用会愈发显现出来。

（三）学前儿童归属感需要的具体表现

归属感是个体对生活的群体（团体）特有的社会情感，《指南》指出，幼儿的归属感主要包括对家庭、社区、班级、幼儿园、家乡、民族与国家的认知、认同，并产生自豪感。

1. 对家庭的归属感

家庭是幼儿生命成长中的第一个社会场所，幼儿归属感的形成首先是从家庭开始，并建立在幼儿对家庭成员安全依恋的基础上。1978年，心理学家安斯沃斯和她的同事们通过长期观察和实验研究，设计了陌生情景测量，即把婴儿在陌生情景中的表现作为评定依恋性质的标准，指出婴儿的依恋行为可以分为三种类型，即A型：焦虑-回避型；B型：安全型；C型：焦虑-矛盾型。1990年她的学生梅因（Main）和所罗门（Solomon）又提出了一种新的依恋类型，即D型：紊乱型。

幼儿和父母之间的依恋关系以及对家庭的归属感是相辅相成的，幼儿和父母之间形成安全型依恋时，也会对家庭形成积极的归属感。和父母及其他家庭成员之间，有正常的情感依赖，又能表现出相对独立的能力，心理上会对家庭产生真正的主人翁意识，不吝啬勇敢地请求帮助以及大方地给予帮助。

相反，如果幼儿没有形成对家庭良好的归属感，则很难与父母形成良好的情感联结，进而导致压抑自己的需求，产生自卑心理并伴随一定的不良行为（如咬指甲、吃手等），甚至会转向其他途径（如看电视、玩游戏等）来寻求情感的发泄，同时还伴随出现焦虑、愤怒等消极情绪。

2. 对幼儿园以及班级的归属感

3岁开始，幼儿园逐渐代替家庭，成为幼儿接触最多的社会场所。进入幼儿园，对于个体来说正是他们归属感需要凸显的关键时期,归属感对幼儿幸福感的获得和社会化发展具有重要意义。幼儿的归属感需求表现为希望自己能够被教师、同伴所接纳,如希望能够参与班集体活动,能够被教师所关注,能够和同伴一起游戏等。小班幼儿在刚入园时表现出来的较为强烈的分离焦虑,就是幼儿还未对新的班级、新的群体产生归属感的外在体现。

幼儿对幼儿园班集体的归属感的表现通常有以下几个方面。

（1）喜欢上幼儿园

对某个群体产生归属感,会给个体带来直观的愉悦体验,如喜欢、高兴等,当幼儿对所在的班集体慢慢产生归属感以后,幼儿园就会越来越像幼儿的第二个家,甚至是比家里还要热闹好玩的地方,此时由熟悉的家庭到陌生的幼儿园带来的分离焦虑会慢慢消失,经常会听到的是,幼儿会越来越经常地表述喜欢上幼儿园的情感。

（2）主动帮教师和同伴做事

在幼儿园一日生活中,经常会看到幼儿主动帮助教师做事、积极为同伴提供帮助的行为,表现出与教师和同伴积极的互动。例如,在幼儿园门口时,主动拉着年龄比较小的或者还在闹情绪的小朋友一起进班级;主动帮老师拿东西、关门;主动帮助穿脱衣服有困难的同伴;等等。主动帮助教师和同伴,可以使幼儿体会到自己在班级中被他人所需要,感受到自己的价值,进而激发出他们的自信与自尊。喜欢做教师的小帮手,喜欢做同伴的好朋友,主动帮助他人,折射出来的是幼儿被他人认同和接纳的需求。

（3）与同伴的趋同

与同伴的趋同表现为幼儿通过对同伴行为的模仿和与同伴外貌、行为等的对比,努力使自己和同伴一样的现象。根据班杜拉的理论,模仿是儿童社会性行为习得的重要方式,儿童对他人尤其是同伴的模仿心理比较强烈。通过模仿,使自己与同伴在行为等方面一样或相似,感受到自己是同伴群体中的一员,从而产生对群体的认同感和归属感。例如,小组内的成员喜欢比较身高、穿的衣服、家里有的玩具等,寻求与同伴的一致感。这种直观感受上的一样或者相似,会让幼儿产生置身于群体之内的安全感和归属感。

（4）遵守班级规则、维护班级荣誉

当幼儿完全融入集体之中,就会有"当家做主"的感觉,也会不自觉地多了一份对这个集体的责任感和荣誉感。中班幼儿容易出现的告状行为,在分析其原因的时候,就会存在幼儿因发现班级内其他人没有遵守各项规则而扰乱班级正常活动秩序或有损班级荣誉的时候,选择以报告教师的方式维护规则,这正体现了幼儿对班级归属感的需求。

此外,在参加集体游戏时,幼儿无条件遵守游戏规则的行为不仅可以使他们被同伴认同和接纳,也会使幼儿在同伴群体中体会到一种控制感。

3. 对民族和国家的归属感

随着5~6岁儿童对于国家与民族的归属感的产生,他们开始知道其他国家、文化与民族的存在。因此,5~6岁儿童归属感发展的另一个重要特征就是对多元文化有了初步的体验与认知。美国学前教育专家莫里逊（George Morrison）认为,多元文化教育是帮助儿童理解、欣赏、尊重其他种族、性别以及社会经济、语言和文化背景不同的人,使儿童能够在一个不同文化的世界中生活、学习、交往和工作的教育。多元文化教育能够让儿童以客观、公正、开放、包容的态度对待外来文化,培养其初步的文化认知感与判断力。国际公约《儿童权利公约》第29条指出,对儿童进行多元文化教育的目标应是:"培养对儿童的父母、儿童自身的文化认同、语言和价值观、儿童所居住国家的民族价值观、其原籍国以及不同于其本国的文明的尊重;培养儿童本着各国人民、族裔、民族和宗教群体以及原为土著居民的人之间谅解、和平、宽容、男女平等和友好的精神,在自由社会里过有责任感的生活。"真正的文化自信,不但要将民族文化发挥到极致,也需要拥有包容的胸怀和心态。事实上，在对儿童进行爱国主义教育，培养国家归属感的同时，引导儿童意识到文化的独特性和多样性，使儿童学会尊重别人、友好地与别人合作，是帮助儿童形成归属感的重要教育途径，也是推进文化自信自强的有益形式。

> **拓展阅读**
>
> **幼儿节日活动中的世界公民教育**
>
> 幼儿的世界公民教育可以通过对世界节日活动的设计、节日环境的创设、操作材料的投放、多元文化环境的营造这四个方面来进行。
>
> 一、世界节日活动的设计
>
> 节日活动是进行世界公民教育的一个很好的切入点。具体到幼儿园环境中，可以对节日的教育资源进行筛选和统整，要从文化传承和"世界小公民"培养的角度进行研究，选择像春节、中秋节、儿童节、劳动节、教师节等既有外显的内容，又有精神意蕴、社会风俗、思维习惯、道德价值等内隐文化内涵的节日，旨在通过节日教育来塑造符合时代需要的幼儿世界观、文化观、价值观，发展文化认同感，促进国际理解。
>
> 二、节日环境的创设
>
> 环境不仅是幼儿学习的一种背景，一种支持，更是一种活动课程。环境的创设和布置成为课程设计与实施的重要因素。环境可以分为室内的活动区和户外环境。在环境的创设方面，要注意以下几个方面。
>
> （一）活动区域划分合理化
>
> 操作兴趣的不同，使幼儿通过不同的游戏活动，获得认知、情感和身体等方面的发展。每个活动区域应充分考虑幼儿的年龄特点，以游戏的情境，提供多样化的材料，使幼儿活动场所（场地）既富有游戏性、儿童化等共性特征，又具有其个性特点以及独特的教育意义与内容。如何让幼儿园的每个角落、每处场所都能蕴含着教育意义与价值，都能生成各种课程活动，这是教师在规划与建设幼儿园环境时所考虑的首要问题。因此，教师要使幼儿园教育环境资源得到最大限度的开发与利用，真正实现幼儿园教育环境与节庆课程的一体化。
>
> 幼儿园的大厅也可作为支持课程的第一站。让幼儿一走进园门，就能深切地感受到浓浓的节日氛围。例如，世界无车日（9月22日）时的亲子作品展，世界清洁地球日（9月的第三个周末）时的环保小报，世界问候日（11月21日）时满墙的来自世界各国的"问候"和爱心充斥着孩子们的心灵世界，处处感受着文明、博爱、环保、礼仪。
>
> （二）活动空间外延化
>
> 活动室内的活动已无法满足幼儿的需求，因此，要将教育环境从室内向户外延伸，重视户外环境课程的建立，不再让教育停留在教室、图片和课本中，而是积极开发幼儿园环境，让幼儿在真实的环境中进行学习和探索。根据幼儿园的"世界节庆"课程的宗旨，可对幼儿园的户外环境进行重新的规划与改建。例如，围合式的园舍中间加顶后，营造的国际社区的生活场景，"糖果屋""火锅店""生活一条街"等，充分利用户外环境，到处都蕴含着众多的教育因素，环境游戏化，而生长在户外的每一棵草木、每一粒沙石都能成为教育资源。
>
> （三）功能拓展化
>
> 幼儿园各场地的功能确定之后，每一个场所、专用活动室和区角都应当发挥其更大

的教育功能与价值，因此可以拓展各区域的活动功能，把种种教育因素渗入区域活动，将各专用活动室及专用活动场所与幼儿园各级各类活动紧密地结合在一起，将这些区域的功能扩大化、活动扩张化、形式拓展化，使它们发挥更加强大的作用，成为又一大教育环境资源。

幼儿园也可利用走廊进行平面与立体结合的布局，将世界各国的特色建筑浓缩，开拓成幼儿园的"世界之窗"。

三、操作材料的投放

操作材料的投放要抓住幼儿的兴趣和需要，考虑幼儿的年龄特征和兴趣特点。同时，教学也要创造条件让幼儿积极地动手。教师要精心创设探究性的操作活动，多让幼儿拼一拼、摆一摆、剪一剪，真正放手让幼儿活动起来，使幼儿的创新意识在操作活动中萌发，这样幼儿才能获得丰富的感性材料，以理解、掌握抽象的知识，进而形成较稳定的、可迁移的思想方法，进一步培养幼儿探究的意识和探索精神。

四、多元文化环境的营造

幼儿园可创设集中国文化和艺术教育于一体的"面具博物馆"。孩子们在老师的指导和家长们的支持与配合下，在了解有关戏剧知识的同时学着用毛笔挥毫泼墨、点画、装饰出各种脸谱，有京剧的，还有国外的戏剧脸谱，孩子们感受着色彩、图案的美，并佩戴上道具、衣饰装扮好自己进行化装舞会的表演，与此同时，他们也丰富了世界文化知识。

资料来源：姜莉莉. 学前儿童社会教育活动指导［M］. 大连：大连理工大学出版社，2019.

二、学前儿童归属感的发展特点

学前儿童归属感的具体表现，在不同年龄段、不同性别的幼儿身上都会显示出差异性，了解并尊重这种差异性是有针对性地通过多样化途径帮助幼儿获得归属感、健康成长的前提和基础。

（一）学前儿童归属感发展的年龄特点

1. 3~4岁儿童归属感的主要特点

3~4岁儿童归属感的重要对象是家庭，他们在情感上表现出对家庭的依恋，尤其是对于主要照料者的信赖与亲近。

他们大多知道自己的家所在社区的情况、家庭成员的情况等。在刚入园阶段，面对幼儿园新环境，他们大多会表现出与家庭成员分离后所产生的焦虑情绪，这其实也是幼儿归属感的一种表现。这种分离焦虑说明幼儿对于家庭有着深切的归属感，而对幼儿园以及班级还未产生信赖感与认同感。

3~4岁儿童归属感发展的重要标志就是克服分离焦虑，对于幼儿园和班级中的同伴及教师产生信赖感与认同感，从而产生对于幼儿园及所在班级的归属感。在这个过程中，幼儿逐渐调整依恋对象的范围，除了家庭中的主要照料者以外，还会扩大到老师，表现为寻求老师的关注与赞许，并开始适应幼儿园与班级的新环境，在新环境中获得安全感。例如，每年9月，新生入园的时候，教师可在幼儿园里看见有些新生手里拿着一块毛巾、一个奶嘴或奶瓶，或紧紧抓着家长的衣角的情景。3~4岁幼儿进入一个新环境时，会对原有的某件物品或某一个人产生依赖感。慢慢地，通过与教师和同伴的身体接触与情感交流，幼儿会逐渐融入集体。这一年龄段的幼儿只有在获得最基础的生理需求与安全需求之后,才会慢慢表现出社交需求,并在获得教师和同伴的接纳后初步建立起对班级和幼儿园的归属感。

2. 4~5岁儿童归属感的主要特点

在产生生理上的依赖,获得足够的安全感之后,4~5岁幼儿会逐步表现出更高的社交需求——愿意和同伴共同完成一项任务或协助教师完成班级任务,并常常与同伴发生纠纷。在不断产生纠纷和解决纠纷的过程中,幼儿会感受到自身的价值,体验到尊重与被尊重的感觉,在经验累积中增强对班级和同伴群体的归属感。这一时期,幼儿间的同伴交往是其获得归属感的主要途径。4~5岁儿童归属感的主要表现是归属对象扩大至幼儿园和班级。该阶段儿童产生了对自己所在班级的集体荣誉感,表现出喜欢自己所在的幼儿园和班级,为自己是班级中的一员而感到高兴,也十分愿意参加集体活动,比较关心所在班级和小组是否获得荣誉,在被老师和同伴认可与接纳时感到愉快,反之则会感到沮丧、失落。这一阶段儿童的归属感主要和其集体融合感密切相关,他们开始在意老师和同伴对自己的看法。

4~5岁儿童除了归属对象的范围有所扩大之外,在对归属对象的认知上也产生了变化,表现为对归属对象有了更为深入与全面的认知。例如,开始了解和知道自己居住地周围的环境和标志性建筑,知道自己是什么地方的居民,意识并且知道自己是中国人,认识国旗,会跟唱国歌。这些对于周围环境的深入认知是儿童以后对于家乡、国家及民族产生归属感的重要基础。

3. 5~6岁儿童归属感的主要特点

5~6岁幼儿在满足社交需求后会更加重视教师和同伴对自身的认同,对同伴之间的尊重与被尊重有着更为强烈的感受。他们非常乐意参与各项集体、社区、社会活动,并在活动中表达对他人的关爱。在参与和分享过程中,他们可以感受到责任和担当,体现出自我价值,从而获得更广范围的归属感。5~6岁儿童归属感发展的第一个特征是集体归属感的情绪体验更为深刻。与4~5岁儿童相比,5~6岁儿童的集体归属感表现出更多的自觉性和自主性。他们愿意承担集体的责任和义务,积极参加集体活动。他们很喜欢集体活动,为了集体的荣誉竭尽全力、加油呐喊,非常在意竞赛的成绩,很在意自己是否被老师和同伴肯定与接纳。这一阶段儿童的归属感与其集体荣誉感和责任心密切相关,他们开始关注集体的荣誉及自己在集体中的作用和地位。

5~6岁儿童归属感发展的第二个特征就是产生了对于国家与民族的归属感。他们非常喜欢听老师和家长介绍社会热点新闻、家乡的变化以及祖国取得的重大成就,知道汉族和主要少数民族的风俗习惯及民族文化,而且也开始关注国家和民族,为自己是中国人而感到自豪。

> **拓展阅读**
>
> **中大班幼儿班级归属感调查问卷**[①]
>
> 性别:　　　出生年月:　　　是否为独生子女:
>
> | 题目 | 是 | 否 |
> | --- | --- | --- |
> | 1. 你在班级里每天都很开心 | | |
> | 2. 你认为自己的班级很漂亮 | | |
> | 3. 你在班级里有好朋友 | | |
> | 4. 你喜欢和小朋友一起玩游戏 | | |

[①] 陈晴. 中大班幼儿班级归属感的问卷编制及初步应用研究[D]. 浙江:杭州师范大学,2019.

续表

题目	是	否
5. 当小朋友遇到困难时，你会主动帮助他们		
6. 喜欢为班级做事		
7. 运动会时，你会为自己的班级加油呐喊		
8. 遇到困难时，你会主动找老师帮助		
9. 你喜欢上课		
10. 上课时，你喜欢举手回答问题		
11. 你认为你完成的作品是最棒的		
12. 你觉得在自己的班级里上课、玩游戏是很棒的事情		
13. 你喜欢在小朋友们面前表现自己		
14. 你觉得老师和小朋友们都很喜欢你		
15. 你愿意把自己的东西和小朋友们分享		
16. 你会遵守和老师的约定		
17. 当有小朋友违反规则时，你会主动提醒		
18. 你认为每个小朋友都应该维护班级环境		
19. 区域活动结束后你会主动帮助其他小朋友整理玩具		
20. 回家后，你愿意和爸爸妈妈分享班级的事情		

（二）学前儿童归属感发展的性别特点

幼儿归属感发展存在性别差异，女孩的发展水平高于男孩。调查结果显示，男孩与女孩在归属感的发展上存在性别差异，女孩的发展水平略高于男孩。男孩、女孩之所以在归属感发展水平上会有差异，首先源于男孩、女孩的生理差异。根据进化理论的观点，男性和女性可能在许多生理特性上是非常相似的，但是男性和女性在人类历史上承受着不同的进化压力，在进化过程中面临不同的适应问题。一方面，这一自然选择的过程导致了男性和女性的根本差异并决定了他们在劳动上的分工，使得男性必须比女性更富有竞争性、更坚定、更具攻击性。另一方面，生物因素可能对儿童的发展产生影响。例如，男孩和女孩间的激素水平不同，可能使男孩更喜欢追逐、打闹等较为激烈的游戏，而女孩则更喜欢较为安静的游戏。而爱打闹、更具竞争性，可能使男孩较女孩更难被教师、同伴接纳，影响归属感的水平。其次，男女性别差异是社会中普遍存在的现象。特定社会总是对不同性别个体有不同的期望、要求和限制。这种期望和要求在孩子还未出生时，父母就通过为不同性别的子女选择不同的生活用品与玩具而反映出来。性别社会化从婴儿早期即开始，并一直继续下去。父母会给孩子提供"适合"于其性别的衣服、玩具，设计"适合"于其性别的发型；父母和不同性别的孩子玩游戏有不同的玩法，也对男孩和女孩的回应有着不同的期待。在儿童整个的社会化过程中，父母和教师都依据社会的要求对男孩、女孩采取不同的教育，鼓励和强化儿童表现出适合自己性别的行为，增强了男女幼儿的性别差异。在我国，大部分的人们对女孩的期望和要求是富有同情心、善良、内向、温柔、合作、善于照料，因此注重培养文静、内向的人格特点，对女孩的教育较为温和，更多是鼓励、听话。社会的要求被女孩从小感知，引发相应行为，而与要求相符的行为又在互动中不断得到强化，幼儿逐渐将其内化。因此，女孩通常感情更为细腻，能够体察他人的情绪，对老师和同伴能够给予更多的关心，也表现出更多帮助他人、服务班级的行为。这又使女孩能够获得更多来自同伴和老师的积极反馈，更容易获得认可和接纳，这会加强幼儿的积极体验，增强积极情感和积极行为，促进归属感的获得与发展。大部分的人们对男孩的期望和要求是果断、独立、支配、勇敢、有竞争性和挑战性，而且往往采取较为严格的教育方式。男孩本身喜欢多动的活动，容易带来与同伴的冲突、矛盾，影响自身体验和同伴接纳，以及老师对其的态度，在一定程度上会加深男孩的消极体验，影响其归属感水平。

第二节　学前儿童归属感的教育

对于步入幼儿园之后的3~6岁幼儿来说，从内容上来看，归属感主要包括对集体的归属感、对家乡的归属感以及对国家的归属感。

一、学前儿童归属感教育活动的目标

《指南》中关于学前儿童归属感教育活动的目标设定，针对不同的年龄有着不一样的侧重点。

（一）3~4岁儿童归属感教育目标

- 知道和自己一起生活的家庭成员及与自己的关系，体会到自己是家庭的一员。
- 能感受到家庭生活的温暖，爱父母，亲近与信赖长辈。
- 能说出自己的家所在街道、小区（乡镇、村）的名称。
- 认识国旗，知道国歌。

其中，前两项是3~4岁儿童归属感的真正体现，而后两项是为了对社区、家乡与国家产生归属感而进行的认知上的准备。

（二）4~5岁儿童归属感教育目标

- 喜欢自己所在的幼儿园和班级，积极参加集体活动。
- 能说出自己的家所在地的省、市、县（区）名称，知道当地有代表性的物产或景观。
- 知道自己是中国人。
- 奏国歌、升国旗时能自动站好。

（三）5~6岁儿童归属感教育目标

- 愿意为集体做事，为集体的成绩感到高兴。
- 能感受到家乡的发展变化并为此感到高兴。
- 知道自己的民族，知道中国是一个多民族的大家庭，各民族之间要互相尊重，团结友爱。
- 知道国家的一些重大成就，爱祖国，为自己是中国人感到自豪。

> 拓展阅读

国外关于幼儿归属感的教育目标

国别	教育目标
新西兰（1996）	• 儿童和家庭以及更大范围的外部世界的联系得以确认并不断拓展 • 儿童知道有属于自己的一个地方，对日常生活和常规事情感到舒适 • 儿童知道哪些是被许可的行为
爱尔兰（2009）	• 在自己所属的社区中认为有自己的一个位置和权利 • 知道在自己所属的家庭与社区中是接受并欢迎自己的 • 能够分享自己的个人经验，了解家庭、文化与背景的差异性 • 了解并参与常规活动、风俗活动、节日和庆祝活动 • 了解当地区域的地方特性和人 • 了解社区中人们的差异性

二、学前儿童归属感的培养途径

（一）幼儿园及班级环境创设

学前儿童最初从家庭步入幼儿园，想要快速让幼儿对幼儿园以及班级产生归属感，首先在物质环境的布置上，要富有安全感和归属感。例如，某幼儿园遵循幼儿的年龄特点，创设了多个主题空间，为孩子的成长提供了多种可能。园内呈现出原生态的"自然风"，绿色的树木、挺拔的竹子、清新的小桥流水……营造出惬意、舒适又安静的氛围，一种家的归属感在幼儿心中油然而生。幼儿园内创设的主题是"家乡味"，教师把美食、风俗、戏剧等多种元素融合在一起，让"五谷丰登""江南水乡""吴侬软语"成为永恒的主题，勾勒出浓浓的港城韵味，孩子对家乡的眷恋缓缓流淌，以及"中国情""四大发明""经典名著""红色故事"等不同的主题，使经典得以传承，孩子们的心中也流淌着浓浓的爱国之情。

归属感培养强调自我和外在的良好关系和积极情感，除了看得见的环境，在幼儿园及班级环境创设过程中，还应该注意营造心理氛围和文化氛围。例如，有幼儿园在发展愿景中明确提到"营造和谐共生的文化氛围"，并向家长和教职工进行解读，具体表现为幼儿园生态系统中的任何一员（教师、家长、幼儿）都是平等的，且值得尊重；教师、家长都是教育资源，园所活动为幼儿提供了更多机会，让其在不同的活动中接触更多的人，熟悉并与他们建立情感；多从对方角度换位思考，多看到对方的优势和长处；发生任何问题时不从利益角度出发，而要从教育的角度出发去分析解决；教师和家长要从有序、有礼入园开始，在言行等方面给幼儿做出良好示范等。还有很多幼儿园会利用节日活动增进幼儿与教师、保育员，甚至其他工作人员之间的情感链接，如在冬至包饺子时，录制厨房阿姨准备面团、调馅儿的视频给幼儿观看，帮助孩子们了解厨房阿姨做的前期工作，组织厨房阿姨来班里向孩子们介绍包饺子时所用的材料、工具及包饺子的过程，还组织各岗人员来班里和幼儿一同包饺子。幼儿将包好的饺子送到厨房，厨房阿姨煮好饺子后把饺子送到班级给大家品尝，幼儿向他们表达感谢。

该幼儿园的上述做法看起来似乎和幼儿归属感的培养没有关联，但其实不然，通过类似的这些活动，幼儿不仅学习并掌握了与包饺子有关的知识和技能，也进一步加深了对厨房工作人员的认识，感受到除了班级教师外，其他教师对他们的关爱和付出，以此与其建立更多的认知、联系和情感，增强信任和集体归属感，提升彼此间的熟知度、信任度、认可度和配合度，营造良好的氛围，带给幼儿积极的情绪体验，为集体归属感的建立打好坚实的基础。

（二）幼儿在园的一日生活活动

幼儿在园的一日生活活动中蕴含着丰富的教育契机，生活活动是幼儿园开展各类教育、促进幼儿发展的主战场，在日常渗透性的活动中，最重要的是教师要明确归属感的培养目标，敏锐捕捉日常中的教育契机，善于感受现场，观察和分析幼儿，并做出及时的、有意义的教育引导。

不同年龄段的幼儿，其归属感的需求及发展特点有差异性，教师需要有所侧重。例如：针对3~4岁幼儿，教师应侧重引导幼儿在班级中正确定位自我，并引导幼儿关注身边的同伴，比如在晨间活动中，3~4岁幼儿要学习主动向教师和伙伴问好，找到自己的座位，自主放置生活用品，并能关注到自己座位和置物区周围的伙伴有没有来园。做晨间计划时，幼儿应清晰地知道自己昨天做了什么、今天要去哪里，需不需要继续昨天的工作和任务；关注到身边伙伴的情绪，并做出适宜的反应。3~4岁幼儿在户外排队时，一段时间内应保持固定的队列位置，教师可在此环节中提醒幼儿关注前后左右的同伴是谁。同时，教师可引导幼儿学会提醒同伴做指定的事，如提醒同伴携带户外器械。另外，幼儿需要与同伴一起完成收纳、分配等简单的工作。

针对4~5岁幼儿，教师的重点应是引导幼儿学会在班级中发挥自身价值、与同伴分工合作和参与班级工作，通过来园常规教育引导幼儿责任感的建立，满足幼儿归属感的需要，知道自己是班集体的一员，并乐意为班集体服务。在晨间活动时，4~5岁幼儿应学习通过集体分工和自我推荐等方式承担班级任务，入园后能主动参与班级工作。例如：整理图书，统计图书数量，并能根据图书的大小、图案、颜色等对其进行归类；给植物角的植物浇水松土，并做相关成长记录；给动物、昆虫喂食，清洁住所，观察动物的生活状态；等等。晨间谈话时，幼儿可分享自己的工作经验与观察所得。4~5岁幼儿在户外运动时可以进行分工合作，包括和同伴一起搬运户外器械，遇到问题时会主动合作和寻求帮助等。

面对5~6岁幼儿，教师要着重增强幼儿对自身价值的体验，提供不同的平台让幼儿发挥并展示其能力，及时肯定幼儿对集体的贡献，除了开展日常班级工作以外，教师可组织其参与晨间表演与晨间演说活动，以增进幼儿之间的交流。同时，教师应创造不同年龄段幼儿混合活动的机会，让幼儿感受到身为哥哥姐姐的责任与荣誉感，体现自身价值。教师应重视5~6岁幼儿活动项目的延续性和扩展性，增加活动的合作要求，鼓励其与不同年龄段的同伴分工合作。例如，在玩沙玩水项目中，幼儿自主计划、绘制施工图纸，积极反馈自身在实施过程中遇到的问题，与伙伴商量解决，并在活动结束后进行团队分享，每位幼儿都清楚地知道自己在团队中所扮演的角色。

（三）主题活动

幼儿归属感的培养属于幼儿社会学习的主要内容，也就意味着归属感还可以通过课程习得。学前阶段的归属感培养可由内向外，由自我到集体，由集体到民族、国家，由身边的、熟悉的、具体的、可感的到附近的、更远的、陌生的、抽象的。归属感的发展线索应与幼儿不同年龄下的认知发展线索一样清晰可见。因此，教师在设计归属感培养的课程时，务必对不同年龄段幼儿的教育目标做到心中有数，同时要将幼儿的学习特点与日常生活相联系，让幼儿尽可能亲身体验、实际操作、直接感知，除了日常渗透的教育引导，还可以通过专门性的主题活动来达到教育目的。

在专门性的主题活动中，可以开展"自我认同""理解他人""认识周边环境、社区""我们的祖国"等主题活动，这些大主题活动下还可以包含很多小主题活动，在不同年龄段都可以组织主题活动，只需在目标和具体内容指向上区分难易度即可。例如，在"自我认同"主题下，教师可以组织孩子们进行"自我介绍"活动，介绍内容一般包括姓名、年龄、性别、兴趣爱好、优点、不足、擅长的本领等。小班幼儿以介绍前四项内容为主，中大班幼儿可以侧重后几项内容。又如，在"自我认同"主题中，幼儿除了"自我介绍"之外，还可以增加"认识我的身体"的环节，包括认识我的五官、能干的小手、我长高了、我的情绪、我的牙齿、有用的器官等。也可以让幼儿谈一谈"我的故事"，包括其成长的故事、旅行的故事、梦想是什么等。以上内容可以加强幼儿的自我认识和自我悦纳，因为只有认同、接纳自己，幼儿才更容易认同和接纳他人。在"理解他人"主题之下，教师可以设计的话题有：我的家人、我的好朋友、幼儿园里的老师、不同职业的人、想认识的陌生人、其他民族与国家的人等。在"认识周边环境、社区"主题下，可以设计认识我的班级/年级/幼儿园/小区、我熟悉的社会环境（公园、博物馆、科技馆等）、我居住的城市、我的家乡等活动。在"我的国家"主题下，可以设计认识国旗、国歌、祖国的风光、我的民族、祖国的成就等话题。这些主题可结合适宜的时机来实施。例如，在五一劳动节让孩子们认识不同职业的人；每学期升旗仪式之前，让孩子们认识国旗，了解国歌；假期后返园或国庆节期间可以组织孩子们认识祖国的风光；等等。教师也可灵活把握活动的组织时机，如结合绘本开展活动"我的情绪"，可以由班级共同安排计划，也可结合班级突发事件的契机来组织。

在专门性的主题活动中，教师要注重幼儿的情绪体验，鼓励幼儿的积极行为，帮助幼儿建立起对所属群体的责任感和荣誉感，有效培养幼儿对家庭、幼儿园、家乡及祖国与民族的归属感。例如，在每年的八一建军节、国庆节等节庆活动时，为了进一步提升幼儿作为中国人的自豪感，幼儿园可以发动家长资源，让家长和孩子们共同策划相关主题活动。例如，在"小英雄，很高兴认识你"专题活动中，可以通过亲子共读、自制绘本、校园广播等孩子们喜闻乐见的方式深入开展相关的爱国主题活动，在孩子们心中播撒下"童心向党，伴我成长"的小种子，培育幼儿对国家、对民族的认同感、归属感。

三、学前儿童归属感教育活动的设计结构

幼儿园一日生活中的各个环节、各种活动都蕴含着教育的价值，教师要善于把握每一个细节，将归属感教育渗透于幼儿的生活中，还要充分利用幼儿园、班级中的各种活动，让幼儿体验到自己是集体中的一员，从而产生归属感。具体而言，学前儿童归属感教育活动的设计可以有以下几个环节。

（一）感知环节

归属感是一种建立在认知基础之上的情感体验，因此必须首先让幼儿对所要培养的具体类别的归属感有所感知。感知的方式和途径可以多种多样，包括：游戏引入、情境表演、观看视频等。例如：在大班归属感教育活动"我爱我的家乡"中，老师可以通过设置"小导游"情境来引导幼儿观看家乡的名胜古迹和传统风俗的视频，从而感知家乡风土人情，为幼儿对家乡归属感的产生做好铺垫。

（二）体验环节

归属感的形成除了以认知作为基础之外，还需要通过行为体验来巩固。幼儿自身的行为体验越丰富就越能引起幼儿的情感共鸣。例如：在小班归属感教育活动"我爱我的幼儿园"中，老师可以请幼儿参观自己的幼儿园，对自己喜欢的幼儿园中的物品、环境、老师、同伴等以拍照的形式记录下来，同时设计活动，让小班幼儿在活动中体验班级同伴之间的友爱欢乐，与班级老师之间的相亲相爱，由此巩固小班幼儿对幼儿园班级的归属感。

（三）内化环节

归属感的形成不是一两次活动的结果，它需要日积月累才能最终内化为幼儿的情感，所以教师需要开展持之以恒的活动，或者通过系统深入的活动延伸，将幼儿获得的初步归属感渗透到一日生活、家庭教育、社会影响中，引导幼儿逐步将其内化。例如：小班归属感教育活动"相亲相爱一家人"中，教师可以引导幼儿持续关注未来弟弟妹妹的成长过程；大班归属感教育活动"我爱我的家乡"中，教师可以利用家庭资源，鼓励幼儿收集更多家乡的优秀特色资源来展示，在持续的感知、体验过程中，逐步内化对班级、对家乡的归属感。

> **拓展阅读**
>
> 大班幼儿归属感的深度培养
>
> 大班幼儿需要更大的发展平台来获取更深层次的归属感。这种情感的培养需要教师为幼儿搭建更大的空间和舞台，开展更多层次的活动。
>
> 1. 组织幼儿园大型活动
>
> 大部分幼儿园每学期都会开展大型活动，但这些活动大多由成人策划，幼儿仅仅是参与某个环节或某个节目。幼儿园应从幼儿一入园起就将其定义为幼儿园的主角。在大型活动中，教师应给幼儿提供不同程度的活动组织机会。例如，让毕业班的孩子自主策划毕业活动。幼儿全程参与活动策划、收集资料、观看模仿、讨论分工、活动准备、分享收获等环节，逐步学会整合与共享幼儿园资源、家长资源和社区资源，了解到不同年龄的幼儿可以做不同的事。毕业班幼儿在园的最后一夜可以留宿幼儿园。当父母第二天早上来接幼儿时，看到孩子们亲手做的早餐和精心准备的餐桌，以及孩子们脸上淡定从容的神情，内心都充满了感动，这样宝贵的活动体验也让幼儿内心产生了极其强烈的归属感。
>
> 2. 参与社区关爱活动
>
> 除了家人、教师和伙伴以外，与幼儿生活息息相关的人还有社区工作者，包括环卫工人、交警、医务人员等。幼儿园应定期组织社区关爱活动，以培养幼儿归属感，引导幼儿从关注自我逐渐转移到关注他人，参与到社区生活中。例如，幼儿园可组织"我为交警叔叔送杯水""和您一起捡垃圾""医生，您辛苦了"等节假日问候活动，给幼儿带来真实的活动体验，帮助其获得社会归属感。
>
> 3. 关注社会大型活动
>
> 关注社会事件、国家大事和国际热点应纳入幼儿园教育范畴。例如，教师可以组织幼儿讨论"我们能为奥运会做什么"主题活动。奥运会期间，幼儿可以自制各项赛事表、奖牌获取榜单和项目得奖名单，来园后与同伴分享自己对奥运比赛的见解，在家中也能和家人共同讨论。在这样的话题讨论中，孩子们可以逐渐产生对国家的归属感。又如，本市马拉松赛事开始了，运动员将从幼儿园大门前经过，孩子们穿着整齐的园服，举着各种自制字牌、彩带和小喇叭，兴奋地为运动员加油。面对运动员的热情回应，幼儿内心收获了强烈的归属感。
>
> 资料来源：陆成波. 幼儿归属感发展特点及培养策略[J]. 幼教365·管理，2021（40）.

四、学前儿童归属感培养的策略

（一）发挥教师在幼儿归属感发展中的主导作用

作为幼儿成长中的重要他人，教师一个小小的变化，都将对幼儿归属感的发展产生不可忽视的影响。在第一阶段"我的生日标记"活动中，教师改变"幼儿贴不好""不放心"的观念，改变为幼儿"代劳"的方式，让幼儿自己动手粘贴。结果，幼儿们积极性大大增强，在粘贴过程中体验到了成功的喜悦，在粘贴完成后也体现了更强的主人翁精神。因此，要通过各种方式帮助教师正确认识幼儿归属感及其发展特点，为教师主导作用的发挥奠定基础。

另一方面，从幼儿归属感发展的复杂性和重要性来看，教师有必要开展专门的归属感培育活动，同时，生活世界蕴藏着丰富的价值和意义，教师要善于抓住一日活动各环节中培育归属感的契机。幼儿归属感的发展需要将日常渗透与专门的教育活动相结合，这也体现出教师的主导作用。

（二）注重教学活动与游戏活动的结合

培育实践提示，将游戏活动和教学活动相结合，对幼儿归属感发展具有积极的促进作用。以幼儿归属感培育实践第二阶段活动为例：第二阶段活动首先通过"长大的我"引导幼儿尝试与同伴合作，启发幼儿协商解决问题的方法；接着根据幼儿的实际生成"神奇的'对不起'"，帮助幼儿学习用正确的方法处理与同伴间的矛盾，培养幼儿与同伴的积极情感。根据华东师范大学朱家雄教授对幼儿园教育活动从结构化程度的划分，上述两个活动在"纯游戏"到"纯教学"的连续体上均偏于教学一端，而"猜猜好朋友""优点大展台"则更偏于游戏一端。

教学活动较为系统地帮助幼儿认识人我关系，习得恰当的行为方式、解决问题的方法，使幼儿感受到自身的成长，体会成长的自豪感；游戏活动让幼儿获得更多积极的情绪体验，将教学活动所得运用于游戏中，并从游戏中获取新的知识和技能，提升参与的主动性。教学活动和游戏活动相辅相成，共同促进幼儿归属感的发展。

（三）重视幼儿园与家庭的教育融合

就归属感的获得与发展而言，家长是不可忽视的影响因素，家长的参与能够增进幼儿对幼儿园的积极情感和对活动的投入，家庭与幼儿园之间的融合有利于促进幼儿归属感的获得与发展。教师在幼儿入园前可以对活动室、休息室的环境布置进行调整，使其更符合幼儿家庭中的布置。例如，区角里摆上小沙发等家中常见物品，休息室的窗帘可以有意识地选择色彩温暖的卡通图案。这些小细节能让幼儿产生类似于家的亲切感、熟悉感、安全感。

此外，教师还可以邀请幼儿和家长一起参与环境布置。例如，邀请幼儿和家长一起做一些简单的手工作品，摆放在班级里；在班级墙面上粘贴幼儿与家长的合照等。这类活动可以让幼儿感受家的温馨，培养其小主人翁的情感，帮助幼儿逐渐在集体中找到归属感。

第三节　学前儿童归属感的教育活动示例与导引

小班活动：逛逛幼儿园

活动思路

对于刚进入幼儿园的小班幼儿来说，幼儿园是一个相对陌生的环境，要想使小班幼儿产生对幼儿园、对幼儿园班级的归属感，首先得有感官上直接的认知和情感上的体验。基于此，教师设计了"逛逛幼儿园"这一活动。

活动目标

1. 能说出自己是××幼儿园的小朋友。
2. 初步感受幼儿园景物的美，产生热爱幼儿园的情感。
3. 用简单的语句描述幼儿园，如很大、很美等。

活动准备

选择好幼儿园中几个有代表性的地点供幼儿参观。

活动过程

1. 激发幼儿认识幼儿园的兴趣。提问：我们是哪个幼儿园的小朋友？我们的幼儿园是什么样子的？
2. 寻找幼儿园的园牌，认识园名和园徽。参观幼儿园大门，看着园牌告诉幼儿幼儿园的名字，让幼儿跟念几遍"××幼儿园"。
3. 欣赏园徽。引导幼儿观察园徽是什么样子的，教师用生动的语言讲述园徽所代表的意义。
4. 参观幼儿园全貌。走进大门观赏幼儿园的全貌，知道幼儿园很大、很美。寻找幼儿园最漂亮的地方。让幼儿自由地在喜爱的地方坐一坐、玩一玩。

评析

幼儿园是幼儿步入社会的第一个集体环境，通过逛逛幼儿园，参观幼儿园中的几个具有代表性的地方，认识幼儿园的园名和园徽，熟记幼儿园的名字，让小班的幼儿对自己的幼儿园有一个类似于家的整体认识，可以帮助小班幼儿快速地从家庭过渡到幼儿园环境中，培育小班幼儿对幼儿园的集体归属感。

大班活动：小小值日生 [①]

活动思路

大班幼儿已经具备了简单的做事能力，可以帮助成人干一些力所能及的事情，但如今，家长都把幼儿"保护"得太好，舍不得让他们干活儿，甚至连穿自己的衣服、吃饭等都要包办代替。其实，让幼儿适当地劳动，做一些力所能及的事情对幼儿来说是非常重要的。在这个过程中，幼儿不但锻炼了动手能力、组织协调能力，同时，愿意为集体做事也是大班幼儿归属感发展的目标之一。基于此，教师设计了本次活动。

活动目标

1. 了解值日生的任务。
2. 愿意服务和帮助别人，体验与同伴的积极关系带来的满足感。
3. 学做值日生的事情。

活动准备

教室里布置脏乱的景象；值日生所需要的相关工具，如笤帚、簸箕、抹布、盆等。

[①] 本案例摘自邹晓燕. 学前儿童社会教育[M]. 北京：北京师范大学出版社，2017. 有改动。

活动过程

1. 实践活动导入。

盥洗活动后，教师组织幼儿有秩序地走进教室（教师事先布置好的乱糟糟的教室，地上有纸屑、椅子倒在地上、玩具乱放在桌子上……）教师和幼儿一起发现这个现象。

教师："小朋友们，今天我们班的教室怎么啦？"

幼儿："有点儿乱/全是纸/全是垃圾/全是脏东西/玩具都掉到地上了……"

教师："那有什么办法让教室干净起来呢？"

幼儿："你收拾一下吧/老师收拾一下吧……"

教师："教室是我们大家的啊，小朋友们每天都在教室里游戏，我们是不是应该一起来保护这个环境啊！再说，这么多脏东西，教师一个人也收拾不完啊！"

幼儿："那我来帮你收拾吧/我们一起来收拾吧……"

教师找到回答得最快的几位小朋友，选他们来当今天的值日生。教师和小朋友共同观察值日生的活动。活动内容包括扫地、擦桌子、收拾玩具、摆放桌椅等。

2. 教幼讨论。

教师采访刚才当值日生的小朋友。

教师："小朋友，刚才你都做了哪些事情？"

幼儿："我捡了地上的碎纸屑/我把椅子扶起来了/我把垃圾捡起来了/我擦桌子了。"

教师："你现在的心情是怎样的？"

幼儿："我觉得有点累。"

教师："虽然身体上有点累，那你的心情是怎样的呢？"

幼儿："我觉得很开心。"

教师："为什么会有这样的心情？"

幼儿："因为咱们班刚才很乱，现在很干净/因为我帮教师干活了/因为咱们班变漂亮了。"

3. 分组实践。

幼儿分组实践做值日生的任务，教师分别到各组和幼儿一起劳动，边劳动边解决劳动中出现的问题，及时鼓励幼儿想办法解决遇到的问题，并和幼儿交流完成任务的心情。

4. 教师和全班小朋友一起讨论和总结。

教师："值日生是只有一个人每天当，还是要轮流当？"

幼儿A："一个人当！"

幼儿B："要轮流当。"

教师："如果只有一个人每天做值日生，那这个小朋友会不会很累呀？而且别的小朋友就没有做值日生，为大家服务的机会了！"

幼儿："小朋友轮流当/我也要当。"

教师："对，大家要轮流来当值日生。那做值日生都应该做哪些事情呢？如果你当了值日生，你会怎么做？"

幼儿："可以帮小朋友摆餐盘/可以帮教师擦桌子/可以捡纸屑/可以浇花……"

教师："大家当值日生的时候是什么心情啊？"

幼儿："开心的心情/快乐的心情。"

教师引导大家说一说自己当值日生的体会，让幼儿感受到为大家服务是一件快乐的事情，更要有责任感。通过互相分享完成任务的心情和经验，让幼儿体会其中的快乐。

5. 结束活动

组织幼儿在理解前面内容的基础上，欣赏歌曲《值日生》，伴随音乐律动，结束活动。

活动延伸

在进餐时间，可以让幼儿帮忙发放餐具；鼓励幼儿在家中帮助长辈做些力所能及的事情。

评析

值日生活动在很多幼儿园的中大班都会组织开展，教师在设计此类活动的时候，通常最先想到的是锻炼幼儿的独立自主性，但是值日生活动中也蕴含着对幼儿班集体归属感的渗透教育，案例中的幼儿在为班集体做完值日后的一种愉快情绪的生发，正是归属感培育的情感体验环节。

讨论与思考

1. 简述学前儿童归属感的内涵和意义。
2. 学前儿童归属感需要的具体表现有哪些？
3. 学前儿童归属感发展的年龄特点是什么？
4. 4～5岁儿童归属感教育目标有哪些？
5. 教师可以通过哪些途径来培养学前儿童的归属感？

实践探索

洋洋的父母遇到了一件麻烦事：洋洋每次入园之前都会哭闹一番，尽管每次事前父母都会跟他说爸爸妈妈晚上一定会来接他，但洋洋仍是哭个不停。如果你是洋洋的老师，面对这样的情况，你会采取什么措施和建议给洋洋的爸爸妈妈呢？

第十章 特殊需要儿童的社会性发展与教育

学习目标

① 理解特殊需要儿童的概念,掌握特殊需要儿童社会性发展的特点;

② 能理解并采取适当的方式对待特殊需要儿童;

③ 能合理设计并实施特殊需要儿童的社会教育。

问题导入

4岁的希希是一个有视觉障碍的女孩,她被安排到幼儿园的班级中。一次户外游戏中,她紧张地看着同伴们组成的两支球队在挑选队员,当她没被任何一个队选上时,老师说道:"希希也想玩",尴尬的沉默过后,仍然没有一个队愿意接受希希。

问题:在教育过程中,希希和其他儿童有什么不同?希希的境遇显示出学前教育中的什么问题?

我国有特殊教育需要的儿童的学前教育在20世纪90年代开始得到关注,学前融合教育还处于起步阶段,尚未形成完整的理论、政策和实践体系。近年来安置到普通幼儿园(以下简称"普幼")的有特殊教育需要的儿童逐渐增多,有特殊教育需要的儿童上普通幼儿园已经成为不可忽视的事实。伴随着学前教育和特殊教育的发展,学前阶段的特殊需要教育显得越来越重要。而在对这些特殊儿童进行教育的过程中,社会性发展与教育处于非常重要的地位。

第一节 特殊需要儿童概述

一、特殊需要儿童的基本概念

特殊需要儿童的概念有广义和狭义之分。广义上的特殊需要儿童包括所有在生理、心理、行为和言语等身心发展上与普通儿童相比有明显差异的儿童,即广义的特殊需要儿童既包括在身心发展上落后于普通儿童的障碍儿童,同时也包括在身心发展上超越普通儿童的超常儿童。狭义的特殊需要儿童主要指在生理、心理发展等方面有明显障碍和有发展障碍风险的儿童,即有发展缺陷或有发展缺陷可能的儿童,也被称为"残疾儿童""残障儿童""障碍儿童"等,但不包括超常儿童和普通儿童中的问题行为儿童。接下来我们讨论的特殊需要儿童,指存在特殊需要的0~6岁儿童,不包括超常儿童和问题行为儿童。

尽管所有的儿童都有自己独特的要求,但是那些有特殊需要的儿童如果在幼年得不到特殊的照顾,他们的健康、发展和学习会受到很大影响。这就要求教育者不仅要了解他们的基本需要,而且要有与儿童家庭合作的技巧。

📖 拓展阅读

全纳教育视野下的特殊需要儿童

全纳教育(inclusive education)是20世纪90年代兴起的一种国际教育思潮,1994年6月联合国教科文组织在西班牙萨拉曼卡召开了世界特殊需要教育大会,会上通过的《萨拉曼卡宣言》首次正式提出了全纳教育的五条原则:每个儿童都有受教育的权利；每个儿童都有其独特的个性、兴趣、能力和学习需要；教育要考虑到儿童的不同特性和差异；有特殊需求的学生应该有机会进入普通学校学习；全纳学校是反对歧视、创建人人受欢迎的社区、建立全纳社会和实现全民教育的有效途径。全纳教育强调尊重儿童的独特性和差异性，反对歧视和排斥，接纳所有儿童，满足不同儿童的特殊需求，反映了一种美好的教育理想和价值追求。作为一种具有开放性和包容性的理念，它虽然产生于特殊教育领域，但又不局限于这一领域，事实上，它的发展已经远远超越了特殊教育的范畴，延伸到普通教育改革的很多方面。这表现在，特殊需要的主体由狭义上的残疾儿童拓展至广义上的每一位儿童，同时全纳教育反对把个体差异绝对化，认为人的学习、生活和发展需要在属类意义上具有内在的一致性，因此所有个体的人格尊严、平等权利和生命价值都应该得到尊重，并应以此为基础来对待和处理差异。

二、特殊需要儿童的分类

儿童的残疾并不一定是障碍，只有当儿童由于某方面的损伤，在与环境相互作用产生机能性问题时，才是一种障碍。应该强调特殊儿童是那些在典型的发展中的儿童，他们具有各种不同的能力和个性。而且，他们可能有一种以上的残疾损害或身体条件的损害，所以很难精确诊断。笔者立足于儿童发展的角度，将身心发展某一方面比较相近的特殊需要儿童加以合并，分为以下几类。

（一）学习与发展障碍儿童

学习障碍儿童较难定义，它并不是指儿童存在视觉、听觉或身体、智力、情绪方面的障碍。学习障碍儿童主要表现为由脑部的知觉运动神经元的损伤所引起的阅读困难或失语症。人们越来越认识到这种障碍的存在，但对这种障碍的界定很模糊，并且还未能考虑到因这类人数的稳步上升而提供能适应个别差异的正规教育。

发展障碍儿童应包含以下几种特征：①智力落后、脑瘫（Cerebral Palsy, CP）、癫痫或其他有害的神经症状；②需要与智力落后相似的治疗；③预测到这种障碍是长期的，并且将无限地持续下去。其中，神经症儿童有可辨认的、明确的中枢神经系统的失调或损坏。大脑麻痹是一种大脑不能再继续发展的失调，通常表现为运动机能性障碍和一些智力及知觉上的损伤，70%~80%有大脑麻痹经历的儿童会表现出这种症状，包括言语功能和听力方面的障碍以及机能性障碍的心理异常（痉挛、麻痹、肌无力、协调不足）。癫痫是指发作时的症状表现，有短暂的、严重的和中等程度的，短暂发作有眼皮跳、不能流畅地说话，严重的有视觉损伤或其他障碍，中等程度的障碍可以不经帮助而自理。尽管运动机能上的亢进或活动过度儿童被归类为神经症患者，但也应该注意到活动过度的儿童很少有中枢神经系统的障碍或损伤。

（二）生理发展障碍儿童

特殊需要儿童的生理发展障碍主要表现为儿童发展过程中出现的感觉器官、身体健康和动作等障碍问题。在幼儿教育机构，此类儿童主要有听力障碍儿童、视力障碍儿童、肢体障碍儿童和有身体外部损伤或外伤性脑损伤导致障碍的儿童。

听力障碍儿童主要表现为听力受损影响了他们正常学习以及使用语言，进而阻碍他们与同伴及教师沟通交往的能力。听力丧失程度由不完全到严重不等，对于一出生听力就丧失的儿童，或在语言发展阶段没有获得正常的语言理解和表达能力的人被称为聋人。

视力障碍儿童主要表现为视力不同程度的损伤而影响了他们获得信息。人类所获得的信息大部分来自视觉，因此视觉在儿童的认识活动中发挥着极其重要的作用，即使最轻微的视觉障碍也会给儿童的身心健康成长带来巨大影响。有些儿童的视力有限，不能正常学习。尽管全盲的儿童很少，但从法律上看，视觉敏锐度矫正后低于20/200的儿童都被认为是盲人。

肢体障碍主要表现为肢体障碍而导致儿童自由活动受到限制。尽管在学前教育机构中，肢体障碍儿童出现较少，但此类特殊需要儿童也需要提供有针对性的帮助和支持。

（三）智力落后儿童

智力落后，又称智力障碍或精神发育迟滞，是指个体在发育期内的智力有显著低于一般人的水平，并显示出适应行为的障碍。智力落后包括在智力发育期间（18岁之前），由于各种有害因素导致的精神发育不全或智力迟缓，以及智力发育成熟以后，由于各种有害因素导致的智力损害或老年期的智力明显衰退。"智力明显低于一般人的水平"，是指一个人在标准化智力测验中所得出的智商值在负两个标准差以下。因使用的智力量表不同，以数字形式表示的智商值会有所变化，一般是在75或70以下。"适应行为"，是指一个人能有效、恰当地表现出处理日常生活和在社会环境中求生存、对社会尽责任的能力。例如，吃饭、穿衣、梳洗等生活自理能力，感觉-运动能力，交往能力，学习能力，参加社会活动和处理人际关系的社会能力等。不同的年龄阶段有不同的适应行为要求。在学前阶段，主要强调儿童的发育成熟水平，如感觉-运动的协调性，生活自理能力和语言的发展等；学龄阶段强调儿童基本的学习技能，如拼写能力、阅读能力、数学计算能力等；到了成人阶段，社会能力则成为重点。

（四）语言发展障碍儿童

0~6岁是儿童语言发展的关键期。语言发展障碍是儿童期发展障碍中的一种重要类型，是指儿童在语言获得与发展过程中出现的各种异常，主要包括构音异常、发声异常、流畅度异常等不同类型。语言发展障碍儿童大多数有发音困难的问题，此类儿童中过半数都有理解、表达、识字或听力辨别困难的问题。语言发展障碍儿童说话时的发声、构音、音调和音律的异常会引起同伴的注意，影响他们与他人的沟通交往。此外，还有一些语言发展障碍儿童会出现因发音器官损伤而引起的语言发展异常，他们能听但不会说或者说的话难以理解，这同样也会影响他们的社会性发展。语言发展障碍儿童是0~6岁阶段出现率较高的特殊需要儿童。对于语言发展障碍儿童，需要为其提供有针对性的语言教育环境，支持他们的语言发展，进而影响他们与他人的沟通和交往，支持并促进他们的社会性发展。

（五）情绪和行为发展障碍儿童

在幼儿教育机构比较常见的情绪和行为发展障碍儿童主要有孤独症、阿斯伯格综合征等孤独症谱系障碍儿童以及多动症儿童。情绪障碍儿童表现为频繁而强烈的情绪不稳、抗挫能力差、喜怒无常、畏缩、人际交往困难，或"学校恐惧症"。这类特殊需要儿童不会与人沟通，存在明显的社会交往和沟通障碍，不能控制自己的情绪，会无缘无故地哭或者不可遏制地笑，还有的儿童会出现撞墙等自残或者打人、伤人行为。他们的情绪和行为问题在同年龄的普通儿童看来是"不乖""不听话""坏孩子"的表现，会严重影响这类特殊需要儿童在社会性群体中的同伴交往。针对情绪和行为发展障碍儿童的情绪和行为问题，需要结合此类特殊需要儿童其他方面的心理及行为表现，结合多种教育方法进行教育和康复。

第二节　特殊需要儿童的社会性发展

与普通儿童一样，特殊需要儿童也在认识自己和与他人、环境的互动中进行社会性发展。与普通儿童不同的是，特殊需要儿童的社会性发展面临更多的困难。对学前儿童社会性发展问题的研究，不同的学科有不同的视角，社会学者认为社区与家庭结构问题是引发行为异常的原因，经济学者认为贫穷是婴幼儿社会适应不良的根源，教育学者认为教育体制是导致婴幼儿行为问题发生的原因，心理学者认为家庭成员的互动在左右婴幼儿的发展。而发展生态学者认为婴幼儿处在多元的生态环境中，影响其身心发展的因素必然是多方面的，而不是单一的，因此必须考虑上述各种因素对婴幼儿身心发展的影响。

一、特殊需要儿童社会性发展的影响因素

（一）生物因素

首先，特殊需要儿童的障碍类型和障碍程度深深影响了他们的社会性发展。由于听觉障碍，听障儿童会对语言"听而不闻"，无法通过口头语言与他人进行沟通。孤独症谱系障碍儿童则会表现出明显的社会沟通障碍。有研究者认为，自闭症儿童的沟通技能缺乏、人际关系受阻来源于其社会认知障碍，如已提出的认知语言障碍论、情感认知障碍论、心理理论障碍论等假说就对此进行了解释。视觉障碍儿童、单一的肢体障碍儿童和轻度智力障碍儿童都可以与人进行交流，但重度、极重度的智力障碍儿童在社会性发展方面则存在比较严重的问题。

其次，特殊需要儿童的认知能力与他们的社会性发展息息相关。儿童的认知能力直接影响他们对社会知识、社会现象和社会规则的理解以及掌握。特殊需要儿童，特别是智力障碍儿童，认知能力远远低于正常儿童，认知水平很长时间停留在感知运动期，凭借感知动作认识外部世界，这会影响他们的社会性发展，使他们整体的社会认知水平远远低于正常儿童。但听觉障碍儿童和视觉障碍儿童的认知能力正常，他们的社会认知水平接近正常儿童。

最后，儿童最初的气质类型是儿童个性塑造的起点，是儿童社会性发展的基础。特殊需要儿童多是难以适应环境和慢慢适应环境的气质类型，他们对环境较难适应，容易退缩。特殊需要儿童先天的气质类型会影响他们对自己、他人以及环境的探究，影响养育者抚养和教育他们的方式，从而影响他们的社会性发展。

此外，特殊需要儿童的社会性发展除了受自身的障碍类型和障碍程度、认知发展以及气质类型的影响之外，还受他们人际交往、社会互动经验的影响。

（二）环境因素

特殊需要儿童的社会性发展也离不开他们所生活的生态环境。由家庭、教育机构、社区共同组成的环境不仅会影响特殊需要儿童社会性发展的整个过程，也会最终形成他们的社会性发展特点。

1. 家庭

家庭是儿童成长的起点，也是儿童社会性发展最重要的社会化影响因素。家长的养育观念、教养方式、家庭结构、家庭的物理变量和社会变量都影响着特殊需要儿童的社会性发展。

家长的养育观念和教养方式是家庭对特殊需要儿童社会性发展的主要影响因素。家长的养育观念以及对特殊需要儿童的理念会通过他们的教养方式体现出来。受儿童的障碍类型和程度的影响，特殊需要儿童的父母在教养的过程中容易走向极端：或者娇宠，对儿童过度迁就和溺爱；或者冷漠，对儿童过度忽视，放任自流。也有少数家长会对特殊需要儿童提出过高的要求，希望通过努力，可以达到正常水平，因此在养育过程中专制、独断。以上的三种方式都容易造成儿童的心理伤害，阻碍他们与他人的交流互动，不利于儿童的社会性发展。

家长的养育观念和教养方式会影响家长和特殊需要儿童之间的亲子依恋。亲子依恋是特殊需要儿童建立与他人依恋关系的开始。亲子依恋关系将深刻影响着特殊需要儿童的同伴关系以及人格发展。

随着社会的变迁，家庭结构对儿童社会性发展的影响在逐步加深，特别是对特殊需要儿童社会性发展的影响。特殊需要儿童家庭父母离婚率高，单亲家庭较多。也有的儿童父母没有离婚，但寄养在爷爷奶奶的家里，也就是由爷爷奶奶负责养育。无论是单亲家庭，还是寄养家庭，特殊需要儿童在成长的过程中都容易缺乏支持他们社会性发展的充分的父母之爱，缺失可以模仿的性别榜样，容易孤僻、冷漠、任性，不会与人正常沟通。

家庭的物理变量即家庭的物质条件及组织安排，比如房子的大小、结构、房间的布置以及生活是否有条理。家庭的社会变量是指家庭中家庭成员之间的关系。父母是家庭物理变量的提供者、组织者，同时也是社会变量的主导者。特殊需要儿童的父母既需要重视家庭的社会变量，也要注重家庭的物理变量。

需要特别说明的是，普通儿童在成长过程中，如果突然遇到他们无法承受的重大家庭变故，如父母离异、父母有一方患重病，他们也可能会表现出社会适应困难的问题，需要教师和家庭成员关注他们的社会性发展，通过具体的方法为他们的社会性发展提供特别的帮助。

2. 教育机构

随着社会的进步，越来越多的特殊需要儿童开始走出家庭，进入幼儿园、亲子园、特殊教育学校学前班、康复训练中心等专业机构学习和进行康复训练。这些机构的教师、同伴、场地和环境布置等都成为特殊需要儿童成长过程中非常重要的社会刺激。这些因素会影响特殊需要儿童对自己的认知，从而影响他们与同伴及教师的互动，影响他们的社会性发展。教师（治疗师）温暖的接纳、积极的引导，同伴间良好的示范、模仿和交流，都有利于特殊需要儿童形成良好的社会认知和社会行为，帮助他们融入群体，适应社会。0~6岁儿童的自我评价具有依从性和被动性的特点，特殊需要儿童的自我评价需要成人特别是教师的积极引领，正向鼓励。例如，融合教育班级的听障儿童在生活中观察发现：同伴交流只要动动嘴巴，他们就能彼此了解和理解；而自己的听力受损，需要佩戴助听器、进行听力语言训练，才能够和他人进行有效的交流沟通。这时他们比较容易自卑，可能导致他们对自己进行过低的自我评价。教师的正确引导可以使听障儿童认识到佩戴助听器就像其他小朋友佩戴眼镜一样，是一种正常现象，只要自己好好练习语言表达，就可以像其他小朋友一样。正向的自我评价会引导特殊需要儿童积极进行自我调节，主动与同伴互动，学习与同伴交往。因此，幼儿教育机构和康复中心的师资、教育理念和教育方式或训练方式也是特殊需要儿童社会性发展的重要影响因素。

3. 社区

依据人类发展生态学理论，个体发展的环境是一个由小到大层层扩散的生态系统，每一个系统都会通过一定的方式对个体的发展施以影响。这些环境以学校、家庭、社区、整个社会文化以及个体与其环境之间、环境与环境之间的相互作用过程与联系等不同的形式具体地存在于个体发展的生活中，在个体发展的不同时期从不同方面给予不同的影响。居住在不同社区环境中的特殊需要儿童，其社会性发展不尽相同。城市与乡村、楼房与平房，邻里之间的人际关系，整个社区对特殊需要儿童的接纳程度，社区的教育资源与社区配套设施，都会影响着特殊需要儿童与他人沟通交往的频率和互动的关系，从而影响他们的社会性发展。

二、特殊需要儿童社会性发展特点

《指南》指出，幼儿社会领域的学习与发展过程是其社会性不断完善并奠定健全人格基础的过程。人际交往和社会适应是幼儿社会学习的主要内容，也是其社会性发展的基本途径。下面主要从亲子互动、同伴交往、自我意识、社会行为四个方面来分析特殊需要儿童社会性发展特点。

（一）亲子互动：儿童处于被动地位，难以形成安全型依恋

美国社会心理学者琼斯（F. Jones）与西鲍特（J. W. Thibout）在对成人世界两人之间互动行为进行研究时，曾经根据互动行为主体在互动过程中各自所持有的行为动机，以及他们对彼此行为的期待，将人际互动的形态分为四种：假相倚型的互动、非对称性相倚型的互动、反应性相倚型的互动和彼此相倚型的互动。其中，非对称性相倚型互动是指互动过程中一方主导着互动行为的发展方向及速度，而另一方处于被支配、被引导的地位。特殊需要儿童的亲子互动基本由父母发起，儿童在亲子互动中处于被动状态。由于特殊需要儿童自身的某些特点，这些由父母主动发起的亲子互动也并不必然能够引起儿童的反馈。比如自闭症儿童和重度、极重度的智力障碍儿童都有可能对父母的爱抚行为没有任何反应或者反应冷淡。因此，我们将其概括为"非对称性亲子互动"。例如，孤独症谱系障碍儿童具备正常的听力，但他们在与他人交流时，会表现出"听而不闻""视而不见"的特点，不能正确理解他人语言，或者鹦鹉学舌，或者听而不答，或者答非所问，目光游离。智力障碍儿童由于认知障碍，在亲子互动中也会出现与孤独症谱系障碍儿童类似的反应。由于听力受损，用口头语言与听障儿童进行互动交流也较难引起他们的反馈。

非对称性亲子互动容易引发父母对于亲子关系的焦虑，反过来，父母又可能在亲子互动中把这种焦虑情绪传递给儿童。亲子互动中互动双方严重焦虑的情绪以及非对称性亲子互动中特殊需要儿童缺乏反馈，都不利于父母与子女之间建立安全的亲子依恋关系。

此外，特殊需要儿童自身的障碍类型和障碍程度，也会影响他们亲子依恋关系的形成和发展，例如：听觉障碍儿童缺少"牙牙学语"；视觉障碍儿童难以拥有"清澈动人的眼睛"；肢体障碍儿童不能"活泼好动、蹦蹦跳跳"；智力障碍儿童由于智力障碍而导致面无表情、动作呆板；自闭症儿童存在情绪和行为障碍等。这些障碍都使他们不能像正常儿童那样获得父母的关注和爱，也是他们不太容易与父母建立亲密依恋关系的重要影响因素。

（二）同伴交往：交往机会少，缺乏交往技能

特殊需要儿童出生后前几年的生活环境非常单纯，基本都是在家庭中与自己较少的亲属度过的。他们几乎整天待在狭小的房屋中，由人照料，没有机会与更多的人接触，几乎没有同龄伙伴。这种类似"真空箱"的生活一方面给父母等抚养者带来持续的压力，同时又阻断了特殊需要儿童与他人沟通和交往的渠道。同伴交往机会少，不能通过同伴了解他人，缺乏了解和理解他人观点的机会和能力，更没有机会学习同伴交往技能，导致他们在社会认知、情感表达以及社会交往方面出现严重的问题。

随着年龄的增长，部分听觉障碍、视觉障碍儿童和轻度智力障碍儿童可以进入普通幼儿园进行融合教育。但由于特殊需要儿童自身的障碍以及缺乏与人交往技能，在普通幼儿园中，普通儿童与普通儿童的交往明显多于与特殊需要儿童的交往。例如，听力障碍儿童不但向普通儿童主动发起交往的次数低，发起交往的有效性也低，他们提出交往的要求经常与情境不符，时常使用攻

击行为引起他人注意；他们维持交往的形式单一，持续时间较短，而且常因无法相互理解而中断与同伴的交流；他们解决交往冲突的方式也不成熟，倾向以抱怨或诉求的方式解决冲突。因此，教育工作者必须重视并通过切实的行动支持特殊需要儿童与同伴之间的互动，创造条件帮助他们了解他人，学习与同伴交往。

> **拓展阅读**
>
> **融合教育环境中听觉障碍幼儿同伴关系现状及其改善策略**
>
> 学者任加艳和张新立的研究以普通幼儿园的15名听觉障碍幼儿为研究对象，采用同伴提名、观察、社会网络分析、访谈等方法探究他们在融合教育环境中的同伴关系现状、影响因素及改善措施。结果表明，听觉障碍幼儿的同伴接纳度不高，双向选择的朋友数量有限，朋友也多为同性别的其他听觉障碍幼儿；虽然听觉障碍幼儿大都能积极主动地发起交往，但其交往活动多发生在游戏活动时间之外，交往对象以听觉障碍幼儿和同桌听觉健全幼儿为主，交往行为中负向行为占有一定的比例，更偏爱用肢体动作进行交往，并多以自我为中心，观点采择能力差，被同伴拒绝多于他们对同伴的拒绝，交往态度与行为不一致；大多数听觉障碍幼儿在同伴关系中个体的社会地位较低，而听觉障碍幼儿间的联系则更加紧密。影响听觉障碍幼儿同伴关系的因素主要有幼教机构、教师、父母和听觉障碍幼儿自身等，其中幼教机构是关键，主要包括对教师的相关教育不够、和家长沟通不良、轻视幼儿社会性发展、给幼儿的游戏时间太短等。为改善听觉障碍幼儿的同伴关系，幼儿园应支持融合教育教师专业发展、组织家庭和班级结对子、重视区域活动；教师应积极评价听觉障碍幼儿、尊重听觉障碍幼儿同伴群体的文化生态、帮助听觉障碍幼儿养成"倾听"的习惯、提高听觉障碍幼儿观点采择能力、增强听觉障碍幼儿的交往技能；听觉健全幼儿父母要接纳听觉障碍幼儿，听觉障碍幼儿父母则要更注意多为听觉障碍幼儿提供与同龄人交往的机会。
>
> 资料来源：任加艳，张新立. 融合教育环境中听觉障碍幼儿同伴关系现状及其改善策略[J]. 学前教育研究，2016（4）.

（三）自我意识：产生时间较晚，发展速度较慢，个体差别较大

与正常儿童自我意识的发展相比，由于生理或者心理的障碍，特殊需要儿童自我意识产生较晚，自我意识发展较慢。同时由于障碍类型和障碍程度不同，特殊需要儿童自我意识发展水平各异。不仅不同障碍类型的特殊需要儿童的自我意识发展水平千差万别，同一障碍类型不同障碍程度的特殊需要儿童自我意识发展也存在很大差别。

按照皮亚杰的认知发展理论，正常儿童约1岁就能够建立客体永久性，把主客体分化开来，即从以自我为中心变为把自己看成无数客体中的一个，建立起对自我的认识。由于生理和心理的障碍，特殊需要儿童很长时间停留在只知道自己名字的阶段，部分发展较好的特殊需要儿童能够区分自我和他人。例如，视力障碍儿童、肢体障碍儿童以及进行听力语言训练或者手语学习的听力障碍儿童。孤独症谱系障碍儿童、智力障碍儿童以及部分没有经过语言训练的听觉障碍儿童甚至到六七岁都分不清你我。例如，教师问他们："你叫什么名字？"他们不是回答："我

叫×××。"而是重复一遍:"你叫什么名字?"或者回答:"你叫×××。"这表明他们还没有建立清晰的自我认识,还没有把自己从客体变为主体。

特殊需要儿童自我意识发展慢主要表现为他们的自我评价水平较低,自我控制能力弱。他们常常以父母或者教师的评价来评价自己,这一方面体现了这个年龄段儿童自我评价的依从性和被动性的特点,同时也可能是由于自身的生理或者心理障碍导致他们容易自卑而不敢给予自己较高的自我评价。自我控制能力弱的特殊需要儿童容易暴躁、愤怒,情绪不稳定,突然不明缘由地哭或者笑,导致情绪和行为障碍问题。

(四)社会行为:认知不守恒,较难形成稳定的社会行为

儿童社会化的重要内容是使儿童成长为一个认同并遵守社会是非、善恶道德规范和行为准则的有道德的人。皮亚杰和柯尔伯格都认为儿童的道德发展有其固定不变的顺序,儿童的道德判断是以儿童的认知发展为基础的,都强调儿童与他人的社会相互作用在儿童的道德发展中发挥着重要作用。正常儿童能逐渐建立起简单的是非观念,能够知道什么是对的,什么是错的,并能够在日常生活中将自己的道德认知与自己和他人的道德行为进行比照。比如:一岁左右能够移情;两三岁有了"好孩子""坏孩子"的想法,产生简单的道德感;五六岁不仅能够以自己认为正确的道德规范来约束自己的道德行为,而且能够产生相应的自豪、羞愧等道德体验,进而进行良心与道德内化,成为儿童行为的动机。

特殊需要儿童由于其身心发展障碍,很长一段时间都比较难以理解社会规则,较晚才有可能建立起对是非、善恶的认知。而且,由于认知不守恒,同样的行为规则,出自教师的就愿意遵守,出自父母的就不想遵守。某些特殊需要儿童甚至无法理解社会规则,如分享、按规则玩游戏等。他们的行为大部分由他们的基本生理需要控制。例如,当他们想要一块饼干,而老师说"饼干要和大家分享"时,理解规则的儿童,比如听力障碍儿童、视力障碍儿童就能够遵守,但很难理解规则的智力障碍儿童和孤独症谱系障碍儿童则可能会发脾气,甚至根本不听要求直接用手去拿饼干。特殊需要儿童的道德发展很长时间都停留在前道德阶段,很难分清公正、义务和服从,难以形成稳定的社会性行为,常常出现"会说不会做"的现象。智力障碍儿童和孤独症谱系障碍儿童有可能"既不会说更不会做",甚至社会行为比较怪异,比如无故发脾气,而且连续几个小时,直至自己筋疲力尽,旁人都无法阻止。他们不能在自己的行为和结果之间建立有效的因果联系,也不理解他们行为的后果有可能会对自己或者他人造成伤害,比如自己撞墙、用手打自己的头或者突然用手去戳别人的眼睛等伤人的行为。

第三节 特殊需要儿童的社会性教育

在全纳教育视野下,每位儿童都是一个与众不同的独特个体,都有自己的特殊需要,都应得到尊重和接纳。学前教育机构首先应关注和接纳特殊需要儿童,在教育过程中努力满足不同儿童的教育需要,建立全纳教育支持系统,多方协作,共同促进特殊需要儿童发展。

一、特殊需要儿童的社会性发展与教育原则

(一)充分了解原则

每个儿童都是不一样的。特殊需要儿童障碍类型不同,相同的障碍类型障碍程度不同,他们

的社会性发展就会存在很大的差别。有的孤独症谱系障碍儿童能够与他人进行简单的交流，有的根本不理睬人。因此，社会性发展和教育必须首先了解每个特殊需要儿童的障碍类型、成因、障碍程度，面对面与他们沟通交流，清楚了解他们的社会性发展水平。根据"最近发展区"的原则，在他们现有的社会性发展水平上设计教育方案，为他们的社会性发展提供有效的支持。

（二）完全接纳原则

任何教育都必须建立在教育双方完全接纳的基础上才能有效。特殊需要儿童年龄较小，由于各种生理或者心理的障碍，他们可能不敢、不想或者不会与他人接触。成人在与他们交流互动的过程中，需要从内心完全接纳他们。接纳他们不完美的外貌，接纳他们不讨人喜欢的"笨拙"，用微笑和他们交流，愿意观察他们，跟在他们的身后，等待他们的成长，在完全的接纳中让他们感受到安全和温暖，与他们建立起相互信赖的情感关系。只有"亲其师"，才能"信其道"，只有成人完全接纳特殊儿童，他们才会"亲"，而后"信"。特殊需要儿童感受亲密的关系，这种关系本身对他们就是一种有益的学习和教育。

> **拓展阅读**
>
> #### 幼儿园实施全纳教育的必要性
>
> 1. 幼儿园全纳教育的实施有助于每一位儿童的健康成长
>
> 全纳教育主张在教育中尊重儿童的多样性和独特性，接纳所有儿童，而不考虑儿童身体、智力、社会性等方面的条件。相关研究结果证实，在幼儿园实施全纳教育无论是对特殊幼儿，还是对普通幼儿的发展都有积极的意义。
>
> 2. 有助于教师专业素养的提高
>
> 全纳教育与幼儿园教育坚持的"充分理解和尊重幼儿发展进程中的个别差异，支持和引导他们从原有水平向更高水平发展"的基本原则是一致的，反映了幼儿教育的价值追求。这一追求要求教师树立全纳教育理念，掌握全纳教育的相关知识，具备全纳教育的知识与能力，拥有应对儿童特殊需要的智慧。如此必然要求幼儿教师通过学习不断提高自身全纳教育的素养，由此在幼儿园实施全纳教育，在客观上能够促进教师专业素养的提升。
>
> 3. 有助于民主社会的建设
>
> 幼儿园全纳教育的实施能够促进民主观念的传播，在教师中树立平等、尊重、接纳的教育观，在幼儿园课程中追求教育民主目标的实现，同时在孩子幼小的心灵里播撒民主意识的种子，帮助孩子发展平等参与、集体合作的能力。

（三）赞扬和鼓励原则

儿童的成长离不开成人的赞扬和鼓励。用赞扬、鼓励和关注的方式来奖励儿童，很可能使儿童重复他们先前的行为。特殊需要儿童由于年龄小以及各种障碍的原因，学习社会规则较慢，不太容易建立起稳定的行为。成人在与他们交往互动的过程中，可以以自身的积极情感激发、带动和影响他们，鼓励他们不断尝试，允许犯错。"温柔的坚持"能帮助他们克服惰性，学习自我控制，感受并体验自己遵守规则的喜悦情绪。教师或家长通过游戏等各种方法与儿童进行宽松、愉悦的交往，在这种和谐的心理环境下，儿童感到放松，容易形成相互信赖的亲密关系。

（四）循序渐进原则

儿童的社会性发展并不是独立的，而是与儿童的动作以及大脑等神经系统的发展密切相关。儿童的语言发展、动作发展、情绪的感受和辨别能力都会影响他们与他人的社会性交往能力。特殊需要儿童的社会性发展是一个循序渐进、水滴石穿的缓慢变化过程。成人必须尊重他们的社会性发展规律，在教育的过程中必须遵循这一原则。而特殊需要儿童由于各种障碍，社会性发展明显落后于正常儿童。在教育的过程中，教师更需要执着付出，耐心等待，一步一个脚印地教给他们简单的社会交往规则，并在实践中不断重复练习，直至把规则内化为一种社会性交往的习惯。例如，教自闭症儿童学习和别人打招呼，需要分解成三步：首先是教自闭症儿童抬头，然后看着对方的眼睛，再说："你好！"这对普通儿童来说是很简单的事情，但对于自闭症儿童来说，却是一个艰巨的任务，教师必须把这个过程简化并一步一步按照步骤进行。可能仅仅是"看着对方的眼睛"这一步，就需要学习和练习一个月甚至更长的时间。

二、特殊需要儿童社会性发展与教育的基本方法

（一）感觉统合训练的方法

感觉和知觉是儿童认识世界的通道，是儿童各方面发展的基础。一个感觉和知觉存在障碍的儿童，必然会伴随出现社会性发展的异常。因此，在特殊需要儿童社会性发展与教育中，早期进行感觉统合训练是一种重要的方法。感觉统合训练不仅能够提高特殊需要儿童的感知觉的统合能力，也能够提高他们对社会性行为的认知能力。在进行感觉统合训练的过程中，教师、家长等训练人员与儿童之间的交往互动又给儿童提供了可以模仿、学习的社会交往的榜样。在学校或机构进行感觉统合训练时，教师主要采用各种球类（如大笼球、小笼球、花生球、海洋球）、滑板、滑梯、平衡台（木）、横抱筒、竖抱筒、滚筒、时光隧道和平衡步道等感统器材，为儿童设计各种游戏，以加强儿童触觉、前庭平衡觉、本体感觉及手眼协调等感知觉能力。

在感统训练过程中，教师经常给儿童以赞扬和鼓励，发现他们的一点进步，就及时给予肯定，并鼓励他们去尝试以前没有或不敢去做的动作，儿童的感知和运动能力就会一点点提高。在不断的尝试中他们积累了经验，动作越来越熟练，自信心也会越来越强。自信心除了来自外界的评价，更重要的是来自自身能力的提高。儿童有了自信，他们就会喜欢与人交流和沟通。

（二）正向行为支持的方法

特殊需要儿童社会性发展与教育最终目的是使儿童获得社会所允许的行为，避免反社会行为。而要达到这一目标，通过示范、练习、强化，支持特殊儿童正向行为，是一种行之有效的方法。在具体的活动中示范，使特殊需要儿童了解社会行为的方法或者要领，反复操练，及时强化，为他们的社会行为提供可供模仿学习的范本。

教师或家长在示范的时候要注意引导特殊需要儿童仔细观察，并把社会行为分解，分成能够被特殊需要儿童理解的若干部分，同时配合细致的讲解，加强练习，才可能会取得较好的学习效果，达到使特殊需要儿童掌握新的社会交往技能的目的，如认识新朋友，学习和新朋友见面握手等。教师需要把整个行为分成六步进行示范讲解：慢慢走到新朋友面前，站立停稳，伸出右手，握住对方的右手，轻轻摇两下，收回自己的手。

（三）社交故事法

由格莱（Gray）和格朗德（Garand）于20世纪90年代共同开发并由格莱继续研究而发展起来

的社会性故事读本（Social Story），目前已经成为一种结构组织较为严谨的促进包括自闭症在内的特殊需要儿童社会性发展的有效教学方法。这种方法依靠社会性故事进行教学。故事可以是以各种形式呈现，PPT、动画、纸都可以。社交故事法的关键在于编写的故事是自闭症儿童在日常生活中遇到的社会交往行为，或者是预知自闭症儿童进入真实的社会情境时可能会遇到的社会交往问题。在创编故事的过程中，可以邀请有能力的自闭症儿童一起参与编写，然后一起阅读故事。故事的最终目的是让自闭症儿童了解社会事件的起源，交流故事中人物的想法和意图，最终教会自闭症儿童解决社会问题的有效方法。

例如，社交故事《怎样打招呼》主要由7张幻灯片组成。故事中的每一句话就是单独的一张幻灯片，就如同故事书中单独的一页。每句话配一张图片，便于儿童理解。

见到认识的人，我们通常会跟他打招呼。打招呼表示我们有礼貌。打招呼的方法有很多，一是可以说一声"你好！"。二是可以叫他的名字。三是可以向他挥挥手、点点头、笑一笑。四是可以跟他握握手。

我跟别人打招呼，别人会觉得舒服又开心。他们会喜欢我这样做，又会称赞我有礼貌。

（四）人际关系发展干预法

斯特恩（Gutstein）博士与他的妻子希莉（Sheely）根据多年来对自闭症儿童的研究心得和治疗经验，提出了"人际关系发展干预法"（Relationship Development Intervention，RDI）。虽然此方法是为自闭症儿童"量身打造"，但目前其使用范围已经扩展至任何有社会性发展和教育需要的儿童。该方法着眼于自闭症儿童人际交往和适应能力的发展，强调父母的"引导式参与"，在儿童当前发展水平的基础上，采用系统的方法循序渐进地引导自闭症儿童产生运用社会性技能的动机，进而让儿童练习在不同情境中迁移习得的技能，最终让儿童发展出与他人分享经验、享受交往乐趣和建立友谊的社会交往能力。在RDI中，儿童不需要外在的奖励来诱使他们练习新的社交技能，而是让他们自然地从互动中感受到纯粹的喜悦。

例如，小华是一个有自闭症的儿童，小华妈妈一直在对小华进行强化训练。现在小华妈妈考虑不再对小华进行单一的强化训练了，而是注重自己和儿子之间的关系，经常和儿子一起玩耍。

小华妈妈从儿子身上得出结论："自闭症的主要问题是人际问题，如果他肯学，教他是容易的。他的理解能力大过他的表达能力很多很多，自闭的程度掩盖了他的很多真实能力。比如教他认识钟表，卡片上的他早就认识了，但在实际生活中却表达不出来，可能他要过几年后才能表达出来，有信心了才能表达出来。如果有自信，他可以表达的东西会更多。现在我带着小华去散步的时候，他可以很快地从大楼的钟表上认出时间，还能准确地告诉我。"

（五）地板时间法

地板时间法已发展成为一套系统的、整合性的、可提升儿童社会交往水平的方法，即基于发展、个别差异和人际关系的模式（Developmental, Individual differences, Relationship-based model，DIR）。"地板时间"是DIR中主要的教学方法。

"地板时间"是一种游戏教学的方法，通过游戏增加特殊需要儿童与他人之间的交流和学习。"地板时间"主要分为五个步骤：一是观察儿童的行为；二是打开交流的渠道；三是跟随儿童；四是延伸与拓展游戏；五是结束游戏。这种教育方法对施教者的要求较高，需要经过严格的培训才可能独立从事教学活动。

（六）游戏治疗法

游戏治疗法是以游戏活动为媒介，让儿童有机会很自然地表达自己的感情，暴露问题，并从中自我解除精神困扰的一种教育方法。从形式上看，游戏治疗分为指导性游戏治疗和非指导性游戏治疗。前者是由治疗者承担指导和解释的任务；而后者是儿童把游戏作为自我表达的媒介，儿童自己承担游戏中指导自己的任务。在游戏治疗中，儿童能够把自己既不被人理解，也不被人同情的想法自由自在地表达出来，缓解儿童由于焦虑、紧张、情绪失调而造成的心理矛盾，继而解决他们社会行为不良的问题。

在治疗过程中，治疗者需要完全接纳儿童的表现，和儿童之间尽早建立友好融洽的关系，给儿童充分的机会自由表达他的全部感情。游戏治疗对治疗者的要求较高，它需要治疗者在游戏治疗过程中，能够承认并反馈儿童表达的感情，相信儿童自己具备解决问题的能力，不能以任何方式指导儿童的言行，不能着急，要循序渐进。

游戏治疗对于具有攻击性的、任性的行为和抑郁、退缩、沉默、性格孤僻的儿童，以及某些口吃、婴儿语的语言障碍而影响其社会交往的儿童和某些特殊需要儿童都有一定的效果。

总之，特殊需要儿童的社会性发展与教育的内容与方法有很多。在与特殊需要儿童互动过程中，教育工作者需要具体问题具体分析。首先是了解儿童，其次是根据他们的障碍类型、障碍程度以及兴趣和爱好等特点进行引导，使用有效方法促进其社会性的发展。特殊需要儿童的社会性发展与教育是一个循序渐进的漫长过程，需要成人采取有效的方法，坚持不懈地努力。

拓展阅读

特殊需要儿童教育中的注意事项

在针对特殊需要儿童的教育中，应设法避免以下常见的错误。

1. 过度保护特殊需要儿童

当成人只给予一个儿童特权时，就会疏远其他儿童并阻碍一些儿童的潜在发展。只有当遇到安全问题，儿童的学习模式不适合于当时的任务，或当儿童情感上不能迎接他们面前的挑战时，才应该考虑因个别儿童而改变规则。当有必要改变规则时，要对其他儿童进行简单的、实事求是的解释。要考虑到当时的情况，对于如何改变规则要与儿童一起讨论。询问儿童的观点会使他们产生公正感。然而，当规则的改变是武断的，并且显然是不公正的时候，儿童就会对其他儿童或监督他的成人表现出不满、拒绝和敌意。

2. 无法看到消极的相互作用

在教室中容易忽视不恰当行为的消极影响，这说明教育工作者认为自己对局面控制得很好。当成人的注意力不集中时，就容易忽视消极事件。当观察揭示了一幅不太积极的画面时，专业人员可能反而只关注表面现象。这些消极事件中，一个儿童被其他儿童或成人利用、控制或伤害（生理或心理），这时必须立即采取以下行为：①打断该事件；②确认所有个体都是有情感的人；③声明在任何情况下，剥夺和伤害性的行为都是不被允许的；④建构有助于促进互动、心理安全感及相互间积极接受的制度。

3. 不能对儿童的有效发展进行计划和评估

儿童的方案中只是总体的评价，并且只是根据给定的标准来观察儿童在规定时间内完成任务的多少进行评估。那个标准通常不是以儿童个体的情况或能力为基础，而是以预先确定的规范标准为基础。因此，除非有缺陷的儿童能得到以他们能力为基础的合理控制目标，否则他们就会因为种种原因而被评估为没有达到标准。同样，对于那些比大多数儿童需要更多挑战性活动的儿童，教师一定要更加频繁地评估他们的发展。由于特殊儿童个别教育方案的实施会使这些儿童较少经历这些问题，虽然关于个体化学习和评估的优缺点有很多的讨论，但是如果对于这个环节的关注不够充分，就可能导致特殊儿童无法摆脱失败动机。

4. 不能寻求管理者、父母、其他专家和社区成员的支持

儿童处于教室的小组环境中，专业人员是这一环境较大的成人支持团体。专业人员需要更多的额外资源，如更多的时间、理解、耐心、工作人员和材料等。因此，专业人员必须能够得到其他岗位上的成人的帮助。照料特殊儿童的专业人员必须得到更多的资源，当无法得到这些资源时，缺乏支持的专业人员就会趋于精疲力竭，因此专业人员与支持该方案的其他人之间要进行有效的交流。

资料来源：克斯特尔尼克，等. 儿童社会性发展指南：理论到实践［M］. 4版. 邹晓燕，等，译. 北京：人民教育出版社，2008.

💡 讨论与思考

1. 如何理解特殊需要儿童？特殊需要儿童有哪些类型？
2. 概念辨析：全纳教育、融合教育、特殊需要儿童教育。
3. 特殊需要儿童教育应该遵循哪些基本原则？
4. 特殊需要儿童教育的方法有哪些？

⭐ 实践探索

场景一：小宇是一个使用轮椅的脑瘫儿童，她加入了某个儿童教育中心。户外活动时间，她坐着轮椅来到教师休息室，留在那里看电视，而其他儿童在外面玩。她的看护人解释说："电视对她来说是一个很好的活动，因为对她来说，在操场上什么也不能做，而且这样她不会受伤。"

场景二：小班的幼儿正在吃点心，是带有葡萄干的面包片和酸奶。实习老师给每个儿童分发一片面包，直到所有儿童都有为止。一个患唐氏综合征的儿童佳佳，坐在餐桌前很长时间，已经在吃第二片面包。当班主任老师询问实习老师为什么让佳佳吃两片面包时，她说："我知道规则，但我觉得她很可怜。"

以上两个场景，假如你在现场，你想要对小宇的看护人和佳佳的实习老师做出什么反应？

参考文献

[1] 陈帼眉. 学前心理学[M]. 北京：人民教育出版社，2003.
[2] 张春兴. 张氏心理学辞典[M]. 台北：东华书局，1989.
[3] 陈鹤琴. 陈鹤琴全集（第二卷）[M]. 南京：江苏教育出版社，1989.
[4] 陈文华. 中外学前教育史[M]. 2版. 北京：科学出版社，2007.
[5] 刘晶波，等. 幼儿园社会领域教育精要：关键经验与活动指导[M]. 北京：教育科学出版社，2015.
[6] 张明红. 学前儿童社会教育[M]. 上海：华东师范大学出版社，2008.
[7] 刘晶波. 社会学视野下的师幼互动行为研究：我在幼儿园里看到了什么[M]. 南京：南京师范大学出版社，2006.
[8] 戴维·谢弗. 社会性与人格发展[M]. 陈会昌，等，译. 北京：人民邮电出版社，2012.
[9] 克斯特尔尼克，等. 儿童社会性发展指南：理论到实践[M]. 北京：人民教育出版社. 2008.
[10] 方富熹，方格. 儿童发展心理学[M]. 北京：人民教育出版社，2005.
[11] 甘剑梅. 学前儿童社会教育[M]. 北京：中央电视广播大学出版社，2007.
[12] 张明红. 学前儿童社会教育[M]. 上海：华东师范大学出版社，2008.
[13] 邹晓燕. 学前儿童社会性发展与教育[M]. 北京：北京师范大学出版社，2015.
[14] 顾定倩. 特殊教育导论[M]. 大连：辽宁师范大学出版社，2001.
[15] 王萍. 学前特殊儿童教育[M]. 北京：清华大学出版社. 2019.
[16] 黄伟合. 儿童自闭症及其他发展性障碍的行为干预[M]. 上海：华东师范大学出版社，2003.
[17] 教育部教育管理信息中心. 全国优秀幼儿社会教育活动课例评析[M]. 重庆：西南师范大学出版社，2011.
[18] 卡罗尔·格斯特维奇. 发展适宜性实践[M]. 霍力岩，等，译. 北京：教育科学出版社，2011.
[19] 雷娜特·齐默尔. 儿童感知教育手册[M]. 杨沫，谢芳，译. 南京：南京师范大学出版社，2010.
[20] 李季湄，冯晓霞.《3～6岁儿童学习与发展指南》解读[M]. 北京：人民教育出版社，2013.
[21] 李幼穗. 儿童社会性发展及其培养[M]. 上海：华东师范大学出版社，2004.
[22] 李泽慧. 特殊儿童沟通与交往[M]. 南京：南京师范大学出版社，2015.
[23] 林传鼎，陈舒永，张厚粲. 心理学词典[M]. 南昌：江西科学技术出版社，1986.
[24] 刘金花. 儿童发展心理学[M]. 上海：华东师范大学出版社，2013.
[25] 刘晶波. 社会学视野下的师幼互动行为研究[M]. 南京：南京师范大学出版社，2006.
[26] 刘晶波. 特殊儿童早期发展支持[M]. 南京：南京师范大学出版社，2015.
[27] 罗斯·D. 帕克，阿莉森·克拉克-斯图尔特. 社会性发展[M]. 俞国良，郑璞，译. 北京：中国人民大学出版社，2013.
[28] 虞永平. 社会（中班）/幼儿园课程指导丛书[M]. 南京：南京师范大学出版社，1997.
[29] 但菲. 幼儿社会性发展与教育活动设计[M]. 北京：高等教育出版社，2008.
[30] 伍香平. 幼儿园优秀社会活动设计65例[M]. 北京：中国轻工业出版社，2013.
[31] 周梅林. 学前儿童社会教育活动指导[M]. 2版. 上海：复旦大学出版社，2012.
[32] 杨丽珠，吴文菊. 幼儿社会性发展与教育[M]. 大连：辽宁师范大学出版社，2000.

［33］陈会昌. 儿童社会性发展的特点、影响因素及其测量［J］. 心理发展与教育，1994（4）.

［34］丛玉燕. 儿童权威认知研究综述［J］. 太原师范学院学报（社会科学版），2008（7）.

［35］甘剑梅. 学前儿童社会教育的内涵、性质与课程地位［J］. 学前教育研究，2011（1）.

［36］刘晶波. 幼儿分享教育的价值与实践改进［J］. 学前教育研究，2011（12）.

［37］李璐，孙学丽. 论教师教育行为对学前儿童自我概念形成的影响［J］. 现代企业教育，2012（2）.

［38］王任梅. 5~7岁幼儿谦让行为的界定及其总体特征分析［J］. 早期教育（教师版），2007（10）.

［39］刘晶波. 不知不觉的偏离：关于当前幼儿园社会教育活动困境的解析［J］. 幼儿教育·教育科学，2013（10）.

［40］莫源秋. 幼儿的归属需要与心理卫生［J］. 教育导刊，2007（2）.

［41］钱文. 3~6岁儿童的社会认知［J］. 幼儿教育，2015（10）.

［42］夏滢，周兢. 融合环境下听力损伤幼儿同伴交往特点研究［J］. 学前教育研究，2008（3）.

［43］周巧娟，尹恒，石冰. 儿童功能性构音障碍的初步分析［J］. 华西口腔医学杂志，2008，26（4）.

［44］金星明. 儿童心理行为及其发育障碍（第九讲）语言发育障碍［J］. 中国实用儿科杂志，2002，17（9）.

［45］庞丽娟，田瑞清. 儿童社会认知发展的特点［J］. 心理科学. 2002（02）.

［46］钱文. 3~6岁儿童社会认知培养的教育建议［J］. 幼儿教育（教师版）. 2015（07）.

［47］钱文. 3~6岁儿童社会认知及其发展［J］. 幼儿教育（教师版）. 2015（07）.

［48］廖贻. 幼儿园社会认知教育的重要性及其目标与内容［J］. 学前教育研究. 2010（01）.

［49］于冬青，韩蕊. 儿童期归属感发展的特点及适宜性教育［J］. 东北师范大学学报（哲学社会科学版），2014（2）.

［50］张文新，纪林芹，宫秀丽，等. 3~4岁儿童攻击行为发展的追踪研究［J］. 心理科学，2003，26（1）.

［51］钟启泉. 自信：概念界定与教育策略——与日本木下合子教授的对话［J］. 全球教育展望，2004（5）.

［52］张卫，王穗军，张霞. 我国儿童对权威特征的认知研究［J］. 心理发展与教育，1995（3）.

［53］邹晓燕，曲可佳. 儿童权威认知研究述评［J］. 辽宁师范大学报（社会科学版），2006（3）.

［54］凌辉. 留守儿童的孤独感与友谊质量及社交地位的关系［J］. 中国临床心理学杂志，2012（6）.

［55］李卉，周宗奎，伍香平. 3~6岁儿童使用媒体现状的调查研究［J］. 上海教育科研，2014（5）.

［56］严冷. 关于在我国推广学前全纳教育的思考［J］. 学前教育研究，2007（7-8）.

［57］李玉莲. 幼儿园实施全纳教育的必要性与可能性及其开展途径［J］. 学前教育研究，2014（6）.

［58］任加艳，张新立. 融合教育环境中听觉障碍幼儿同伴关系现状及其改善策略［J］. 学前教育研究，2016（4）.

［59］田景正. 基于生活哲学的幼儿园社会领域课程研究［D］. 长沙：湖南师范大学博士学位论文，2013.

［60］嵇君. 我国幼儿园社会领域教育研究［D］. 南京：南京师范大学博士学位论文，2012.